Udo Baer, Gabriele Frick-Baer

Deine Würde entscheidet

Udo Baer, Gabriele Frick-Baer

Deine Würde entscheidet

Finde den inneren Kompass für ein gutes Leben

Dieses Buch ist erhältlich als:
ISBN 978-3-407-86508-3 Print
ISBN 978-3-407-86517-5 E-Book (EPUB)

1. Auflage 2018

Dieses Werk wurde vermittelt durch
Aenne Glienke | Agentur für Autoren und Verlage,
www.AenneGlienkeAgentur.de
Lektorat: Judith Roth, Frankfurt
Umschlaggestaltung: Michael Wörgötter, München

Satz: Publikations Atelier, Dreieich
Gesamtherstellung: Beltz Grafische Betriebe, Bad Langensalza
Printed in Germany

Weitere Informationen zu unseren Autor_innen und Titeln
finden Sie unter: www.beltz.de

»Das Leben kennt nur zwei Wege:
Der eine führt ins Paradies, der andere in die Hölle.
Doch sie kreuzen sich an vielen Stellen.«

Serhij Zhadan, »Mesopotamien«

INHALT

DER KOMPASS DURCHS LEBEN

Gehen oder bleiben, auf den Putz hauen oder runterschlucken, gewinnen oder verlieren, hart bleiben oder nachgeben, du oder ich …

Immer wieder haben Sie in Ihrem Leben Entscheidungen zu treffen. Umso bedeutsamer solche Entscheidungen für Ihr Leben und Ihre Beziehungen sind, umso weniger werden Ihnen eher vernunftorientierte Listen des Für und Wider helfen. Bei der freiwilligen Entscheidung zwischen zwei Arbeitsstellen, der Auswahl des Restaurants für die Einladung zum Abendessen oder in anderen ähnlichen Situationen sind solche abwägenden Überlegungen nützlich und eine alltägliche Selbstverständlichkeit. Aber was ist, wenn Ja-Nein-Listen, Vorteil-Nachteil-Abwägungen und Kreuzchen im Multiple-Choice-Verfahren nicht weiterhelfen? Wenn Sie bei dem Satz »Du musst dich entscheiden!« den Krampf in Ihrem Magen, den Druck auf Ihrer Brust, die Last auf Ihrer Seele spüren und Ihr Herz zu zerreißen droht? Wenn die Antwort auf die Frage: »Wie soll ich mich entscheiden?«, heißt: »Ich kann mich nicht entscheiden«? Wenn Sie vielleicht auch noch die schmerzliche Erfahrung machen müssen, dass andere Menschen, selbst die Ihnen wohlwollenden, eher ungehalten auf Ihre Entscheidungsunfähigkeit in einer bestimmten Lebenssituation reagieren? Wenn Sie sich mit Selbstzweifeln und Versagensgefühlen plagen, weil sich über den konkreten Anlass hinaus, den es zu entscheiden gilt, in Ihnen das Selbstbild festgesetzt hat, dass Sie sich nie entscheiden können, immer und chronisch entscheidungsunfähig sind? Dann wird es wichtig sein, sich an eine innere Instanz anbinden zu können, die Orientierung gibt. Dann brauchen Sie einen würdigen und Ihre Persönlichkeit würdigenden Kompass auf dem Weg durch den Entscheidungsdschungel Ihres Lebens.

Wir teilen mit Ihnen die Sehnsucht und das Bestreben, unserem Leben eine Richtung zu geben, damit es für uns und die Menschen, die wir lieben, ein gutes Leben wird. Im Mittelalter verwendete man für »Richtung« das Wort »sin«, also das heutige »Sinn«. (In dem Begriff »Uhrzeigersinn« ist diese Bedeutung noch gebräuchlich.) Der Sinn, den wir unserem Leben geben, ist die Richtung, die wir einschlagen, mit jedem kleinen Schritt, jeder Entscheidung, jedem Handeln oder Unterlassen. Um eine Richtung einzuhalten oder die Richtung bewusst zu wechseln, brauchen wir einen Kompass. Heutzutage hat in Verkehrssituationen meist das Navigationsgerät den Kompass ersetzt, doch dieses taugt nicht als Bild der Orientierungshilfe im Leben. Sie brauchen keine genau beschriebene Wegstrecke durch Ihr Leben, in der alle Abzweigungen und Wege vorgezeichnet sind. Das ist etwas für Roboter, nicht für freie und selbstbestimmte Menschen. Es gibt keine Lebenswege, die vorgegeben sind, sondern nur solche, bei denen Sie immer neue Entscheidungen über die Richtung, die Sie einschlagen wollen, treffen müssen. Welche Richtung ist sinnvoll? Die Richtung, die den Weg entlang der Würde weist, Ihrer Würde – das ist unsere Antwort.

Ihre Würde entscheidet!

Der Kompass, der Ihnen diese Richtung anzeigt, ist Ihr Würde-Ich. Sie werden dieses Wort »Würde-Ich« nicht kennen. Wir haben es gewählt und mit vielen Menschen, die wir als Therapeut/-in, Ausbilder/-in, Supervisor/-in, einzeln und in Gruppen in ihren Wachstumsprozessen begleitet haben, erprobt. Vielen war dieser Begriff erst fremd – schließlich mussten wir ihn ja auch erst einmal finden als griffigen und resonanzfördernden Ausdruck dessen, was viele Aspekte von gelebter Würde zusammenfasst –, doch nach kurzer Zeit ein selbstverständlicher Lebensbegleiter. Ihr Würde-Ich ist Ihr Selbstwertkompass, den Sie in sich tragen, um für sich passende, stimmige und sinnvolle Entscheidungen fällen zu können.

Unsere 30-jährige Erfahrung im privaten und beruflichen Zusammenleben und im gemeinsamen Arbeiten mit anderen Menschen hat uns in unserem Menschenbild bestärkt, dass grundsätzlich jeder Mensch eine innere Instanz besitzt, die darauf angelegt ist, als Würde-Ich und Lebenskompass zu dienen. Bei vielen, so mussten wir dabei erfahren, wurde das Würde-Ich verschüttet und ist unter dem Geröll entwürdigender Erfahrungen, deren Zerstörungskraft uns beide immer wieder erschüttert, begraben. Manche ignorieren diese innere Instanz und leiden dann darunter, weil sie zu beschäftigt sind, Leistungen für andere zu erbringen oder fremde Bedürfnisse zu befriedigen, und sich dabei selbst aus den Augen und die Pflege ihres Würde-Ichs aus dem Bewusstsein verlieren. Wieder andere haben resigniert, weil sie zu wenig gewürdigt wurden und sich selbst zu wenig würdigen können. Sie alle, die das möchten, dabei zu unterstützen, ihr Würde-Ich als entscheidenden Lebensbegleiter zu finden und zu entwickeln, ist unser Anliegen.

Dieses Buch will ein Bewusstsein dafür schaffen, wie sehr die eigene Befindlichkeit mit der Verletzung von Würde im Alltag zu tun hat, mit Missachtung, Verachtung, Verrat, Lüge und Ähnlichem mehr. Es lädt zur Selbsterkenntnis und Selbstvergewisserung ein: Von wem und von was muss man sich abgrenzen oder fernhalten, vor wem oder was darf und muss man flüchten? Wen darf man verlassen und wen nicht im Stich lassen? Was will man, eigenwillig und eigensinnig, nicht mehr mitmachen? Wie kann man Beziehungen und Situationen verändern?

Wir werden in diesem Buch der Frage nachgehen, was »Würde« eigentlich bedeutet. Dass diese auch für Sie ein wichtiger Wert ist, entnehmen wir der Tatsache, dass Sie sich für die Beschäftigung mit diesem Thema entschieden haben. Und uns wird interessieren, wie Ihre Würde, sollte es so sein, an Beachtung verlieren konnte, wie Ihre Würde entwertet wurde. Denn ohne den gemeinsamen Blick mit Ihnen auf die »Monster der Entwürdigung«, deren Wirken und dessen Auswirkungen auf Ihr Leben, werden wir Sie nicht dabei unterstützen können, Ihr Würde-Ich so zu befreien, dass es groß und stark werden kann.

Auf diese und ähnliche Fragen werden wir Antworten geben, so gut wir es vermögen. Nicht jede Frage wird Sie interessieren und nicht jede Antwort wird auf Sie zutreffen oder für Sie nützlich sein. Bitte wählen Sie aus den zahlreichen Hinweisen und Vorschlägen diejenigen aus, von denen Sie beim Lesen spüren, dass sie Ihnen nützlich sind. Unser Anliegen ist es, Ihnen Anregungen zu geben, wie Sie Ihrer Würde den Stellenwert in Ihrem Leben geben können, der ihr gebührt, und wie Sie damit Ihr Selbstwertgefühl festigen oder steigern können. Auf dem Weg der Befreiung und Stärkung Ihres Würde-Ichs werden Sie diesen Lebenskompass nach und nach immer mehr nutzen können: als inneren Maßstab, um eine anstehende Entscheidung als einen Schritt auf dem Weg der Selbstachtung, der Würdigung und des Respektes vor sich selbst bewerten und treffen zu können. Würde ist keine Eigenschaft, über die ein Mensch endgültig verfügt. Würde ist eher ein Prozess: ein Prozess, gewürdigt zu werden und sich und andere zu würdigen.

Die Worte »Würde« und »Würde-Ich« enthalten eine Vielfalt von Aspekten, denen Sie in diesem Buch begegnen werden.

Ihre Würde entscheidet. Ihr Würde-Ich zu entdecken und zu nutzen, geht wahrscheinlich nicht an einem Tag, sondern braucht Zeit und auch etwas Mühe. Aber es kann Ihr Leben verändern, es vielleicht leichter, in jedem Fall aber wertvoller machen. Die Mühe lohnt sich. Nicht nur für Sie, sondern auch für die Menschen, die Sie lieben und mögen, denen Sie zugeneigt sind, für die Sie Verantwortung tragen, deren Würde und Eigensinn Ihnen wichtig sind. Das Würde-Ich in Aktion verändert die Welt. Zumindest unsere unmittelbare Lebensumwelt. Deshalb werden wir auch die gesellschaftliche und kulturelle Bedeutung des gelebten Würde-Ichs als Kompass für ein würdiges Zusammenleben von Menschen ansprechen. Würde ist ohne die Würde des anderen nicht lebbar.

WIE EVA G. IHR WÜRDE-ICH ENTDECKT UND IHM FOLGT

Eva G.s* Eltern kamen als Gastarbeiter, wie man sie damals nannte, in den 70er-Jahren nach Deutschland. Bald wurde Eva, freudig von ihnen begrüßt, geboren. Heute ist sie Anfang 40. Die Eltern wollten alles dafür tun, dass aus Eva »etwas wird«. Sie sollte es besser haben als sie. Dafür lebten sie. Also legten sie viel Wert darauf, dass Eva fleißig lernte und sich anstrengte, um gute schulische Leistungen zu erbringen. Wenn sie zwischenzeitlich immer mal wieder gesundheitlich schwächelte, galt es durchzuhalten, koste es, was es wolle. Alles andere hätte sie sich als Versagen angekreidet, so fest waren Leistung und schulischer Erfolg schon in ihrem kindlichen Selbstwertgefühl verankert. Sie bestand das Abitur, um den Preis großer Anstrengung. Spätestens seit der Schulzeit hatte sie wenig Zeit zum Spielen. Sie konnte ihre Pubertät kaum ausleben. Zumindest konnte sie sich in dieser Zeit keine »Verrücktheiten« erlauben oder über die Stränge schlagen, wie es zur Pubertät vieler Kinder gehört (oder zumindest gehören dürfen sollte). Sie war fleißig und tüchtig. Sie kümmerte sich nebenher um den Haushalt und um den kleineren Bruder, weniger dagegen um sich, ihre Bedürfnisse oder irgendwelche Hobbys. Einfach mal abhängen – das gab es nicht, zumindest nicht mit gutem Gewissen. Schule und Leistung, das bestimmte ihren Lebensalltag. Sie wollte es zu etwas bringen – ihren Eltern zuliebe und natürlich auch in ihrem eigenen Interesse. Bei den anderen Kindern hatte sie den Ruf einer Streberin. Auch wenn sie ihre Mitschüler/

* Alle Namen, Orts- und Berufsangaben wurden anonymisiert.

-innen in Klassenarbeiten abschreiben ließ und nicht aufmuckte, wenn sich andere mit ihren Lorbeeren schmückten, half dies nicht, beliebt zu werden. Die Lehrer/-innen schätzten sie, aber auch sie wurden nicht so richtig warm mit ihr.

Über Würde dachte sie nicht nach. Das unterschied sie nicht von anderen Gleichaltrigen, denen dieser Begriff sicher auch fremd war. Aber sie konnte auch nichts anfangen mit Begriffen wie Selbstbewusstsein, Selbstwertgefühl oder Minderwertigkeitsgefühl, von denen ihre Mitschülerinnen immer mal wieder sprachen. Sie hatte keinen Zugang, kein Gespür für diese Werteskala. Manchmal spürte sie Verletzungen, vor allem von Mitschülern und Mitschülerinnen. Oft nahm sie ein Unbehagen wahr, dem sie aber nicht nachging.

Mit dem Studium wurde eine Zeit lang alles anders. Sie studierte Maschinenbau und war berauscht von dem Leben an der Hochschule. Sie traf sich mit Kommilitonen und Kommilitoninnen und ging mehrmals mit zum Tanzen. Sehr schnell verliebte sie sich in einen Studenten und sofort wurde sie schwanger. Die Entscheidung, ihr Kind austragen zu wollen, stellte sie trotz einiger Stimmen, die dafür nur Unverständnis zeigten, nicht infrage. Sie heiratete und gab ihr Studium auf, um sich um das Kind und ihren Mann zu kümmern. Ihr Mann studierte weiter. »Irgendwann werde ich auch weiterstudieren«, dachte sie gelegentlich, aber über dieses Irgendwann gingen zehn Jahre dahin. Neben der Sorge um das Kind arbeitete sie viel. Sie jobbte in einem Laden um die Ecke und sie fertigte abends Übersetzungen an. Sie brauchten das Geld, denn ihr Mann studierte ja noch. Ja, er promovierte sogar.

Was es mit ihrer Würde auf sich hatte, mit der Richtung, die ihr Leben nahm, darüber dachte sie nicht nach. Das Leben war eben, wie es war. Sie erfreute sich an dem Kind, war müde von der Arbeit und den Anstrengungen des Alltags.

Dann kam ihre persönliche Katastrophe. Ihr Mann hatte nach seinem Studium und dem Abschluss seiner Promotion endlich einen tollen Job gefunden, alle Zeichen standen auf Erleichterung und Entspannung – da verließ er sie. Er warf ihr vor, nicht lebendig genug zu sein, zu wenig Spaß und Freude zu haben und ihm gegenüber zu zeigen. Alles war so, wie sie es schon tausendmal in Zeitschriften gelesen hatte und doch nie gedacht hätte, dass es sie betreffen könnte. Die Trennung erschütterte Eva G. Sie wusste, dass an dem Vorwurf etwas dran war, aber sie hatte doch alles für ihren Sohn Niklas und für ihren Mann getan. Sie war am Boden zerstört. Sie konnte tagelang nicht aufstehen, hatte ihre Kraft und ihre Lebensenergie verloren.

Die Erfahrung der Entwürdigung führte in die Krise. Sie musste erfahren, dass all ihre Bemühungen und Anstrengungen, alles gut zu machen, alle Leistungsbereitschaft und ihr Durchhaltevermögen nicht belohnt wurden. Sie hatte sich sicher gefühlt, ihre kleine Familie zusammenhalten zu können. Das hatte sich als trügerisch erwiesen. Ihre Mutter half ihr nun, den Lebensalltag zu bewältigen. Sie kümmerte sich um Eva G.s Sohn, aber in der psychischen Not konnte sie ihre Tochter gar nicht unterstützen. Im Gegenteil machte sie Eva auch noch Vorwürfe, dass sie es so lange mit diesem Mann ausgehalten hatte, dass sie ihn überhaupt geheiratet hatte: »Ich habe dir gleich gesagt, der taugt nichts. Und das war alles zu früh.«

Dann stellte sich auch noch zu ihrem Unglück heraus, dass ihr Mann bereits seit drei Jahren heimlich eine Freundin gehabt hatte. Sie fühlte sich verraten und verkauft, nicht nur wegen dieser Tatsache, sondern fast noch mehr, weil er sie in dem Glauben gelassen hatte, er habe sich wegen ihrer Eigenschaften von ihr getrennt. Sie spürte eine rasende Wut und gleichzeitig tiefen Schmerz und Trauer. Sie hatte zum ersten Mal eine bewusste Ahnung davon, was Würde bedeutet, weil sie die Schläge der Entwürdigung spürte, so wie ein Mensch manchmal seine Haut erst bewusst durch den Schmerz einer Brandwunde spürt.

Sie kam nach einem massiven Kreislaufzusammenbruch ins Krankenhaus und anschließend in eine Rehabilitationsmaßnahme. Dort wurde sie von ihrer betreuenden Ärztin und Therapeutin, die sich offensichtlich auf psychosomatische Zusammenhänge und deren subjektiven Auswirkungen auf die einzelnen Menschen verstand, oft gefragt, wie es ihr gehe, nicht nur im medizinischen Sinne. Eva G.s Antworten wiederholten sich in ihrem Sinngehalt mit immer abwechselnden Worten: Gekränkt. Verraten. Verletzt. Erniedrigt. Wertlos. Würdelos. Den Verlust ihrer Würde spürte sie, aber sie war erschrocken darüber, dass sie keine Vorstellung davon hatte, was Würde für sie bedeuten könnte. Die lebenslang bekannte Anstrengung war nun in ihr zusammengebrochen und sie mit ihr, aber was sie stattdessen als Lebensgefühl anstrebte, was sie stattdessen ersehnte, wusste sie nicht. Da war erst einmal nichts.

Die Ärztin/Therapeutin fragte: »Wie spüren Sie die Verletzung Ihrer Würde körperlich? Wo ist der Ort für das Empfinden Ihres Würdeverlustes?«

»Da … an der Stelle unter dem Herzen.«

»Was ist dort?«

»Eigentlich nichts … ein Loch.«

»Was sollte dort sein?«

Eva G. überlegte lange. »Eigentlich etwas Wertvolles.«

»Wenn Sie mal eine Hand auf diese Stelle legen: Was spüren Sie dann? Was fällt Ihnen dann ein?«

»Dass da eigentlich kein Loch ist, sondern eher so etwas wie … ein kleiner Stein.«

»Bitte beschreiben Sie mir den kleinen Stein. Ist er eher schwer oder leicht? Welche Farbe hat er? Wie erscheint er Ihnen jetzt gerade, wenn Sie ihn mit Ihrem inneren Auge betrachten?«

»Es ist ein kleiner roher, grauer Stein … Wenn ich ihm Aufmerksamkeit schenke, dann glaube ich – ich traue es mich kaum zu sagen –, dass darin ein Diamant versteckt ist. Ja, mein Stein ist ein roher Diamant, der geschliffen werden muss. Nein, ›muss‹ gefällt mir nicht. Eher: geschliffen werden darf.«

»Wenn ich noch mal auf den Anfang unseres Gespräches zurückkommen darf: Könnte es sein, dass unter Ihrem Herzen nicht ›nichts‹

ist, sondern ein Diamant? Dass da Ihr Gespür für Ihre Würde, Ihr Selbstwertgefühl seinen Platz hat? Dass Sie dort einen Diamanten der Würde in sich tragen?«

Diese Frage rührte Eva G. zu Tränen, zu traurig-glücklichen Tränen, wie sie sagte. Sie fand diese Entdeckung großartig und erfreute sich an ihr. Sie hatte einen Zugang zu ihrer Würde entdeckt.

Für Eva G. wurde ihr Diamant zu einem Symbol für das, was wir Würde-Ich nennen. In ihrem Stein fand sie ihr Symbol für Würde, den Repräsentanten ihrer Würde, den sie als Hilfe bei der Bewältigung der anstehenden Herausforderungen nutzen konnte.

Sie hatte auf ihrem Weg aus der Krise zahlreiche Entscheidungen zu treffen. Sie fragte sich: »Will ich in der Wohnung bleiben, die ich mit meinem Sohn und meinem Mann zusammen bewohnt habe? Eigentlich ist es dort gut. Mein Sohn geht in der Nähe zur Schule. Aber andererseits erinnert mich so vieles an die Ehezeit und diese Erinnerungen halte ich eigentlich nicht aus …« Mithilfe ihres Würde-Ichs fand sie dann zu ihrer eindeutigen Antwort: Sie wollte in eine neue Wohnung ziehen, die sie selbst mit ihrem Sohn neu gestalten und prägen konnte. Glücklicherweise fand sich eine im vertrauten Stadtteil.

Dann musste sie entscheiden, wie sie die Kontakte mit ihrem Ex-Mann gestalten sollte. Dass eine Scheidung anstand, war klar. Doch nun ging es um das Kind. Um das Sorgerecht und all die Regelungen und Absprachen, die im Alltag notwendig waren. Sie wollte ihrem Kind den Vater nicht wegnehmen, aber sie selbst fühlte sich bei jeder Begegnung verletzt. Wieder fragte sie ihr Würde-Ich. Sie bekam keine eindeutige Antwort, sondern eine, die ein Sowohl-als-auch beinhaltete. Die Antwort war: So wenig Kontakt wie möglich mit diesem Mann, und wenn nötig, dann so sachlich wie möglich. Sie organisierte die Begegnungen mit ihrem Ex-Mann so, dass sie sich nur um das Kind drehten und ansonsten alles Persönliche und Private außen vor blieb. Jeder Kontakt schmerzte sie, riss die Wunde der Entwürdigung wieder auf. Doch die Einschränkung auf das Nötigste und die Fokussierung auf das Wohlergehen ihres Sohnes halfen ihr, den Schmerz erträglich zu halten.

Sie verlor nach und nach viel von ihrer Strenge sich selbst gegenüber und ihrer anstrengenden Grundanspannung. Sie achtete mehr darauf, das zu tun, worauf sie Lust hatte. Allein oder mit ihrem Kind. Sie begann einen Tanzkurs und entschied sich, Salsa ausgiebiger zu lernen. Das tat ihrer Seele und ihrem Körper gut und ermöglichte ihr neue Kontakte, aus denen Freundschaften entstanden.

Der Prozess, in dem Eva G. ihr Würde-Ich entdeckte, war lang und führte in ihrem Fall durch schmerzliche Krisen. Aber ihr erstarkendes Würde-Ich half ihr bei der Orientierung und vor allem bei der Differenzierung, mit welchen Menschen sie nähere Beziehungen eingehen wollte und mit welchen nicht. Es veränderte ihre Haltung. Ihre Haltung sich selbst und anderen Menschen gegenüber: Ich bin etwas wert. Nicht nur, wenn ich viel leiste und mich aufopfere. Ich kann mich würdigen und andere würdigen und darauf achten, ob ich von anderen gewürdigt werde.

WÜRDE ALS KOMPASS

Was bedeutet eigentlich »Würde«?

Bevor wir uns mit der Rolle der Würde und dem Würde-Ich in Ihrem und unserem Lebensalltag beschäftigen, erscheint es uns wichtig und richtig, uns damit zu beschäftigen, was wir unter Würde verstehen – und was nicht.

Eins ist sicher: Nicht alle Menschen haben die gleiche Vorstellung von Würde.

Viele Menschen verbinden mit Würde eine würdevolle, oft königlich genannte Haltung. Sie verbinden damit Menschen, die aufrecht stehen oder gerade sitzen, die sich anderen gegenüber gleichzeitig respektvoll zugewandt, dennoch eher distanziert und huldvoll zeigen, manchmal ein wenig von oben herab, und so Respekt quasi selbstverständlich einfordern. Keine Frage: Eine solche Haltung, eine solche Ausstrahlung, kann ein Aspekt von Würde sein. Doch sie alleine ist nicht ausreichend zur Kennzeichnung dessen, was Würde ist. Denn allzu oft ist eine solche Haltung Schein, ist sie eine Pose, die Menschen einnehmen, um eine bestimmte Wirkung zu erzielen.

Ein anderer Aspekt, der der Würde oft zugeordnet wird, ist die Ausstrahlung von Würde, die durch ein Amt erfolgt. Die britische Königin Elisabeth II. repräsentiert seit Jahrzehnten die Würde ihres Amtes als Monarchin des Commonwealth of Nations. Auch das Amt des deutschen Bundespräsidenten ist ein Amt, das Würde erfordert und Würde ausstrahlt. Zumindest ausstrahlen sollte. Doch wahrhaftig nicht allen Amtsinhabern gelingt es, unseren Respekt für ihre Haltung, ihr Verhalten und ihre Ausstrahlung zu gewinnen.

Beispielhaft möchten wir hier nur zwei Menschen nennen, denen es nicht gelang und gelingt, die Würde des Amtes zu leben: der frühere Bundespräsident Heinrich Lübke und der heutige Präsident der USA Donald Trump. Beide fallen uns ein als Verkörperung von Amtsträgern, die ihre eigene Würde und die der anderen verletzt oder sogar mit Füßen getreten haben bzw. treten. Bundespräsident Heinrich Lübke trat – sehr freundlich ausgedrückt – in so viele Fettnäpfchen, dass er für die meisten im In- und Ausland eher zu einer lächerlichen, würdelosen Figur wurde, als dass sein Amt und seine Amtsführung Würde ausstrahlten. Sein Mangel an Würde bewirkte bei manchen Menschen, die von ihm von Amts wegen repräsentiert wurden und die ein Gespür für Würde hatten, oft ein tiefes Schamgefühl. Und was Donald Trump anbetrifft, so spottet er in Bezug auf Würde jeder Beschreibung. Unser Erschrecken darüber, wie er Menschen entwürdigt, erniedrigt, demütigt, sie beleidigt, ihnen Leid zufügt, wird nur noch getoppt von dem Erschrecken, wie viele Menschen dies zulassen bzw. begrüßen und bejubeln. Wurde Trump zuerst mit seinen entwürdigenden Worten und Haltungen im Wahlkampf nicht gebührend als gefährlich wahr- und ernst genommen, so keimte nach seiner Wahl bei vielen Menschen die Hoffnung auf, dass die Achtung vor dem Präsidentenamt ihn Würde lehren würde. Diese Hoffnung wurde leider enttäuscht und diese bittere Wahrheit hat Auswirkungen auf das Weltgeschehen und für viele Menschen auch katastrophale persönliche Konsequenzen.

Tatsache ist: Ein Amt allein gebiert keine Würde, es muss der Mensch sein, der es, sich würdevoll und würdigend verhaltend, ausfüllt. Auch sogenannte Würdenträger können sich entwürdigend verhalten, auch ein »Hochwürden« kann Menschen erniedrigen und deren Würde mit Füßen treten. Nach all unseren Erfahrungen sind wir der festen Überzeugung, dass eine wahrhaftige würdevolle Ausstrahlung weder eine angeborene noch eine von Amts wegen übertragene Eigenschaft ist oder sein kann, sondern eher das Ergebnis von würdigenden Erfahrungen im Austausch zwischen den Menschen und einer würdigenden Haltung sich selbst und den anderen gegenüber. Eine würdevolle Ausstrahlung ist verdichteter Ausdruck würdigender Beziehungserfahrungen.

Vielleicht fallen Ihnen einige Personen ein, die für Sie Würde verkörpern? Die ihre ganz eigene, vielleicht unorthodoxe Art haben, Würde auszustrahlen? Lassen Sie sich von Ihren Einfällen überraschen: Sie müssen diese Menschen nicht in all ihren Facetten mögen, müssen nicht all ihre Meinungen oder Weltanschauungen teilen. Sie müssen sie nicht einmal näher kennen, um sie in ihrer Würde zu würdigen. Ebenso gut kann es aber auch ganz unspektakulär ein Mensch aus Ihrer näheren oder ganz nahen Umgebung sein, der trotz oder sogar gerade mit all seinen Unzulänglichkeiten für Sie ein Sinnbild von Würde ist und in Ihren Augen ein würdevolles Leben lebt.

Nähern wir uns der Würde noch von anderer Seite und schauen wir uns zunächst den ursprünglichen Wortgehalt an. Das Wort »Würde« leitet sich her vom althochdeutschen Wort »wirdī« mit der Bedeutung »Wert, Ansehen, Verdienst«. Würde wird also Menschen zugemessen, die voller Wert für andere sind.

In der heutigen Zeit denken viele Menschen an Geld und Preise, wenn sie den Wert einer Sache, eines Kunstwerkes oder selbst eines Menschen in Augenschein nehmen und bemessen. Doch diese Art der Bewertung hat nichts mit Würde, vor allem nicht mit Menschenwürde zu tun, sondern mit ihrem Gegenteil, der Entwürdigung. Wie viel ist ein Mädchen oder eine Frau geldwert, die von Menschenhändlern verraten und verkauft wird? Wie viel unseres Glücks und unserer Lebenszeit ist es wert, dass wir unser Einkommen erhöhen? Wie absurd hoch mutet der Tauschwert von Fußballern an und erregt so immer wieder die Gemüter von uns Normalverdienern? Wie hoch ist der Preis für ihre Behandlung als Objekt, als Material?

Menschen nach ihrem Tauschwert zu bemessen, sie als Geldanlage oder als Vermögenswert zu betrachten und zu behandeln, ist prinzipiell der Versuch, sie zu entwerten und zu entwürdigen. Wir sprechen bewusst von einem Versuch der Entwürdigung, denn wir haben weder Grund noch Erlaubnis, an der persönlichen Würde der Opfer dieser Entwürdigungsversuche zu zweifeln.

Dass Menschen ihr Wert als Mensch abgesprochen wird, dass sie als unwürdiges und unwertes Leben missachtet und existenziell bedroht werden, ist Kern des Menschenbildes, das Kriege, Gewalt und Vergewaltigungen, Terror und Vernichtung von »unwertem Leben« in welcher ideologischen Verbrämung auch immer auf seine Fahne geschrieben hat. Wir haben damit in unserer Geschichte leidbringende und leidvolle Erfahrungen gemacht, und viele, entsetzlich viele Menschen müssen sie auch heute noch jeden Tag machen. Wer Menschen hemmungslos misshandeln und töten soll, darf sie nicht mehr als Menschen betrachten, muss das Prinzip der unantastbaren Würde im wahrsten Sinne des Wortes außer Gefecht setzen.

Wenden wir uns nun zwei anderen Aspekten der Würde zu, denen, die der Bedeutung des Wertes eines Menschen würdig sind. Der erste besteht darin, dass der Mensch einen Wert hat allein deshalb, weil er ein Mensch ist. Der Philosoph Immanuel Kant schrieb schon 1797: »Achtung, die ich für andere trage, oder die ein anderer von mir fordern kann, ist also die Anerkennung einer Würde an anderen Menschen, d. i. eines Werts, der keinen Preis hat, kein Äquivalent, wogegen das Objekt der Wertschätzung ausgetauscht werden könnte.«[1] Anders ausgedrückt: Die Würde des Menschen ist gegen nichts austauschbar.

Würde ist ein Menschenrecht. Jeder Mensch ist es wert, die Menschenrechte innezuhaben, weil er ein Mensch ist. Dafür brauchen Sie und jede und jeder Einzelne nichts zu tun, brauchen Sie und wir alle nichts zu leisten. Darum müssen Sie und wir Menschen generell uns nicht bemühen. Das ist unser Recht. Es steht uns zu. Auch wenn es oft gebrochen wird. Es ist Ihr und unser aller genereller Wert in unserem Sein als Mensch, der uns das Anrecht auf Würde gibt und darauf, die Menschenrechte würdig leben zu dürfen. »Jeder Mensch, egal wer er ist oder wie heruntergekommen er sein mag, erwartet instinktiv oder im Unterbewusstsein, dass man Respekt für seine Menschenwürde aufbringt.«[2]

Der zweite Aspekt bezieht sich auf den spezifischen Wert eines Menschen, auf die persönlichen Bestandteile seiner Würde. Ihr individueller Wert ist in Ihrem Leben gewachsen. Er setzt sich aus all Ihren Erfahrungen, Ihrem Engagement, aus Ihrem Lächeln und so vielem mehr zusammen. Er ist nicht messbar, wie Geld oder Leistungen messbar sind. Ihre persönliche Würde besteht in all Ihren Fähigkeiten und Kostbarkeiten und verdient es, geschätzt und gewürdigt zu werden.

Damit sind wir bei einer weiteren wichtigen Annäherung an das, was wir bedeutsam finden bei dem Wunsch, den Begriff der Würde mit Leben zu füllen. Wir schenken nicht nur dem Substantiv »Würde« unsere Aufmerksamkeit, sondern legen besondere Betonung auf das Verb »würdigen«. Damit Ihre Würde wachsen kann, müssen Sie von anderen Menschen gewürdigt werden. Damit Sie würdigende und würdevolle Beziehungen entwickeln können, ist es unabdingbar, dass Sie andere Menschen in ihren Werten und ihren Kostbarkeiten würdigen. Würde entsteht aus Würdigen. Würde ist kein Zustand, sondern vor allem ein Prozess. Ihren Wert finden Sie nicht in Ihrem Ausweis und können ihn nicht auf der Waage messen. Ihren Wert finden Sie in Ihren Beziehungen zu sich und anderen Menschen. Ihr Wert existiert im Würdigen und im Gewürdigt-Werden. Die Würde als Naturrecht auf Würdigung, die sich in den Menschenrechten ausdrückt, ist nichts wert, wenn sie nicht in würdigenden Begegnungen und Beziehungen gelebt wird. »Seiner eigenen Würde gibt Ausdruck, wer die Würde anderer Menschen respektiert.«[3]

Das Würde-Ich ist zum einen der Ausdruck dieses Prozesses des Würdigens und wächst mit jeder neuen würdigen und würdigenden Erfahrung. Zum anderen ist es eine innere Instanz, die Sie fragen und ansprechen können und die Sie dabei unterstützt, Ihre Würde im Alltag zu leben.

Genaueres zum Würde-Ich und seiner Funktion als Kompass durch Ihr Leben im folgenden Interview.

Das Würde-Ich im Interview mit dem Autorenpaar

A: Zunächst einmal vielen Dank, dass Sie sich zu einem Gespräch bereit erklärt haben. Sie gelten als eine sehr schillernde Person …

Würde-Ich (schmunzelnd): Was verstehen Sie unter schillernd?

Nun ja, zunächst einmal … eben schillernd. Ein bisschen geheimnisvoll vielleicht, ohne verschlossen zu sein. Irgendwie unkonventionell und dennoch selbstverständlich. Man schätzt, soweit wir es gehört haben, Ihre hohe Bereitschaft, für diejenigen da zu sein, die sich dazu entschieden haben, ihr Leben entlang der Würde leben zu wollen. Für diejenigen, die Sie als Kompass gewählt haben und die Ihre selbstbewusste, undogmatische Art schätzen gelernt haben. Auf jeden Fall, das können wir hiermit schon einmal feststellen, heißt schillernd auch herausfordernd – so, wie Sie uns jetzt schon ans Arbeiten bekommen haben …

Ja (amüsiert), da haben Sie recht. Ein bisschen Mühe muss man sich schon geben, wenn man mich kennenlernen will. Das ist nur gerecht, finde ich. Denn es hat mich ja auch Mühe gekostet, so zu werden, wie ich nun bin.

Das führt uns zu den nächsten Fragen, die mit Ihrer Kindheit zu tun haben: In welche Umgebung oder welche Lebensumstände wurden Sie hineingeboren?

Ich bin in der Selbstgewissheit groß geworden, dass ich die Anlage und die Fähigkeit dazu habe, unserem Familiennamen »Würde« Ehre zu machen. Wenn ich einer Person als Werte-Kompass in ihrem Leben diene, stärke ich ihre Würde. Natürlich nur dann, wenn ich als Würde-Ich von einem Menschen angefragt werde und in seinem Inneren einen Platz einnehmen und heranreifen darf.

Meine Geburtsstunde ist dann, wenn ein Mensch zum ersten Mal gewürdigt wird, denn dann kann oder könnte er seine Würde spüren. Gewürdigt zu werden, erfahren die meisten Menschen bereits dann, wenn sie sehr klein sind. Das spüren sie, können es aber noch nicht bewusst registrieren. Und doch, das weiß ich, es macht etwas mit mir – es bringt mich ins Leben, auch wenn mein Mensch, in dem ich wohne, anfangs vielleicht noch keine Worte dafür hat.

Wie wachsen Sie auf? Wie reifen Sie heran, wie Sie es nannten?

Mein Wachstum erfolgt durch Erfahrungen mit Würdigung und Entwürdigung. Wenn ich spüre, dass die Würde meines Menschen verletzt wird, dann schmerzt mich das und ich kann dem, der um mich weiß, über das Leid und über die Not, die er spürt, signalisieren, dass mir Schaden zugefügt wird. Lieber ist es mir, ich reife heran, indem mein Mensch mich als Kompass nutzt, um den eigenen Weg der Würde zu gehen. Auch wenn er, wie die meisten, vielleicht kaum Worte für mich hat: Spürt er mich als Orientierung im Leben, unterstützt das mein Wachstum.

Was brauchen Sie als Nahrung, um stärker zu werden?

Ich brauche Menschen, die mich respektieren. Jede Erfahrung, die mich würdigt und ernst nimmt, ist für mich Nahrung und verstärkt meine Wirkung. Aber auch anderen Menschen würdigend begegnen zu können, ist hilfreich und unterstützend und bereichert mich.

Ich brauche wie jeder gute Vorbilder. Menschen mit ausgereiftem Würde-Ich, die sich respektieren und die die anderen respektieren. Vorbilder der Würde, die nicht nur Würde ausstrahlen, sondern auch würdigend handeln. Solche Vorbilder sind wie Kraftnahrung für mich.

Sie sind das Würde-Ich. Gibt es noch andere »Ichs«? Vielleicht auch solche, die mit Ihnen konkurrieren?

Ja, ich habe einige Konkurrenten, die oft nicht genau voneinander zu trennen sind. Ich möchte unterscheiden zwischen denjenigen, die meine Bemühungen, als Würde-Ich in Erscheinung zu treten, gleich im Keim ersticken oder alles tun, mich zu zerstören, und denjenigen Instanzen, die im guten Sinne des Wortes Konkurrenten sind. Denn wie Sie vielleicht wissen, stammt das Wort aus dem Lateinischen: »con« heißt »mit« – und nicht »gegen« – und »currere« bedeutet »laufen«. Ich mag das Bild, mit einigen anderen Instanzen »mitzulaufen«, sie als meine Begleiterinnen zu sehen.

Ein großer Konkurrent ist das Vernunft-Ich, das eine gute und eine hinderliche Seite hat. Es gibt Menschen, in denen hat sich das Vernunft-Ich so breitgemacht, dass sie alles über die Vernunft regeln wollen. Sie schließen jedes Spüren, jedes Empfinden aus, was ihre Würde anbetrifft. Sie schließen mich, das Würde-Ich, aus. Oft machen sie sich dadurch taub gegenüber den Verletzungen, die sie erfahren haben, insbesondere den Entwürdigungen. Wenn das Vernunft-Ich zu mächtig wird, spiele ich fast keine Rolle mehr. Ich dagegen will nicht ausschließen! Meiner Erfahrung nach brauchen wir unsere Begleiter. Wir können gute Kollegen/Kolleginnen, Freunde/Freundinnen oder Nachbarn/Nachbarinnen sein, wenn wir ohne Feindseligkeit zusammen in einer Person existieren und ihre Einzigartigkeit würdigen.

Das Vernunft-Ich tritt oft in Form des Strichlisten-Ichs auf. Viele Menschen haben gelernt, dass sie Strichlisten führen müssen, wenn es um Entscheidungsfindungen geht. Was spricht dafür? Was spricht dagegen? Ich will absolut nicht abstreiten, dass das manchmal nützlich sein kann, aber: Vorsicht! Dieses Strichlisten-Ich hat es an sich, dass es sich expansiv ausbreitet und alle Entscheidungen, auch die, die nicht mit Ja oder Nein zu lösen sind, dominieren will. Dann scheitert es bzw. die Person, die dieser Instanz zu viel Macht über sich gegeben hat. Bei den wirklich wichtigen Fragen des Lebens ist es aber entscheidend, dass die Menschen mich, also ihr Würde-Ich, beachten und mich als Kompass für Entscheidungen und für würdiges Verhalten nutzen.

Dann fällt mir als Konkurrent auch noch das Ich-gehe-über-alles-hinweg-Ich ein. Es drängt sich in den Vordergrund bei Menschen, die gar nichts mehr spüren wollen und können, aus welchen Gründen auch immer. Ich weiß, dass es meist mit schlimmen Erfahrungen zu tun hat, wenn dieses Ich sie in ihren Fängen hat. Manchmal spüren sie den Impuls, sich entlang ihrer Würde für dies oder das zu entscheiden, nur für einen kurzen, flüchtigen Moment und gehen darüber hinweg. Manchmal folgen sie, wie gesagt, dem Vernunft-Ich statt meiner. Oft aber beachten sie irgendwie gar nichts, haben keinen Kompass und treffen gar keine Entscheidungen, resignieren und richten sich dauerhaft darin ein, dass andere über sie entscheiden. Dieses Ich-gehe-über-alles-hinweg-Ich ist wirklich ein schlimmer Gegenspieler. Denn es ignoriert mich und es macht die Menschen krank.

Noch einen anderen Konkurrenten darf ich nicht vergessen: das Die-andere-Person-ist-mehr-wert-als-ich-Ich. Was mich daran besonders traurig macht, ist, dass dieses Ich oft den Menschen innewohnt, die meinem Empfinden nach allen Grund hätten, sich wertvoll zu fühlen. Menschen, die Mitgefühl haben, sich um andere kümmern, fürsorglich, liebe- und verantwortungsvoll sind – und damit meistens in ihrer Lebensgeschichte nicht genug gewürdigt, eher sogar ausgenutzt worden sind. Sie haben oft ein sehr feines Gespür für das, was Würde und Würdigen bedeutet. Meine Aufgabe als Würde-Ich sehe ich darin, sie zu unterstützen, sich nicht missbrauchen zu lassen, sich nicht selbst zu vergessen, sich nicht in der Entscheidung für andere zu verlieren, sondern sich selbst gerade in wichtigen Lebens- und Beziehungsentscheidungen ebenso zu würdigen wie die anderen Menschen.

Wovor haben Sie Angst? Oder kennen Sie dieses Gefühl gar nicht?

Wo denken Sie hin! Natürlich kenne ich Angst, sogar, um ehrlich zu sein, existenzielle Angst. Ich habe vor allem Angst davor, dass sich Menschen in der Entwürdigung einrichten. Wenn sie etwa die Signale, dass es um Würde geht, nicht ernst nehmen! Zum Beispiel das Grummeln im Bauch, den Herzschmerz, die Wut, das Verstummen oder die Verzweiflung nach einer Begegnung mit einer anderen Person. Oder das schlechte Gewissen, das sich permanent als Dauergast eingenistet hat und keine Entscheidung mehr zulässt, ob es sich zu Recht meldet oder nicht. Und die Schuldgefühle ohne Schuld. Oder das Unbehagen, die Erregung, die nicht gehen will, usw. Dann werde ich nicht gefragt, sondern ignoriert. Ich versuche natürlich, mich trotzdem bemerkbar zu machen, denn ob Sie es glauben oder nicht, ich bin schon sehr kämpferisch. Aber ich muss auch damit leben, dass ich von manchen Menschen nicht gewollt bin, dass ich, zumindest für den Moment, verloren habe. Wenn ich mit allen meinen Aktivitäten ins Leere gehe, ziehe ich mich in eine Nische zurück – bereit, jede Gelegenheit zu nutzen, um wieder zum Vorschein zu kommen. Das ist meine Art, meiner Angst zu begegnen.

Ich weiß, dass es Menschen gibt, die gar nicht wissen und leider oft auch gar nicht wissen wollen, was Würde ist. Die verhärtet, gefühllos, verachtend und mitleidslos sich selbst und anderen gegenüber sind. Denen gilt meine größte Angst, denn sie bedrohen meine Existenz und schaden damit vielen Menschen, vielen Würde-Ichs, besonders den ihnen anvertrauten. Die etwas mildere oder sagen wir besser unauffälligere Art, mich in meiner Existenz und Wirksamkeit zu bedrohen, ist die, Würde nur in Sonntagsreden und Floskeln als abstrakten Wert zu beschwören und ihr gar keine Bedeutung für den einzelnen Menschen, das Zusammenleben und den Alltag zu geben. Dann versuche ich mich so laut und deutlich bemerkbar zu machen, wie es geht. Ich fördere den Widerspruchsgeist meines Menschen, sein Unwohlsein, mache mich bemerkbar, auch wenn ich damit riskiere, in dem Moment nicht besonders gemocht zu werden. Ich versuche, ihn aufmerksam zu machen und auf die Gefahr hinzuweisen, dass gerade eine fast unmerkliche Würdeverletzung stattfindet. Ich appelliere an seine Solidarität, mich darin zu verteidigen, dass es die Würde im Alltag gibt und geben muss und dass ich als Würde-Ich im Alltag, im Zusammenleben der Menschen, ein Kompass sein kann und sein muss. Dass mir das nicht gelingt – davor habe ich Angst.

Wir haben gehört, dass Sie Doppelgänger haben?

Na ja, Doppelgänger stimmt nicht ganz. Sie spielen wahrscheinlich mit Ihrer Frage darauf an, dass Menschen oft versuchen, mich mit verschiedenen Begriffen zu verstehen und zu begreifen. Sie sprechen von Selbstachtung und Selbstwertgefühl, davon, dass Würde und sich würdigen heißt, sich zu respektieren und sich aufzurichten, ja überhaupt sich selbst wahrzunehmen und sich ernst zu nehmen. Das alles sind ohne Zweifel verschiedene Facetten meiner selbst. Wahrscheinlich ist es das, was Sie dazu bewogen hat, mich zu Beginn unseres Gespräches als schillernd zu bezeichnen? Ich bin all das – und ich bin mehr als das. Mein vollständiger Name lautet deshalb ja auch Achtung Wertschätzung Selbstbewusstsein Selbstwertgefühl Eigensinn Respekt Empathie Würde.

Wir danken Ihnen für dieses Gespräch!

Das Würde-Ich hat im Interview seine Vielfältigkeit betont, die auch in seinem Namen zum Ausdruck kommt. Es umfasst all diese Aspekte nach innen und nach außen. Sie werden dieser Vielfalt in den Kapiteln dieses Buches begegnen. Im Bild eines Fächers haben wir die unterschiedlichen Aspekte des Würde-Ichs zusammenfassend strukturiert, eine Illustration mit Beschreibung finden Sie im letzten Kapitel »Im Überblick: Der Fächer des Würde-Ichs«.

Das Würde-Ich ist der Fächer und es ist mehr als das. Es ist eine Instanz, die Sie fragen und nutzen können als Kompass durch Ihr Leben.

WARUM SICH DAS WÜRDE-ICH OFT VERSTECKT

Kein Mensch entscheidet allein aus sich, aus seiner inneren Instanz heraus: »Meine Würde zählt nicht. Meine Würde ist für mich unwichtig.« Jeder Mensch hat nicht nur das Recht auf das Gefühl der eigenen Würde, weil er ein Mensch ist, sondern auch das Recht und die Fähigkeit der Selbstwertschätzung, der Würdigung seiner selbst mit all seinen Fähigkeiten und sonstigen Kostbarkeiten. Doch wir begegnen vielen Menschen, denen das Bewusstsein für die eigene Würde verloren gegangen ist. Wenn wir mit ihnen gemeinsam auf die Suche gehen, wie das passieren konnte, dann begegnen wir immer entwürdigenden Erfahrungen, die sie mit anderen Menschen machen mussten, Erfahrungen, die sie gelehrt haben, dass ihre Würde nicht zählt. Wir haben diese Erfahrungen zu dem Modell der »Vier Monster der Entwürdigung« zusammengefasst, das wir Ihnen hier vorstellen wollen.

Das Monster der lauten und stillen Gewalt

Dass die offene, »laute« Gewalt der Schläge und Schreie entwürdigt, steht außer Frage. Menschen, die Gewalt ertragen mussten, sind in ihrer Würde verletzt. Uns begegnen immer wieder Menschen, die als Kinder geschlagen worden sind. Vor allem ältere Menschen, zu deren Alltag Prügelerfahrungen gehörten, meinen: »Das war damals so. Das gehörte dazu. Die Eltern kannten es nicht anders.« Vielen mögen solche Erfahrungen im Rückblick wie selbstverständlich erscheinen, anderen nicht. Manche leiden offen und manche versteckt unter den Folgen, teilweise ihr Leben lang.

Lebenslange Folgen haben auch die Menschen zu tragen, die Opfer sexueller Gewalt und Machtmissbrauchs geworden sind. Wenn Menschen als Objekte behandelt werden, muss das ihr Selbstwertgefühl verletzen und Folgen haben. Um ein Gefühl für Werte zu entwickeln, brauchen wir Menschen ein grundlegendes Vertrauen in andere Menschen. Wenn dieses Vertrauen durch die Erfahrung von Gewalt zerstört und durch das Erleben des Ausgeliefertseins und der Ohnmacht ersetzt wird – wie soll da Selbstvertrauen und Selbstwertgefühl selbstverständlich entstehen, bestehen und wachsen können?

Viele Menschen, die in ihrem Leben Gewalt erleben mussten, kämpfen auf ihre Art und Weise um ihre Würde, oft um den Preis einer lebenslangen Anstrengung. Es ist ein mühevoller Weg, sich der eigenen Würde und des Rechts auf Unverletzlichkeit bewusst zu werden und dafür einzutreten. Diese Menschen brauchen ein Bewusstsein ihres Würde-Ichs und die Achtung, den Respekt und die Solidarität anderer, damit dies gut gelingen kann.

Neben der beschriebenen offenen, lauten Gewalt gibt es Erfahrungen stiller Gewalt. Darunter verstehen wir Begegnungen zwischen Menschen, die nicht so offensichtlich als gewalttätig identifiziert werden können, aber ähnliche Wirkungen haben wie die laute Gewalt. Dazu kann die kalte Stimme zählen, mit der die Großmutter sagt: »Na, was hast du denn wieder angestellt!«, nachdem das Kind sich verletzt hat und nun statt Trost nur Abwertung erfährt. Oder der strafende und verachtende Blick der Chefin, der die Mitarbeiterin mit aller Macht im Innersten trifft. Oder gar die ganz subtile Gewalt, die mit der offenen Gewalt einhergeht und an Perfidie nicht zu überbieten ist. Unter ihr leiden besonders Menschen, die Opfer sexueller Gewalt in der Familie geworden sind, speziell wenn dies schon im Kindesalter geschah. In ihrem Inneren mischen sich die Erfahrung der Gewalt mit dem Appell an die kindliche Liebe und Loyalität.

Ob laut oder still, jede Gewalterfahrung ist ein Gesicht der Monster der Entwürdigung. Wir alle müssen ihnen, ob es uns selbst oder unsere Mitmenschen betrifft, besondere Aufmerksamkeit schenken, weil wir uns nur dann gegen sie wehren und für die Würde eintreten können.

Das Monster der Beschämung

Das Monster der Beschämung ist eng verwandt mit dem Monster der stillen Gewalt. Es kann seine Macht oft fast unmerklich ausüben, weil es auf das Schamgefühl der von ihm verletzten Menschen zielt. Um es wahrnehmen und identifizieren zu können, müssen wir die Unterscheidung zwischen Beschämung und Scham ernst nehmen. Deshalb werfen wir zunächst einen Blick auf das Gefühl der Scham.

Wie jedes Gefühl hat Scham einen Sinn. Sie ist die Wächterin des Intimen, des Persönlichen. Wenn Sie etwas von sich preisgeben und es Ihnen dabei oder danach peinlich ist, dann signalisiert Ihnen die Scham, dass Sie möglicherweise Ihre eigenen Grenzen der Intimität überschritten haben. Oder wenn Sie sich schämen, dass Sie etwas vergessen haben, dann kann dies ein Zeichen dafür sein, dass Ihre Vergesslichkeit nicht öffentlich bekannt werden soll. Oder wenn Sie das Tagebuch Ihrer Tochter sehen, dann wissen Sie, dass dort Intimes enthalten ist, was in den Schutzraum Ihrer Tochter gehört. Wahrscheinlich wird der Gedanke, Sie könnten darin lesen (wollen), schon Gefühle der Peinlichkeit oder der Scham hervorrufen und darüber wachen, dass Sie die Grenzen der Intimität Ihrer Tochter nicht verletzen.

Diese Art von Scham, wir nennen sie die natürliche Scham, ist nützlich. Wir Menschen mögen sie nicht, auf der Beliebtheitsskala der Gefühle findet sich Scham meistens weit unten. Aber dennoch ist es sinnvoll und nützlich, sie ernst zu nehmen und auf sie zu achten. Denn der Schutz unserer intimen Grenzen ist auch ein Schutz unserer Würde. Insofern hat Scham eine nicht zu bezweifelnde Berechtigung als Mahnerin und Aufpasserin. Wir entscheiden dann aber in einem nächsten Schritt, ob wirklich unsere Würde oder die anderer verletzt wurde und deshalb Handlungsbedarf besteht.

Die Beschämung ist die andere, die monströse Seite der natürlichen Scham. Sie fühlt sich zwar ähnlich an wie die natürliche Scham, entspringt aber einer anderen Quelle und hat eine ganz andere Qualität. Sie kommt nicht von innen, sondern von außen. Sie zielt nicht darauf, zu schützen, sondern darauf, kleinzumachen und zu entwürdigen.

Beschämung kann sich in vielen Erscheinungsformen zeigen. Werden Sie zum Beispiel am Arbeitsplatz vor den anderen Kolleginnen und Kollegen darauf aufmerksam gemacht, dass Sie Fehler gemacht haben, und dies geschieht in einem Tonfall, der Sie für dumm erklärt, oder wird von einem Blick oder Augenaufschlag begleitet, der Ihnen zeigt, wie sehr Sie nerven, dann ist dies eine Beschämung. Sie werden öffentlich bloßgestellt. Viele Schulerfahrungen gelten für zahlreiche Menschen auch und gerade in der Erinnerung als Inbegriff von Beschämungserfahrungen in einer Lebensphase, in der Selbstwertgefühl und Selbstbewusstsein eigentlich dringend Aufbau- und Wachstumshilfe gebraucht hätten.

Die Beschämung kann viele Gesichter haben. Oft ist sie mit den Worten »zu« verbunden: »zu groß, zu klein, zu schlau, zu dumm, zu blond, zu schwarz, zu reich, zu arm« usw. Es gibt nichts, womit Menschen nicht beschämt werden können. Wir sind – leider! – ziemlich sicher, dass auch Ihnen ganz alltäglich daherkommende Beschämungserfahrungen einfallen, dass auch Sie Situationen erleben mussten, in denen Sie im Boden versinken wollten und die Sie in Ihrem Selbstbild nachhaltig verstört haben. Immer wieder begegnen wir Menschen, die irgendetwas »zu« sind oder haben: die zu empfindsam, zu überheblich, zu doof oder zu intelligent sind, zu dicke oder zu dünne Beine, die falschen Freunde oder immer noch keine Freundin haben. Die noch wissen, wie sie lächerlich gemacht wurden, weil sie die »falschen« Eltern hatten: zu alte oder zu junge, zu gebildete oder zu bildungsferne, zu kreative oder zu spießige ... Manche Menschen tragen ihr Leben lang schwer an solchen Beurteilungen, die als Selbsteinschätzung manchmal so tief verankert sind, dass sie auch später jede Überprüfung auf ihren Wahrheitsgehalt unbeschadet überstehen.

Jedes Anders-Sein kann Anlass für Beschämungserfahrungen werden. Oft werden Beschämungen ausgesprochen, manchmal kommen sie subtil als Blick oder Tonfall daher. Besonders häufig sind Beschämungen, die damit einhergehen, dass Menschen diskriminiert werden. Oft wird dann das Wort »typisch« gebraucht: typisch Ausländer, typisch deutsch, typisch Mann, typisch Frau ... Auch wenn Fehler oder Unzulänglichkeiten in einer mehr oder weniger großen Öffentlichkeit bekannt gemacht werden, wirkt dies oft als Beschämung. Wenn Ihre Frau zum Beispiel anderen erzählt, dass Sie – typisch Mann – den Hochzeitstag vergessen haben, kann dies scherzhaft gemeint sein, aber durchaus auch beschämen. Es kann auch witzig gemeint sein, wenn Ihr Mann vor Gästen erzählt, wie lange Sie heute mal wieder gebraucht haben, um sich – typisch Frau – »aufzubrezeln«. Wenn Sie sich, als Mann oder Frau, dann herabgesetzt oder lächerlich gemacht fühlen und dies vielleicht auch äußern, dann ist die Reaktion, Sie sollten sich »nicht so haben«, ein weiterer Anlass für Ihr Würde-Ich, in Aktion treten zu dürfen und sich gegen diese Entwürdigung zu wehren.

Auch Krankheiten, Alter und Behinderungen können Anlass für Beschämungen sein, für Häme und Spott. Der Rollstuhlfahrer, der von seinem erwachsenen Sohn vor die Theke gefahren wird, damit er sich ein Bier bestellen kann, aber von der Person hinter der Theke im Gegensatz zu seinem Sohn unbeachtet und ungeachtet bleibt, ist von Beschämung ebenso betroffen wie die Frau, die nur mit Mühe die Straßenbahn besteigen kann, weil sie gebrechlich ist, und der vorgeworfen wird, »den ganzen Laden aufzuhalten«. Oder das Kind, das an Neurodermitis leidet und mit Blicken des Misstrauens und Worten der Häme leben muss. Welch katastrophale Folgen Beschämungen und Häme in sozialen Netzwerken bis hin zur Selbstmordgefährdung von Kindern und Jugendlichen haben kann, ist bekannt.

Beschämungen treffen die Menschen in ihrem Selbstbild und ihrem Selbstwertgefühl. Sie kommen oft massiv daher, häufig aber auch sehr still und unscheinbar. Wenn Menschen davon betroffen sind, dann spüren sie manchmal sofort ihre Verletzung, oft aber auch erst im Nachklang.

Beschämung gehört zu der Familie der Monster der Entwürdigung. Sie verletzt und schwächt Sie, in welcher Form und Intensität auch immer sie auftreten mag, in Ihrem Selbstwertgefühl. Deswegen ist es auf dem Weg zur Stärkung Ihrer Würde wichtig, dass Sie zwischen Scham und Beschämung unterscheiden. Dass Sie die natürliche Scham ernst nehmen, die Beschämung aber, wo immer möglich, zurückweisen. Lassen Sie sich von solidarischen Vertrauten dabei unterstützen, Ihre Würde zu verteidigen.

Das Monster der Erniedrigung

Das Monster der Erniedrigung äußert sich verbal und nonverbal. Es wertet ab, es verachtet, es erniedrigt, es entwürdigt.

Der Satz »Ich verachte dich!« wird Ihnen in dieser knappen Deutlichkeit wahrscheinlich nicht oder zumindest eher selten zu Ohren gekommen sein. Dafür aber andere Sätze der Abwertung wie: »Das kannst du einfach nicht!« oder »Stellen Sie sich nicht so an! Ich kann doch nichts dafür, dass Sie versagen.« »So bekommst du nie einen Mann/eine Frau.« Solche Sätze gibt es besonders häufig gegenüber Frauen und Kindern: »Du bist zu dumm dafür.« »Du schaffst das nie.« »Wer kann dich schon lieben!« …

Sie werden vielleicht auch leidvolle Erfahrungen damit haben, Verachtung im Blick, in der Stimme, im Verhalten anderer Menschen Ihnen gegenüber gespürt zu haben. Das Monster der Entwürdigung zeigt sich überall da, wo Sie kleingemacht werden.

Frau F. hatte vier Jahre lang in ihrem Betrieb fleißig und engagiert gearbeitet. Bei der Beförderung wurde ihre Kollegin vorgezogen, die viel weniger Kompetenzen hatte, sich aber besser einschmeicheln konnte – ein fast alltäglicher, dennoch individuell verletzender Fall. Frau F. fühlte sich erniedrigt. Zu Recht.

Auch Immer-, Nie- und Schon-wieder-Sätze sind versteckte Abwertungen und damit Erniedrigungen: »Dir ist das Essen angebrannt. Schon wieder.«, »Immer kommst du zu spät.«, »Nie wirst du mit den Kindern fertig.«, »Immer jammerst du herum …« Sie schleichen sich als Abwertung in ihre Adressaten ein und führen irgendwann dazu, dass diese sich klein und unfähig fühlen. Uns ist wichtig, dass Sie nicht nur den starken und offenen Formen der Erniedrigung Beachtung schenken, sondern allen, auch den stillen, eher beiläufigen. Denjenigen, die mit Nadelstichen das Selbstwertgefühl und die Selbstachtung schwächen.

Zwei anderen Formen, die oft nicht mit Erniedrigung in einen Zusammenhang gestellt werden, wollen wir besondere Aufmerksamkeit widmen. Die erste besteht in einer »feindlichen Fürsorge«. Wir sind Freunde der Fürsorge, auch wenn dieser Begriff in manchen Ohren sehr altmodisch klingt und oft belächelt wird. Fürsorge hat auch deshalb einen schlechten Ruf, weil es Formen staatlicher und kirchlicher Fürsorge gab, die erniedrigend, ja manchmal gewalttätig war. Fürsorge, das bedeutet für uns, für andere Menschen zu sorgen, und das ist gut. Mehr noch: Das ist von hohem Wert. Doch es gibt auch eine Form der feindlichen Fürsorge, mit der eine versteckte Erniedrigung daherkommt. Feindliche Fürsorge bedeutet: Ich sorge für dich, weil du es ja sowieso nicht kannst, weil du zu dumm/zu alt/zu jung/zu was auch immer bist – also nehme ich es dir ab. Diese Art von Fürsorge unter Zusatz der »Weil-Sätze« wird selten offen ausgesprochen, sondern zeigt sich vor allem in Tonfall und Mimik, in der Beziehungsqualität. Feindliche Fürsorge behandelt den anderen eher als Objekt denn als Subjekt, sie ist abwertend und entwürdigend.

Schon eher mit Erniedrigung verbunden werden Erfahrungen des Verrats. Gabriele W. erzählt von ähnlichen Erfahrungen wie Eva G., von der Sie anfangs schon gehört haben: »Den Verdacht, dass mein Mann fremdging, hatte ich früher schon öfters. Er hat es aber immer abgestritten. Ich habe ihm geglaubt. Doch dann habe ich ihn mit einer anderen Frau gesehen. Das war wie ein Stich ins Herz. Vielleicht wäre ich über das Fremdgehen hinweggekommen. Auch unsere Ehe vielleicht. Ich weiß es nicht. Aber dass er mich belogen hat, das setzt dem Verrat noch einen Verrat drauf. Das macht mich so klein und so fertig, das ertrage ich nicht.« Wenn Menschen sich verraten fühlen, ist das zumeist eine tiefe Verletzung, die lange Zeit nachwirkt. Sich verraten zu fühlen, ist eine Erfahrung der Erniedrigung, und zu verraten ist ein Charakterzug des Monsters der Entwürdigung.

Das Monster der Erniedrigung werden Sie in vielen Situationen offen bemerken, wenn Sie sich verletzt und kleingemacht fühlen. Oft werden Sie es aber erst im Nachhinein spüren, nach einem Gespräch, nach einer Aktion, nach einer Begegnung. Nehmen Sie diesen schlechten Nachgeschmack wahr und ernst. Sonst schleicht sich die Erniedrigung in Sie ein und wird zum Teil eines Prozesses, in dem Sie Gefahr laufen, Ihre Würde zu verlieren.

Das Monster der Ignoranz und Leere

Stellen Sie sich vor, Sie sitzen mit anderen am Tisch und diese unterhalten sich über Sie, als ob Sie nicht da wären. Vielleicht brauchen Sie sich das nicht vorzustellen, sondern haben als Kind oder Erwachsener schon einmal solche Erfahrungen machen müssen. Wir sind sicher, dass Sie dies verletzt hat, selbst wenn es dabei gar nicht um Sie ging, sondern um ein anderes Thema. Sich ausgeschlossen, ignoriert und übergangen zu fühlen, so als ob Sie eine Leerstelle wären, verletzt.

Dies mag harmlos klingen, hat aber oft große Wirkung, zumindest dann, wenn sich die Erfahrungen, ins Leere zu gehen oder eine Leerstelle zu sein, wiederholen. Wir meinen hiermit nicht die Leere, die Sie sich vielleicht nach einer intensiven Arbeitswoche ersehnen oder wenn Sie erschöpft sind von vielen Tätigkeiten und Kontakten. Dieses Bedürfnis nach einer Leere der Erholung, des Freiseins von Belastungen ist positiv. Wir meinen eine andere Leere, die, die entwürdigt. Sie hat viele Gesichter, vor allem für die Kinder:

- Wenn ein Kind die Arme ausstreckt und niemand ergreift sie.
- Wenn ein Kind schreit und es wird nicht gehört.
- Wenn ein Kind sich anlehnen möchte, aber es fällt ins Nichts.
- Wenn ein Kind gesehen werden möchte, aber es wird übersehen.
- Wenn ein Kind gehalten werden möchte, aber niemand kommt …

Das sind Leere-Erfahrungen, die viele Kinder kennen. Wenn Kinder nicht nur einmal solche Erfahrungen machen, sondern viele Male, gleichsam chronisch, dann kann dies tiefe und lang andauernde Folgen haben. Wer ins Leere greift, hört auf zu greifen (und vielleicht auch zu be-greifen) oder greift gewalttätig nach allem. Wessen Blick nicht erwidert wird, dessen Augen werden stumpf. Wessen Stimme nicht erhört wird, der verstummt oder schreit ununterbrochen – usw.

Auch Erwachsene leiden darunter, wenn sie ignoriert werden, haben aber die Möglichkeit, wenn sie zum Beispiel in einer Partnerschaft dauerhaft unerhört bleiben, den Partner oder die Partnerin zu wechseln. Das ist nicht leicht und gerade die Erfahrungen, ins Leere zu gehen, wirken oft wie ein Klebstoff in Partnerschaften und binden (»Wenn ich mich nur mehr anstrenge, dann werde ich sie/ihn schon erreichen.«). Doch die Möglichkeit besteht, einen Weg durch die Zeiten der Verzweiflung hindurch zu finden und das Scheitern, vielleicht mit Unterstützung anderer, zu akzeptieren. Kinder haben diese Möglichkeit nicht. Sie sind der Leere ausgeliefert. Deswegen haben kindliche Erfahrungen der Leere besonders anhaltende Wirkungen der Entwürdigung bis weit ins Erwachsenenalter hinein.

Auch Erwachsene brauchen es, dass sie gehört, gesehen und gehalten werden. Ins Leere zu gehen, tut weh:

Wenn Sie sich anlehnen wollen, aber da ist niemand.

Wenn Sie Ihren Partner oder Ihre Partnerin besonders brauchen und diese/-r entzieht sich Ihnen.

Wenn Sie übersehen oder überhört werden.

Wenn Sie das Gefühl haben, ein Mensch, dem Sie sich anvertrauen wollen, hört gar nicht richtig zu oder ist mit seinen Gedanken woanders.

All das verletzt, all das schadet dem Selbstvertrauen.

Besonders entwürdigend sind Erfahrungen der Leere nach einem belastenden Ereignis. Wenn Sie Trost, Hilfe, Parteilichkeit und Wärme brauchen und stattdessen ins Leere gehen und allenfalls Beschämung, Vorwürfe, Kälte und Ignoranz erleben, dann ist das schlimm. Dann kann dies die Wunden der Verletzungen verstärken und sie nicht heilen lassen.

Auch wenn Sie etwas verloren haben und darüber trauern, brauchen Sie Geborgenheit, brauchen Sie andere Menschen, die Ihre Trauer teilen und Sie halten und trösten. Als Kinder wie als Erwachsene verlieren wir immer wieder etwas in unserem Leben, erleiden wir Verluste. Freunde und Freundinnen gehen verloren, Arbeitsstellen werden verlassen oder Heimatorte. Auch Fähigkeiten verschwinden. Menschen müssen loslassen. Das ist Teil des Lebens. Das Gefühl des Loslassens ist das Trauern. Trauern löst. Zu trauern hilft, sich zu verabschieden. Damit Trauer diese Funktion erfüllen kann, ist es notwendig, dass andere Menschen die Trauer zumindest zeitweilig teilen. Wer im Trauern alleine bleibt und mit seiner Trauer ins Leere geht, kann in der Trauer stecken bleiben und damit nachhaltige Schädigungen erfahren.

Deswegen ist es besonders wichtig, Leere-Erfahrungen wahrzunehmen und sich auch in seinen Verletzungen, die durch Ignoranz und Leere entstehen, zu würdigen. Nur wer solche Erfahrungen ernst nimmt, kann anfangen, dafür zu sorgen, sie zu meiden, sodass sie sich im besten Fall nicht mehr wiederholen.

Sie haben ein Recht darauf, gesehen, gehalten und gehört zu werden. Sie haben ein Recht darauf, getröstet zu werden und Unterstützung zu finden. »Und was nützt mir dieses Recht, wenn es für mich keine Menschen gibt, die mich sehen und unterstützen, die mir zuhören, mich halten und trösten?«, werden wir oft traurig und resigniert gefragt. Wir haben dem als Antwort nur unsere Erfahrungen entgegenzusetzen, die uns voller Zuversicht und Zutrauen sein lassen, dass dies allenfalls für diesen Menschen in diesem Moment Gültigkeit haben muss. Wir vertrauen bei allem Ernst der Lage darauf, dass es immer die Möglichkeit gibt, andere Menschen zu entdecken, die eine Alternative zu den Leere-Erfahrungen ermöglichen. Wir behaupten nicht, dass das einfach ist. Vor allem ist es notwendig, dass Sie sich dazu entscheiden, mit der Suche anfangen zu wollen. Nehmen Sie wahr, was Sie brauchen, und sagen Sie das. Sprechen Sie Ihren Partner, Ihre Partnerin oder andere Familienangehörige, Freunde und Freundinnen an und teilen Sie ihnen mit: »Ich möchte, dass du mich siehst. Ich möchte, dass du mich hältst. Ich wünsche mir, dass du mir mehr zuhörst. Ich brauche dies, ich brauche das.« Vielleicht werden manche Sie damit auch alleine lassen und das wird Ihnen eine enttäuschende Lehre sein, doch Sie werden merken, dass es mehr Menschen gibt, als Sie erwartet haben, die Ihnen zuhören und die Sie ernst nehmen.

Leere-Erfahrungen als solche zu erkennen und daraus Konsequenzen für eine andere Qualität von Beziehung zu ziehen, ist ein wichtiger Schritt, um dem Monster der Ignoranz und Leere zu begegnen.

Wovor diese Monster Angst haben

Monster wirken übermächtig. Manchmal sind sie es. Dann muss man vor ihnen fliehen oder sich vor ihnen verstecken, wenn sie in Gestalt von stärkeren Menschen daherkommen, die Entwürdigung zu ihrem Programm gemacht haben. Doch oft sind diese Monster Scheinriesen. Je mehr man sich ihnen nähert, desto kleiner werden sie. Deswegen ist das Erste, wovor diese Monster Angst haben, dass Sie sie registrieren, dass Sie sie beachten. Wer diese Monster ignoriert, gibt ihnen die Macht, sich in seinem Innenleben einzunisten und sich von seiner Würde beziehungsweise von dem, was davon noch übrig ist, zu ernähren. Sie werden so mächtiger und mächtiger. Ja, ihr Dasein wird zu einer Selbstverständlichkeit. Dagegen gilt es, sich zu wehren. Weder ins Leere zu gehen noch Gewalt zu erfahren, weder beschämt zu werden noch erniedrigt zu werden, darf selbstverständlich sein. Jede einzelne einer solchen Erfahrung ist eine zu viel. Bei jeder dieser Erfahrungen sollten Ihre Alarmglocken klingeln.

Beachtung ist also das Erste, wovor diese Monster sich fürchten. Dazu gehört, dass Sie auch den Schmerz wahrnehmen, den diese Monster Ihnen zugefügt haben. Das ist nicht immer leicht. Oft wollen wir Menschen diese Verletzungen nicht spüren. Wir versuchen, sie mit aller Macht nicht ernst zu nehmen, weil vielleicht sonst die Liebe oder Partnerschaft in Gefahr gerät. Doch Liebesbeziehungen, Freund- und Partnerschaften, die auf Entwürdigung basieren und den Monstern der Entwürdigung Raum geben, zerbrechen vielleicht äußerlich nicht, wahren aber irgendwann nur noch den (bösen) Schein, unter dem die oder der Einzelne innerlich zerbricht. In jedem Fall hinterlässt Entwürdigung Spuren und gehört zu keiner Partnerschaft, in der Menschen sich wohlfühlen und Liebe und Zuneigung erleben wollen.

Das Zweite, wovor die Monster der Entwürdigung Angst haben, ist die Solidarität anderer Menschen. Es wird selten gelingen, sofort, wenn man eine solche Entwürdigung wahrnimmt, ein Handlungsprogramm aufzustellen und sich dagegen zu wehren. Oft braucht es den Zwischenschritt der Solidarität. Unter Solidarität verstehen wir, dass Sie mit anderen vertrauenswürdigen und wahrhaftigen Menschen über die Monster, die ihnen begegnet sind, reden und sich Unterstützung suchen. Die Unterstützung besteht zunächst einmal darin, dass andere Ihnen zustimmen: Ja, das ist Entwürdigung. Ja, das verletzt. Ja, das fühlst du, das spüren Sie richtig! Diese Bestätigung brauchen Sie, denn Verletzungen der Entwürdigung, die Monster der Entwürdigung wahrzunehmen, verunsichert, und viele trauen dem, was sie spüren, nicht unbedingt. Wenn Sie sich von jemand anderem in Ihrer Wahrnehmung bestätigt fühlen, dann kann daraus die Kraft entstehen, auch gegen die Entwürdigung zu handeln. Die Solidarität braucht als Erstes den Austausch, das Darüber-Reden, die Kommunikation.

Die dritte Furcht der Monster der Entwürdigung besteht schließlich darin, dass Sie »Stopp« sagen. Dass Sie alternative Handlungen fordern. Dass Sie gegebenenfalls Partnerschaften, Freundschaften, Arbeitsverhältnisse usw. beenden und sich neue suchen. Ein solch radikaler Schritt steht selten am Anfang. Meist nur dann, wenn sich schon über lange Zeit viele Entwürdigungen aufgestaut haben. Solche Konsequenzen wiegen umso schwerer, je näher und bedeutsamer Ihnen die Menschen sind. Wenn sie gezogen werden, gilt es, den Kampf aufzunehmen, zu den Entwürdigungen Nein zu sagen und ein Verhalten zu fordern, das Sie ernst nimmt, das Ihnen Respekt erweist, das Sie würdigt. Die Monster der Entwürdigung sind meist feige. Vor Ihrem Widerstand haben sie Angst.

VERSTECKTE ANZEICHEN DAFÜR, DAS WÜRDE-ICH ZU BEFRAGEN

Der schlechte Nachgeschmack

Elvira L. traf sich mit ihrer langjährigen Freundin Leandra. Es war Sommer. Sie wählten ein Bistro aus, das wunderbare Flammkuchen servierte. Sie setzten sich nach draußen in den Schatten und freuten sich, einander zu sehen. Nach zweieinhalb Stunden, jeweils einem Flammkuchen und einem Dessert, einer Flasche Wasser und einem Glas Weißwein, verabschiedeten sie sich und verabredeten sich gleich für das nächste Treffen in zwei Wochen.

Als Elvira nach Hause ging, spürte sie einen schlechten Nachgeschmack. Dieser Nachgeschmack entsprang weder dem Wein noch dem Flammkuchen. Er war eher ein Befinden, eine Stimmung, ein unbestimmter Nachklang zum Treffen mit der Freundin. Sie wusste erst gar nichts damit anzufangen, war ein wenig verwirrt. Das Treffen war eigentlich gut und schön wie immer verlaufen. Doch irgendetwas war diesmal anders.

Sie beschloss, dem nachzugehen. Sie überlegte, was es denn mit dem Nachgeschmack auf sich haben könne. Sie fragte sich: Wann fing der an? Wann entstand dieses Unbehagen, dieses komische Gefühl?

Plötzlich fiel es ihr ein: Das war, als sie von den Waschmaschinen erzählt hatte. Innerhalb viel zu kurzer Zeit waren Elvira L. zu ihrem großen Ärger drei Waschmaschinen kaputtgegangen. Bei der ersten war es okay, sie war alt und Elvira rechnete schon damit, dass sie bald ihren Geist aufgeben würde. Die zweite kaufte sie bei einem

Elektrogeräte-Großhändler. Die Maschine war ein Schnäppchen, doch leider knapp zwei Monate nach Ablauf der Garantie kaputt. Sie reklamierte, hatte aber keine Chance. Die Firma brauchte sich nicht einmal herauszureden: Das Recht war auf ihrer Seite. Dann ging sie in ihrer Nachbarschaft zu einem kleinen Geschäft, das damit warb, hochwertige Geräte zu verkaufen, sie anzuschließen und zu garantieren, dass die Käufer von den Geräten lange etwas hätten. Also kaufte sie im Vertrauen auf die persönliche Zusage des Inhabers für teures Geld eine Waschmaschine mit etwas zu viel elektronischem Schnickschnack, den sie gar nicht brauchte und der sich in der Folgezeit als sehr schadensanfällig erwies. Aber immerhin, sie fühlte sich in guten Händen. Als auch diese Maschine nach relativ kurzer Lebensdauer und etlichen teuren Reparaturen kaputtging, war Elvira L. richtig sauer. Sie ärgerte und empörte sich über die gebrochenen Versprechen des Händlers und fühlte sich von ihm als Kundin persönlich missachtet. Als sie ihrer Freundin erhitzt davon erzählte und sagte, dass sie sich irgendwie betrogen fühlte, hörte die Freundin weder genau zu noch fragte sie nach. Stattdessen nahm sie das Stichwort »betrogen« dankbar auf und erzählte sofort von einer Arbeitskollegin, von der sie sich betrogen fühlte, weil diese sich mit den Ergebnissen ihrer Arbeit schmückte. Daraus hatte sich ein großes Drama entwickelt, das die Freundin lang ausbreitete, wobei Elvira L. verständnisvoll zuhörte. »Da fing mein Unbehagen an, mein schlechter Nachgeschmack hat da seine Wurzeln«, dachte sie.

Sie erinnerte sich, dass sie schon während des Gesprächs einen Hauch des Gefühls gespürt hatte, übergangen zu werden, zu kurz zu kommen und von ihrer Freundin nicht wirklich gehört, geschweige denn verstanden zu werden. Doch dann hatte sie dieses Empfinden wegkorrigiert und sich beruhigt: »Ach, die Geschichte meiner Freundin ist doch viel wichtiger. Das Drama am Arbeitsplatz ist doch wohl bedeutsamer als meine komischen Waschmaschinen …«

Ging es tatsächlich nur um Waschmaschinen? Nur um Zeitaufwand und Geld?

Als Elvira L. sich entschloss, ihrem Unbehagen nachzugehen, merkte sie, dass es hauptsächlich um ihr Gefühl, betrogen worden zu sein, ging und darum, darin von ihrer Freundin nicht ernst genommen worden zu sein. Das war ihr wichtig! Und außerdem gestand sie sich zu, dass es auch ein unangenehmes Gefühl hinterlassen darf, wenn man Geld aus dem Fenster geworfen hat. Auch mit ihrer Zeit – das musste ihre Freundin doch wissen – konnte sie Besseres anfangen. Und ein bisschen fühlte sie sich auch von sich selbst verraten: »Ist ja ganz typisch für mich, dass ich die Probleme anderer immer als schlimmer erachte als meine eigenen.«

Diese Selbsterkenntnisse und die Achtung der eigenen Empfindungen und Gefühle in Bezug auf das Geschehene und ihre Beziehungen waren möglich, weil sie ihrem Unbehagen nachgegangen war.

Manchmal fällt es nicht leicht, sich einzugestehen, dass fast immer Beziehungsaspekte eine Rolle spielen, wenn es um verletzte Gefühle geht. Hier ging es um zwei solcher Aspekte mit den dazugehörigen Beziehungsgefühlen. Zum einen hatte Elvira L. sich von dem Inhaber des Installateur-Geschäftes verraten, zumindest in ihrem Vertrauen in eine faire Behandlung getäuscht und betrogen gefühlt. Der zweite Beziehungsaspekt, in dem ihre Freundin Leandra die entscheidende Rolle spielt, war allerdings noch entscheidender für ihr Unbehagen. Wäre sie ihre Geschichte »los«geworden, wäre sie auf Resonanz bei ihrer Freundin gestoßen, so wären wahrscheinlich der Ärger und vor allem das Gefühl, von dem Verkäufer verraten worden zu sein, bald verraucht. So aber hatte dieses Gefühl noch neue Nahrung bekommen, weil Elvira L. damit bei ihrer Freundin ins Leere gegangen war. Sie fühlte sich nicht verstanden und ernst genommen.

Mit dieser »Vorarbeit« konnte sie sich nun die Frage stellen: Was sagt mein Würde-Ich dazu?

Elvira L. fielen zwei Antworten, zwei Konsequenzen ein, die sie aus ihren Erfahrungen ziehen wollte. Die erste war, dass sie ihrem

Ärger über den Händler noch einmal deutlicher Ausdruck verleihen wollte. »Gleich morgen gehe ich hin und sage ihm meine Meinung. Das geht so nicht! So lasse ich nicht mit mir umgehen!« Sie wollte mit ihm nicht feilschen, um nichts verhandeln. Zu sich zu stehen, war ihr Anliegen genug. Seine Reaktion war für sie zweitrangig.

Die zweite Antwort und Konsequenz betraf ihre Freundin. Sie wollte der Freundin beim nächsten Mal ihr Unbehagen schildern und sie auffordern, ihr mehr zuzuhören und dem, was ihr, Elvira, wichtig ist, mehr Raum zu geben und Interesse zu widmen. Sie wusste, dass ihr in dieser Situation und Beziehung, anders als beim Händler, die Reaktion ihrer Freundin wichtig sein würde. Sie nahm das Risiko in Kauf, in ihrem Anliegen enttäuscht zu werden und wieder in die Leere zu gehen. Aber die Chance, dass sich ihre Beziehung zueinander vertiefen könnte, wollte sie sich nicht entgehen lassen.

Diese zwei Antworten und Entscheidungen halfen ihr, sich und ihren Bedürfnissen Achtung zu erweisen.

Das Unbehagen davor

Udo Baer: An dieser Stelle möchte ich Ihnen ein persönliches Beispiel erzählen.

Mein Arbeitsalltag heute sollte mit der Vorbereitung auf einen Vortrag beginnen, zu dem ich engagiert worden war. Dabei spürte ich ein diffuses Unbehagen, fast so etwas wie Widerwillen. Ich schob die Vorbereitung vor mir her. Ich wollte mich eigentlich gar nicht mit dem Thema beschäftigen. Ich war irgendwie ärgerlich, dass ich diesen Vortrag halten sollte. Das kannte ich so gar nicht von mir. Es kam mir seltsam fremd vor. Normalerweise ist die Aussicht auf einen Vortrag und die Beschäftigung mit einem Thema, das mir am Herzen liegt (ich nehme nur solche Engagements an), eine wahre Freude.

Ich entschied mich, wenn auch nicht besonders motiviert, meine schlechte Laune ernst zu nehmen und nach ihrer Ursache zu forschen. Und dann fiel mir ein, dass mein Unbehagen eine längere Vorgeschichte hatte, dass es eine Abfolge von Situationen des Unbehagens gegeben hatte.

Ich erinnerte mich, dass ich mich sehr über den Veranstalter geärgert hatte. In den ersten Gesprächen, in denen wir unsere Vereinbarungen trafen, stellte er mir viele Fragen zum Thema des Vortrags, zur Länge, zur Diskussion danach und zu einigem anderen mehr. Er wollte alle möglichen Details wissen und ich gab ihm die gewünschten Informationen, ein Service, der mir selbstverständlich ist. Dann hörte ich monatelang nichts mehr von ihm. Schließlich bekam ich die Ausschreibung für die Veranstaltung zugeschickt. Ich fiel aus allen Wolken. Der Veranstalter hatte das Thema meines Vortrages geändert, nicht entscheidend, aber doch bedeutsam. Er hatte mich vorher nicht informiert, geschweige denn gefragt. Ich ärgerte mich über diese Stillosigkeit.

Dann las ich die weiteren Angaben zu dieser Tagung und entdeckte zu meinem Entsetzen, dass unter der Rubrik der Referenten und Referentinnen mein Name falsch geschrieben war. Aus Baer mit »ae« war ein englisches »Bear« geworden. Diese verdrehte Schreibweise begegnet mir in meinem Privatleben gelegentlich und ärgert mich nicht. In diesem offiziellen Rahmen und auch noch im Zusammenhang mit dem »falschen« Thema waren diese Fehler nicht einfach zu übersehen. Ich schrieb dem Veranstalter daraufhin eine Mail und drückte meinen Ärger aus, erhielt aber keine Antwort. Dann rückte der Vortrag näher und ich begann, wie beschrieben, mich vorzubereiten und mein Unbehagen zu bemerken.

Im Nachhinein weiß ich, dass die Tatsache, auf meine Beschwerde keinerlei Reaktion bekommen zu haben und so ins Leere gegangen zu sein, schon damals hätte meine Beachtung finden sollen und nicht erst jetzt, bei der konkreten Vorbereitung meines Vortrages. Gleichzeitig konnte ich mir diese Nachlässigkeit mir selbst gegenüber gut verzeihen, weil ich wusste, dass ich mit anderen wichtigeren Dingen ausreichend beschäftigt war.

Ich kam also genug Anlässen auf die Spur, als ich innehielt, um dem aktuellen Unbehagen nachzugehen. Ich überlegte nun kurz, den Vortrag noch abzusagen, weil ich dieses Vorgehen mir gegenüber nicht akzeptieren konnte, es schlicht und einfach meiner nicht würdig fand. Ich rief den Veranstalter an, um meinem Unwillen und meiner Empörung zunächst einmal Ausdruck zu verleihen, bevor ich Konsequenzen ziehen wollte. Ich beschwerte mich bei einer leitenden Person dieser Institution über das Vorgeschehen. Diese entschuldigte sich mit vielen Worten. Ich konnte nicht beurteilen, ob diese Entschuldigung echt war oder nur dazu diente, mich zu beruhigen und bei der Stange zu halten. Aber unabhängig davon entschied ich mich dazu, den Vortrag zu halten. Nicht wegen des Veranstalters, sondern aus Achtung vor den Menschen, die kommen würden, weil sie sich für das Thema und das, was ich dazu zu sagen hatte, offensichtlich interessierten und sich Zeit genommen hatten.

Mein Würde-Ich, das ich befragte, sagte mir, dass diese Entscheidung zu diesem Zeitpunkt richtig war, dass ich in Zukunft aber mehr auf solche Irritationen und Beziehungsprobleme achten sollte. Denn ich bleibe dabei: Es ist ein Beziehungsproblem, wenn der Titel einer Veranstaltung eigenmächtig verändert und kein Wert auf die richtige Schreibweise des Namens gelegt wird. Es fehlen in dieser Beziehung die Achtung und der Respekt des einen vor dem anderen, und das ist ein Problem. Meinem Würde-Ich versprach ich: »Ich will diese eine Veranstaltung machen, um die Leute nicht zu enttäuschen, die dort hinkommen. Aber mit diesen Veranstaltern will ich nie mehr zusammenarbeiten und werde es auch nicht tun.«

Auch Sie werden gelegentlich ein Unbehagen verspüren, eine Aktivität zu unternehmen, und vielleicht sogar deshalb mit sich hadern. Das kann ein Besuch bei Bekannten oder Freunden sein, ein Hilfsdienst in der Familie oder Nachbarschaft oder ein berufliches

Handeln. Unser Rat ist, nehmen Sie das Unbehagen ernst. Es kann ein Signal Ihres Würde-Ichs sein, ein mehr oder weniger verstecktes Anzeichen dafür, dass in der Beziehung zu der Person oder den Menschen, mit denen Sie zu tun haben werden, etwas nicht stimmt, zumindest eine Irritation vorhanden ist. Wenn Sie auf die Vorgeschichte schauen, werden Sie zumeist Anlässe für Ihr Unbehagen entdecken. Nach unseren Erfahrungen betreffen diese fast immer Aspekte der Entwürdigung oder zumindest der mangelnden Würdigung und Achtung Ihrer Person. Wenn Sie dann Ihr Würde-Ich fragen, werden Sie wichtige Hinweise für Ihr künftiges Handeln erhalten. Welche Konsequenz Sie dann in einem nächsten Schritt daraus ziehen, das bleibt Ihnen überlassen.

Gefühle, scheinbar »ohne Grund«

Sie kennen das wahrscheinlich auch. Manchmal überfällt Sie ein Gefühl und Sie wissen gar nicht, warum. Sie können keinen Grund erkennen. Sie wundern sich, halten sich vielleicht für mal wieder überempfindlich oder »spinnert«, kämpfen manchmal sogar gegen dieses Gefühl an, aber wahrscheinlich erfolglos. Zumindest die Stimmung bleibt haften. Dass dieser Umstand etwas mit dem Würde-Ich zu tun haben könnte, auf diese Idee werden Sie wahrscheinlich nicht kommen.

So ging es auch Jörg R. Er erzählt: »Ich bin 32 und habe seit drei bis vier Jahren einen guten Freund. Wir treffen uns öfters, mal bei mir in Berlin, mal bei ihm in Potsdam, und erzählen viel. Gelegentlich gehen wir auch gemeinsam zu einer Kulturveranstaltung, allerdings eher selten. Als ich letztes Mal aus Potsdam zurückkehrte, wurde ich plötzlich auf der Rückfahrt traurig, sehr traurig. Mir kamen die Tränen und ich wusste nicht, warum. Ich versuchte, die Trauer zu stoppen, aber das gelang nicht. Ich überlegte, warum ich denn plötzlich so traurig war, aber mir fiel nichts ein.

Nach einigen weiteren Kilometern auf der Autobahn begann ich, den Gesprächsverlauf zu durchdenken: ob es da einen Anlass gegeben hatte, der mich traurig machte. Doch mir fiel nichts ein. Ich blieb ratlos. Dann erinnerte ich mich, dass mein Freund mich danach gefragt hatte, wie es denn damals mit meiner Scheidung gelaufen wäre, vor fünf Jahren. Das war eine Zeit, die ich als katastrophal erlebt hatte. Zu Beginn waren wir so jung und frisch verliebt, dass wir schnell zusammenzogen und gleich heirateten. Aber meine damalige Frau ging fremd, probierte mehrere andere aus. Ich versuchte erst, um sie zu kämpfen, und sogar auch, gute Miene zum bösen Spiel zu machen. Aber ich hielt es nicht aus. Und sie letzten Endes auch nicht. Wir trennten uns und waren beide sehr verletzt. Für mich war das eine Katastrophe. Meine Träume waren kaputtgegangen. Ich fühlte mich verraten, beschmutzt und sehr verunsichert, weil ich meiner Frau anscheinend nicht das bieten konnte, was sie gebraucht hatte. Ich fühlte mich als Versager.

Ich fand es gut, dass mein Freund mich danach gefragt hatte, weil ich bis dahin kaum darüber hatte reden können und wollen. Es war aus mir herausgesprudelt, mit viel Aufregung und viel Gefühl. Ich war sehr aufgekratzt und aufgewühlt. Und auch ein wenig peinlich berührt, weil ich gedacht hatte, viel »weiter« zu sein, die Vergangenheit emotional hinter mir gelassen zu haben. Mein Freund nickte immer verständnisvoll. Eigentlich war ich mit unserem Gespräch zufrieden – hatte ich gedacht, als mein Freund und ich uns verabschiedeten.

Erst zwei, drei Tage später, als die Traurigkeit nicht nachließ, fiel mir auf, dass mein Freund nie nachgefragt hatte und dass ich sein verständnisvolles Nicken eher wie eine Pflichtübung erlebt hatte, als ob er Verständnis nur geheuchelt hätte. Mein Eindruck war, dass es ihn eigentlich gar nicht interessiert hatte, dass mein Schmerz und mein Leid nicht angekommen waren. Dass ich mich mit dem Gefühl, zufrieden zu sein mit dem Gespräch, selbst belogen hatte.«

Während Jörg R. dies erzählte, merkte er, dass ihn auch jetzt wieder, wie schon auf der Rückfahrt, seine Traurigkeit einholte. Zunächst war ihm dieser Grund für seine Traurigkeit nicht bewusst gewesen. Er hatte sie auf seine Erinnerung an seine gescheiterte Ehe bezogen. Doch seine Traurigkeit war stärker. Erst dadurch, dass er seine plötzliche Traurigkeit ernst genommen hatte, die aus ihm herausbrach, als er nach Berlin zurückfuhr, und über ihren Ursprung nachsinnierte, fiel ihm auf, dass das Gespräch mit seinem Freund in seinem Erleben resonanzlos geblieben war. Er hatte sich bei der Trennung von seiner Frau in seinem Selbstwert gekränkt gefühlt. Dass dieses Gefühl der Entwertung in dem Gespräch mit seinem Freund wiederbelebt worden war und dass dies auch einen Anteil an seiner Traurigkeit hatte – das, können wir sagen, liegt sozusagen in der Art, wie wir Menschen »ticken«. Aber dass sein Freund kein wirkliches Interesse, geschweige denn Mitgefühl und Solidarität, also keinen Trost für ihn bereithatte, das hatte er anders erwartet, das enttäuschte und verletzte ihn.

Als Jörg R. sein Würde-Ich fragte, was es denn zu dem Gespräch und der Beziehung zu seinem Freund sagen könnte, war die Antwort eindeutig: »Wenn dich ein Gespräch, in dem du sehr Persönliches erzählst, traurig und einsam macht, dann ist das nicht gut für dich, nicht gut für deine Würde und Selbstachtung.«

Jörg R. berichtete beim nächsten Treffen seinem Freund von seinem Kummer, von seiner Verletzung und brachte seine Wünsche zum Ausdruck. Dieser verstand ihn nicht und wieder hatte Jörg R. das Gefühl, vor eine unsichtbare Wand zu laufen, weder Verständnis noch Mitgefühl oder ein anderes Gefühl der Betroffenheit zu erfahren. Aus welchen Gründen auch immer blieb sein Freund kühl und unengagiert. Er traf sich noch zwei- oder dreimal mit ihm, aber der Austausch wurde immer belangloser. Jörg R. vermied emotionale und kritische Themen, weil er vermeiden wollte, wieder ins Leere zu gehen und seine Selbstachtung aufs Spiel zu setzen. Auch sein Freund unternahm keine Anstrengungen, mehr Tiefe und Wahrhaftigkeit in die Freundschaft hineinzubringen. Wusste er überhaupt, was damit gemeint war? Schließlich verlief die Freundschaft im Sande. Keiner von beiden rief mehr an, um neue Treffen auszumachen.

Doch die Erfahrung, dass sein Würde-Ich ein Gradmesser für die Qualität einer Freundschaft sein könne, diese Erfahrung blieb. Jörg R. fand neue Freunde und er übte und lernte, sein Würde-Ich nach der Qualität der Freundschaft zu fragen. Er lernte, achtsam zu sein und ernsthaftes Interesse aneinander wertzuschätzen. Und er genießt seither bewusst Beziehungen, in denen er erfahren darf, dass es sich auf der Grundlage der gegenseitigen Wertschätzung wunderbar miteinander tiefschürfen und weinen, aber auch lachen und blödeln lässt.

Unruhe

Was hat Unruhe mit dem Würde-Ich zu tun? Die knappe Antwort auf diese Frage ist: Unruhe, die einen Menschen erfasst hat, kann ein verstecktes Anzeichen dafür sein, dass das Würde-Ich dringend gebraucht wird.

Was beunruhigt unruhige Menschen? Dieser Spur zu folgen, kann schon oft darin unterstützen, der Unruhe Herr zu werden. »Herr zu werden« – damit meinen wir, die Unruhe wahr, und ernst zu nehmen, ihr mit Selbstachtsamkeit und Selbstachtung zu begegnen und sich ihr dadurch nicht mehr hilflos ausgeliefert zu fühlen. Unruhe zu würdigen bedeutet, sie nicht zu bekämpfen, gar mit Tabletten oder Alkohol, sondern sie nach ihrer Quelle zu befragen und ihr zuzuhören.

Leonie Ö. ist unruhig. Oft läuft sie hin und her, beschäftigt sich hiermit oder damit. Sie kann kaum ruhig sitzen. Vor allem aber ist sie innerlich unruhig. Was ihr hilft, vor allem abends, ist fernzuschauen. Doch so sehr sie auch die eine oder andere Sendung interessiert, sie schläft meistens vor Erschöpfung ein. Denn Unruhe kostet Kraft und Energie. Deswegen spürt sie, wie viele Menschen, die unruhig sind, eine große Sehnsucht nach Ruhe.

Wenn Leonie Ö. schläft, dann meist nicht lange. Sie wird früh wach, oft mit einem Erschrecken. Sehr beunruhigt gehen ihr diese oder jene Dinge durch den Kopf. Sie beschimpft sich selbst, weil es doch nur ganz blöde Kleinigkeiten sind, die sie beschäftigen. Eigentlich nicht wirklich wichtig. Selbst wenn sie weiß, dass sie diese Kleinigkeiten am nächsten Tag ohne Probleme erledigen wird, hilft ihr dies nicht wirklich. Und dann fallen ihr beim Erwachen auch noch all die Sachen ein, die sie vergessen hat zu erledigen. Auch nichts Großes. Ein Geburtstagskärtchen hier, eine E-Mail da. Und was sie falsch gemacht hat: einen Fehler in der Banküberweisung, ein Satz im Gespräch mit ihrer Nachbarin … Ihre innere Unruhe, das spürt sie, ist in ihrem Ausmaß unabhängig von dem, was konkret Anlässe der Beunruhigung sind. In ihr tobt etwas und sie weiß nicht, was.

»Sie müssen mehr für Entspannung sorgen«, hat ihr ihr Arzt gesagt, der sie schon lange kennt und ihr wohlgesonnen ist. »Treiben Sie Sport, machen Sie Yoga oder gehen Sie tanzen. Und machen Sie sich nicht so einen Kopf.« Sie hat versucht, mehr für ihre Entspannung zu sorgen. Auch ihre Familie, ihr Mann und ihre Kinder tun dazu, was sie können. Sie bemühen sich darum, ihre familiären und häuslichen Belastungen zu reduzieren und auch für ihre emotionale Entlastung zu sorgen. Sie arbeitet nun weniger, gönnt sich Pausen. Aber sie kann sie nicht nutzen. Sie macht Entspannungsübungen, joggt und meldet sich bei einem Kurs für Yoga an, hält aber all das nicht lange durch. Der Erfolg fehlt. Ihre Unruhe ist mächtiger als die Bemühungen zur Entspannung.

Dann sitzt sie mit einer Freundin zusammen und erzählt ihr von ihrer Unruhe. »Ich bin jetzt 48 Jahre, achtundvierzig Jahre!, und quäle mich immer noch mit dieser verdammten Unruhe wegen jedem Kleinscheiß. Und meine Familie auch. Ich mache die schon ganz verrückt. Das ist doch nicht normal!« Die Freundin sagt: »Weißt du, ich kenne dich jetzt so lange und ich weiß, dass du nicht verrückt bist oder Theater machst. Irgendwas muss dahinterstecken. Was beunruhigt dich eigentlich wirklich?« Leonie Ö. findet die Frage erst einmal seltsam, befremdlich und wehrt sich ein bisschen gegen den »therapeutischen« Anklang, was sie auch ausspricht. Aber da sie hört und spürt, dass ihr ihre Freundin ernsthaftes Interesse und warmherzigen Respekt entgegenbringt, lässt sie sich auf den Blick in ihre Innenwelt ein. Zunächst kommt ihr nichts in den Sinn, was sie beunruhigen könnte. Es ist doch »Alles okay!«. Doch ihre Freundin ist beharrlich und fragt weiter nach: »Gibt es etwas, was dir Sorgen macht? Was dich vielleicht heimlich unheimlich beunruhigt? Etwas, wovon du denkst, dass es dich nicht beunruhigen darf?« Leonie Ö. antwortet: »Ach, da ist nichts … vielleicht der Gesundheitszustand meines Mannes … aber das ist ja normal, das kann es nicht sein.« Die Freundin fragt nach: »Was heißt denn: normal? Was ist mit dem Gesundheitszustand deines Mannes? Erzähl mir davon.« Und Leonie Ö. erzählt und erzählt. Sie hört gar nicht mehr auf. Sie berichtet, dass ihr Mann Herzprobleme hat. Dass er schon zwei kleine Herzanfälle hatte, obwohl er erst Anfang 50 ist. »Er nimmt zwar Tabletten, aber sonst tut er nichts, obwohl der Arzt sehr dazu rät. Und wenn ich ihm sage, dass er doch mal in eine Herzsportgruppe gehen soll oder Therapie machen oder sonst etwas tun soll, was seinem Herz guttut, dann wehrt er das ab mit einem ›Du mit deiner Überängstlichkeit‹ und lacht mich immer etwas aus. Und dann steh' ich da und weiß nicht weiter – und wohin mit mir.«

Als die Freundin nachfragt, ob sie mit dem Verhalten ihres Mannes zufrieden ist – sie schiebt die Bemerkung ein, dass sie es an Leonies Stelle nicht wäre – oder seine Reaktionen auf ihre Angst und Fürsorge akzeptiert, wird Leonie Ö. richtig ärgerlich: »Nein. Natürlich nicht. Ich finde das schlimm, dass er nichts für sich tut. Dass er mich immer so abschmettert. Ich will doch, dass er noch lange lebt, dass wir noch lange zusammen sein können.«

Leonie Ö. ist stark beunruhigt vor Sorge um ihren Mann, und das nun schon eine ganze Weile. In ihrer Unruhe und in ihrem Ärger steckt viel Verzweiflung. Vielleicht hat sie ein eher lebendiges und auch zu Unruhe neigendes Naturell, so wie andere Menschen eher träge oder gelassen sind. Es gibt schließlich unterschiedliche Dispositionen und Temperamente. Doch der Motor für ihre Unruhe ist die Sorge um das Leben ihres Mannes. Da geht es um Sein oder nicht Sein. Das ist wirklich beunruhigend.

Der zweite Faktor ihrer Unruhe besteht darin, dass sie mit ihrer Sorge nicht ankommt, nicht gehört und ernst genommen wird. Ihre Fürsorge wird abgewehrt und abgelehnt. Dieses Problem teilt sie mit vielen Menschen, denen wir begegnet sind. Manche Menschen können die Fürsorge anderer nicht annehmen, vielleicht weil sie in ihrem Leben mit angeblicher Fürsorge emotional erpresst worden sind und sie als erniedrigenden Zwang erlebt haben. Manche ordnen Fürsorge in ihrem Wertesystem als etwas Altmodisches, das ihrer Autonomie widerspricht, ein. Sie müssen immer alleine mit sich selbst und mit dem Leben zurechtkommen, ohne sich helfen lassen zu dürfen. Diese Haltung verletzt oft die Menschen, die im besten Sinne fürsorglich sind. Zu Liebe und Partnerschaft gehört auch, dass man füreinander sorgt – ebenso wie für die Kinder oder für die Eltern. Wenn Menschen mit ihrer Fürsorglichkeit ins Leere gehen oder sogar dafür beschämt oder belächelt werden, dann verletzt sie das.

Leonie Ö. merkte, dass sie im Umgang ihres Mannes mit ihr und ihrer Fürsorge in hohem Maße die Wertschätzung vermisste. Als sie diesen Aspekt ernst nahm und ihr Würde-Ich befragte, stand ihre Entscheidung fest: »Das möchte ich mir nicht mehr bieten lassen! Ich mache mir Sorgen und ich möchte, dass das ernst genommen wird!« Zu ihrem Mann sagte sie in einem Moment, den er für unpassend, sie aber für passend hielt, weil er ihr und ihren Worten nicht mehr ausweichen konnte: »Ich bin es leid, mitzukriegen, dass du meine Sorge um dich nicht ernst nimmst. Und noch mehr leid bin ich, dass du mich damit auch noch lächerlich machst. Wenn dir dein eigenes Leben nichts wert ist, dann fordere ich von dir, dass du wenigstens mir zuliebe mehr für dich tust, in meinem Interesse und im Interesse unserer Kinder. Wir wollen, dass du lebst. Wir wollen, dass du lange lebst. Wir brauchen dich, wir lieben dich. Und dass du mich richtig verstehst: Ich bitte dich nicht nur. Ich erwarte, dass du etwas für deine Gesundheit unternimmst!!« Auch wenn ihr Mann vor sich hin grummelte, was sie bewusst und ungerührt in Kauf nahm: Ihre Entschiedenheit erreichte ihren Mann und er unternahm erste Schritte der Selbstfürsorge. Am Anfang »seiner Frau zuliebe«, wie er gerne gegenüber anderen ein bisschen verschämt anmerkte, vor allem aber, um ihren entschiedenen Forderungen nachzukommen und es sich nicht mit ihr zu verderben. Als sie merkte, dass er sie verstanden hatte, konnte sie weicher werden und ihrer Aussage hinzufügen: »Ich weiß doch, dass ich nicht ganz sicher sein kann, dass du nicht wieder krank wirst. Und dass du mir die Sicherheit auch nicht ganz geben kannst. Aber ich bin glücklich, dass du mich gehört hast und dass ich es dir wert bin, dass du von deiner Verweigerung, etwas für dich und dein Herz zu tun, abrückst. Danke.« Das stärkte ihn und seine Gesundheit, und nach einigen Wochen bemerkte er, wie es ihm guttat. Seine Selbstachtung stieg und veranlasste ihn, auch von anderen mehr Rücksicht und Achtung für seine Person und seine Fähigkeiten, Einschränkungen, Bedürfnisse und Wünsche zu erwarten.

Wir möchten nun noch einmal betonen, dass es sinnvoll ist, sich mit dem Zusammenhang von Würde-Ich und Unruhe zu beschäftigen, vor allem dann, wenn Sie zu den Menschen gehören, die häufig unter Unruhe leiden. Registrieren Sie Ihre Unruhe und nehmen Sie sie ernst. Nehmen Sie sie nicht als gegeben hin, sondern fragen Sie sich: Was beunruhigt? Und dann verfolgen Sie diese Spur konsequent, egal, wie oft Sie sich selbst oder andere Ihnen sagen, dass Sie keinen Grund, keinen Anlass oder kein Recht dazu haben, beunruhigt zu sein. Nutzen Sie Ihr Würde-Ich, Ihren Kompass dazu, Ihnen in Ihrer Innenwelt die Richtung Würde anzuzeigen. Entscheiden Sie dann, wie Sie sich um Ihre Würde kümmern wollen. Welche Konsequenz bedeutet es für Ihr Handeln, wenn Sie die Quelle der Unruhe gefunden haben? Bedeutet das überhaupt, zu handeln? Wie handeln Sie stimmig und im Einklang mit Ihrer Würde? Was dient Ihrer Selbstachtung? Wenn sich Ihre Unruhe vermindert oder sie sogar verschwindet, wenn Sie sich beruhigen, dann ist es gut.

Selbstgespräche

Melanie W. führte nahezu ununterbrochen Selbstgespräche. Niemand anderes hörte sie. Diese Selbstgespräche klangen nur in ihrem Kopf und begleiteten sie wie ein ständiges Hintergrundrauschen: »Wenn ich jetzt damit fertig bin, dann …«, »Würde ich jetzt etwas anderes machen können, dann könnte ich doch vielleicht …«. Fast immer drehten sich ihre Selbstgespräche darum, was sie tun könnte, was sie tun müsste, was sie tun würde, wenn sie mit dem, was sie gerade unternahm, fertig wäre oder wenn sie andere Bedingungen schaffen würde, was sie dann anpacken könnte, usw.

Sie fand ihre Selbstgespräche etwas seltsam, wenn sie darüber nachdachte. Doch gleichzeitig waren sie ihr so selbstverständlich und so vertraut, dass es für sie schon normal war, diese inneren Dialoge zu führen.

Als sie wegen einer psychosomatischen Erkrankung eine Therapie begann, erwähnte sie im Zusammenhang mit der Frage nach ihren Stressfaktoren wie beiläufig ihre Selbstgespräche. Ihr Therapeut horchte auf, fragte nach und bat sie, ihre Selbstgespräche einmal laut zu führen. Sie hörte sich selbst mit einer monotonen leiernden Stimme sprechen und war ein bisschen peinlich berührt darüber, was sie da so von sich gab. Der Therapeut schenkte mehr dem Anklang von Gehetzt-Sein und Druck in ihrem lauten Selbstgespräch als dem Inhalt ihrer Sätze seine Aufmerksamkeit und fragte schließlich: »Wenn Sie das, was Sie sich jetzt selbst sagen, jemandem anderen sagen würden – wem würden Sie es sagen?« Ihre Antwort kam erschrocken und prompt: »Niemandem. Nein. Niemandem. Wirklich. So rumzunörgeln! Nein, das tue ich nur mit mir. Glauben Sie mir.«

»Was werfen Sie sich denn vor, was Sie keinem anderen vorwerfen würden?«

»Dass ich nicht perfekt bin!«

»Oh, welch hoher Anspruch!«

Sie konnte in diesem Moment selbst schon ein bisschen über ihren inneren Anspruch der Perfektion lächeln, der, da waren sie und der Therapeut sich einig, so hoch wie unerfüllbar war. Sie kamen gemeinsam der Geschichte ihres Anspruchs auf Perfektion auf die Spur. Dass sie diesen Anspruch nicht erfüllen konnte, kommentierte sie in ihren Selbstgesprächen sich selbst gegenüber. Es ging ständig darum, was sie besser machen könnte und was sie doch eher tun sollte, wenn ihr etwas nicht zu ihrer Zufriedenheit gelungen war. Ihre inneren Dialoge waren Ausdruck ihres hohen Anspruchs und ihres Drucks, diesem Anspruch unbedingt gerecht werden zu müssen.

Hinter einem solch hohen Anspruch verstecken sich fast immer Selbstabwertung oder Erfahrungen der Entwürdigung. Die Person, die sich ihrer selbst sicher sein kann und ein Gefühl für die eigene Würde hat, der dieses Gefühl von anderen Menschen bestätigt und bekräftigt wurde, die braucht sich nicht um Perfektion bemühen. Wenn das Gefühl für den eigenen Wert und für die eigene Würde wackelt, dann gibt es kein Maß für das, was ein Mensch sich wert ist. Nur dann können die Ansprüche an sich selbst ins Unermessliche wachsen.

Melanie W. holte sich weitere Unterstützung bei ihrem Therapeuten, um ein für sie stimmiges und würdevolles Maß für die Ansprüche an sich selbst zu finden, um selbst zu entscheiden, »wie hoch meine Latte hängt, über die ich springen will und kann«. Ihre

Selbstachtung und -wertschätzung stiegen. Ihre inneren Dialoge verschwanden dadurch nicht, aber sie wurden viel seltener und vor allem weniger drängend. Und wenn sie sich dabei »erwischte«, dann lächelte sie über sich, weil sie wusste, sie konnte sich selbst »nicht umtauschen«, wie sie es nannte.

Viele Menschen führen Selbstgespräche und sie mögen vollkommen harmlos sein für die Person selbst. Vielleicht dienen sie sogar der ruhigen Selbstvergewisserung und begleiten sie durch ihren Alltag auf ganz selbstverständliche, unauffällige Art und Weise. Dann gibt es keinen Grund für das Würde-Ich, »Achtung: Würdeverletzung« zu signalisieren. Aber wenn in Ihren Selbstgesprächen eher Ihre Unzufriedenheit mit sich, worin auch immer sie bestehen mag, anklingt, dann könnte das ein Hinweis für Sie sein, dass Ihr Würde-Ich Beachtung und Ihre Selbstwertschätzung Unterstützung benötigen.

Das schlechte Gewissen

Das schlechte Gewissen: Wir hören Sie geradezu aufstöhnen! Kein angenehmer Begleiter. Und doch: Es hat eine wichtige Funktion und ist ziemlich nah verwandt mit dem Würde-Ich. Denn das Gewissen birgt Ihre Wertevorstellungen als soziales, mit anderen Menschen zusammenlebendes Wesen. Insofern sieht das schlechte Gewissen seine Hauptaufgabe darin, sich zu regen, wenn gegen diese Werte verstoßen wird.

Ein schlechtes Gewissen weist uns also im guten Fall darauf hin, dass wir etwas falsch gemacht oder etwas verpasst oder versäumt haben und uns dessen schuldig fühlen oder schuldig sind.

Doch manchmal plagt uns ein schlechtes Gewissen und wir wissen nicht einmal, warum. Oder wir wissen, warum, wollen es aber nicht wahrhaben, weil wir wissen, nur leider nicht spüren, dass es unberechtigt ist. Es schleicht sich in unser Erleben und lässt sich nicht ganz unterdrücken oder wegdrücken. Dafür drückt es auf unsere Lebendigkeit und schränkt unsere Entscheidungsfreiheit ein. Es kann sogar richtiggehend lähmen. Oder wir leiden unter einem schlechten Gewissen, das größer ist als der Anlass. In solchen Situationen brauchen Sie Ihr Würde-Ich. Sie brauchen es als Kompass, um zu entscheiden, ob Ihr schlechtes Gewissen ein versteckter Hinweis darauf ist, dass etwas schiefläuft und Ihr Selbstwertgefühl entschieden nach Würdigung verlangt.

Ragib A. nahm sich jetzt schon seit mehreren Tagen vor, seinen Vater anzurufen. Doch jedes Mal, wenn er zum Hörer griff, spürte er ein »ungemütliches Gefühl«, sein schlechtes Gewissen, das ihn daran erinnerte, dass er seinen Vater schon viel zu lange nicht mehr angerufen hatte. Das demotivierte ihn, den Hörer überhaupt in die Hand zu nehmen. Er wusste genau, was auf ihn zukommen würde. Sein Vater würde ihm vorwerfen, dass er nicht oft genug anrufe, dass er sich so allein fühle, dass Ragib sich mehr kümmern müsse, das habe er doch versprochen … Diesen Druck konnte Ragib A. nicht gebrauchen. Er war gerade sehr mit sich und seinen Problemen beschäftigt. Also verschob er diesen Anruf wieder und wieder. Das führte zu einem noch stärkeren schlechten Gewissen …

Solche Kettenreaktionen kennen Sie bestimmt auch. Ein schlechtes Gewissen ist nicht immer ein Impuls, etwas zu tun, was man versäumt oder vergessen hat. Es kann auch Druck hervorrufen und durch Druck verstärkt werden – und erreicht im schlechtesten Fall das Gegenteil von dem, was eigentlich das Ziel war. Ob der Druck ausgesprochen wird oder nur in der Atmosphäre liegt, spielt dabei keine Rolle, beides hat die gleiche Wirkung.

Ragib A. nahm sein schlechtes Gewissen zum Anlass, sein Würde-Ich um Rat zu fragen. Ihm wurde klar, was er seinem Vater eigentlich sagen wollte: »Ich weiche nicht dir aus, Vater, sondern deinem Druck. Ich liebe dich, mir tut deine Einsamkeit weh und habe gerne Verbindung mit dir. Aber dein Druck macht mich klein, ich verliere mein Selbstwertgefühl und meine Selbstsicherheit. Ich möchte ohne Druck frei entscheiden können, und dann, glaube ich, werde ich vielleicht mehr mit dir sprechen wollen. Ich habe mich bisher nicht getraut, dir das zu sagen, aber das werde ich jetzt tun. Ich will dich und deine Bedürfnisse achten, aber auch mich. Das finde ich, ist unser beider würdig.«

Er tat es. Sprach seinem Vater gegenüber diese Worte aus. Das tat ihm gut und es tat der Beziehung gut.

Damit verschwand der Druck, den sein Vater auf ihn und sein Gewissen ausüben konnte, natürlich nicht von heute auf morgen, aber er wurde schwächer und seltener. Vor allem aber gewann Ragib A. an Souveränität in Bezug auf die anstehenden Entscheidungen, er war es, der die tatkräftigen Schlüsse zog.

Wenn Sie das schlechte Gewissen, das sich in Ihnen regt und Sie mit seinem »schlechten Geschmack« verunsichert, nicht mit dem Ausmaß oder der Schwere von realen Taten verbinden können, wenn Sie sich nicht der Verletzung der Würde anderer schuldig machen oder gemacht haben und die »Schuld« nur in der Luft, in der Atmosphäre liegt, hilft es, wenn Sie Ihr Würde-Ich als Hilfe heranziehen, um würdige und würdigende Entscheidungen zu treffen.

Der Achtsamkeitsknoten

Warum haben wir Ihnen diese Phänomene vom schlechten Nachgeschmack über die Unruhe und die Selbstgespräche bis zum schlechten Gewissen vorgestellt? Sie werden es gemerkt haben: Weil sie einen Hinweis darauf geben können, dass ein Defizit in der Würdeerfahrung und in der Beachtung des Würde-Ichs besteht. Wahrscheinlich neigten Sie bisher nicht dazu, Ihre Würde mit solchen Phänomenen zu verknüpfen. Aber wir möchten Ihnen ans Herz legen: Beachten Sie sie, achten Sie sich. Wehren Sie den Anfängen des Würdeverlustes oder der Würdeeinschränkung. Haben Sie keine Sorge, für übertrieben empfindlich zu gelten, sondern schenken Sie diesen Fragen Beachtung:

Können diese Phänomene etwas mit meiner Würde zu tun haben?

Wie steht es um meine Wertschätzung, um die Selbstwertschätzung, die ich mir selbst entgegenbringe, und um die Würdigung, die mir andere entgegenbringen?

Was sagt mein Würde-Ich dazu?

Muss ich, kann ich, darf ich daraus Konsequenzen ziehen? Oder eben auch keine?

Früher machte man sich einen Knoten ins Taschentuch, um an etwas zu denken, um auf etwas zu achten, um sich die Achtsamkeit zu erhalten. In Zeiten der Papiertaschentücher ist dies aus der Mode geraten. Wir möchten dem wieder ein Comeback verschaffen. Machen Sie sich im übertragenen Sinne einen »Achtsamkeitsknoten« ins Taschentuch: Vielleicht knüpfen Sie wirklich einen Knoten ins Seidentuch, das Sie schmückt, oder Sie tragen einen kleinen Stein oder anderen Handschmeichler in der Hosentasche mit sich herum, vielleicht binden Sie ein Bändchen um Ihr Arbeitsbuch – was auch immer die Ihnen passende Variante des Knotens sein mag, die Sie daran erinnert, dass Ihr Leben ein gutes, von Achtsamkeit geprägtes sein soll. Achtsamkeit und Selbstachtung braucht Achtung vor dem Innehalten. Nehmen Sie sich öfters zwei, drei oder fünf Minuten Zeit, um darüber nachzudenken, was Sie beunruhigt. Um nachzuspüren, was Sie an Unruhe, an Unbehagen, an Gefühlen »ohne Grund«, an Selbstgesprächen, an schlechtem Nachgeschmack oder schlechtem Gewissen wahrnehmen. Wenn Sie eines von diesen Phänomenen wahrnehmen, dann gehen Sie diesem nach. Verschieben Sie dies nicht auf später, sondern widmen Sie dem so unmittelbar wie möglich etwas Zeit und Muße. Spüren Sie in sich hinein und fragen Sie sich in jedem Fall: Was sagt mein Würde-Ich dazu?

Ihr Würde-Ich wird es lohnen.

WIE DAS WÜRDE-ICH HILFT

Den bisherigen Beispielen und Ausführungen werden Sie entnommen haben, dass das Würde-Ich nicht so einfach auftaucht, sondern dass es eines Prozesses bedarf, das Würde-Ich zu entdecken und ihm Achtung zu schenken. Unabhängig von der Tatsache, dass dieser Prozess bei jedem Menschen unterschiedlich abläuft, wollen wir einzelne Schritte, die in idealtypischer Weise eine Orientierung und Richtung geben können und sollen, aufzeigen.

Die vier Schritte der Würde-Ich-Achtung

Der erste Schritt: Wissen, dass das Würde-Ich existiert

Zunächst einmal bedarf es der Akzeptanz, Ihrer Akzeptanz, und Ihrer Übereinstimmung mit uns, dass es eine innere Instanz gibt, die wir »Würde-Ich« nennen. Dass Sie und wir den Standpunkt teilen, dass das Würde-Ich als menschliche Möglichkeit und als Kompass für Entscheidungen in Würde existiert.

Für viele Menschen ist das Bewusstsein des Würde-Ichs verloren gegangen oder konnte sich erst gar nicht entwickeln. Oft ist das Würde-Ich unter Schutt und Geröll verborgen. Wer immer wieder Erfahrungen der Entwürdigung gemacht hat, wer immer wieder den vier Monstern der Entwürdigung begegnen musste, dem kann das Bewusstsein der eigenen Würde und damit des Würde-Ichs verloren gehen, der kann es allenfalls noch gelegentlich als Hauch einer Ahnung wahrnehmen.

Deswegen ist es wichtig und notwendig, zu erfahren und zu lernen, dass es die eigene Würde gibt und dass es mit dem Würde-Ich eine Instanz gibt, diese Würde greifbar und nutzbar werden zu lassen.

Der zweite Schritt: Zeichen der Verletzung der Würde ernst nehmen

Das wichtigste Anzeichen, dass Ihre Würde verletzt wird, ist Ihr Schmerz. Wer Gewalt, Beschämung, Erniedrigung erfährt oder ins Leere geht, leidet. Dieses Leiden nicht als selbstverständlich hinzunehmen oder mit einem »Ist doch nicht so schlimm« abzutun, ist wichtig. Sonst richten Sie sich in der Entwürdigung ein und resignieren. Wer das Leid nicht alleine ertragen und tragen kann und will, sollte Unterstützung und Hilfe suchen. Wenn Sie darin geübt sind, alles alleine ertragen und tragen zu müssen, sollten Sie trotzdem möglichst oft über den eigenen Schatten springen und sich anderen vertrauenswürdigen Personen mitteilen, die Ihnen Solidarität und Wertschätzung entgegenbringen. Wenn Sie für Ihr Leid keine Worte haben, hilft es Ihnen vielleicht, es erklingen zu lassen oder es zu malen. Wenn Sie es nicht aussprechen können, könnten Sie es aufschreiben. (Hinweise dazu finden Sie in unserem Kapitel »Kreative Wege zur Entfaltung Ihres Würde-Ichs«.) Insbesondere die versteckten Anzeichen der Entwürdigung, die wir bereits beschrieben haben, sind jeder Beachtung wert.

Der dritte Schritt: Das Würde-Ich als Entscheidungshilfe befragen

Ist die Existenz des Würde-Ichs bekannt und werden die Verletzungen der Würde ernst genommen, stehen Entscheidungen an, welche Konsequenzen sich daraus ergeben. Was heißt das konkret: Ihre Würde entscheidet? Was bedeutet in dieser konkreten Lebenssituation die Orientierung hin zu einem »guten Leben«? Soll man entwürdigende Situationen vermeiden und ihnen ausweichen? Soll man mit den Verursachern der Entwürdigung kämpfen? Soll man vor ihnen fliehen oder ihre Angriffe ins Leere laufen lassen? Was dient der Selbstachtung mehr? Wie kann man sich schützen vor Wiederholungen solcher Erfahrungen? Wie können Sie andere Menschen, zum Beispiel Ihre Kinder, vor den Monstern der Entwürdigung schützen? Was tun? Was unterlassen? Was wäre ein Kompromiss? Was ein fauler Kompromiss? …

Viele solcher Entscheidungen stehen an, wenn Erfahrungen der Entwürdigung ernst genommen werden. Hier gilt: Fragen Sie Ihr Würde-Ich. Sie werden in späteren Kapiteln noch zahlreiche Beispiele dafür finden, wie das Würde-Ich helfen kann.

Der vierte Schritt: Das Würde-Ich in Aktion

Jede Entscheidung, die Sie treffen, zieht andere Entscheidungen nach sich, ist der Anfang einer Entscheidungskette. Die Kompassnadel zeigt eine erste Richtung an. Eine erste – darauf legen wir Wert. *Sie* haben den Kompass in der Hand und können auf Ihrem Weg immer wieder innehalten und neu entscheiden, ob Sie die Richtung wechseln wollen. Sie entscheiden, wo es langgeht.

Der vierte Schritt besteht also darin, die Entscheidungshilfen, die das Würde-Ich Ihnen gegeben hat, in Handeln umzusetzen – welches Sie später immer wieder überprüfen. Es ist wichtig, dass Sie Entscheidungen treffen auf Ihrem Weg der Selbstwürdigung und des Aufrichtens in Würde. Bedenken Sie, dass keine Entscheidung zu treffen auch eine Entscheidung ist. Wenn Sie, statt mit Ihrer vermeintlichen Entscheidungs- und Handlungsunfähigkeit zu hadern, einen selbstbewussten Blick darauf werfen, stellen Sie vielleicht fest, dass Sie einfach mehr Zeit zum Luftholen brauchen oder die Selbstversicherung durch andere Menschen oder Ähnliches mehr. Die Achtung Ihres Würde-Ichs wird Sie auch in diesem Fall befähigen, den nächsten Schritt zu tun. Sie werden vorab nie eine vollständige Sicherheit haben, dass diese Entscheidung richtig ist und die Wirkung hat, die Sie sich von ihr erwünschen. Wenn Sie dafür absolute Sicherheiten verlangen, werden Sie nie dazu kommen, eine Entscheidung zu treffen und Ihre Würde zu verteidigen. (Wir haben lange überlegt, ob wir hier mit dem Wörtchen »nie« wirklich richtigliegen, aber wir lassen es so stehen in der Hoffnung, dass es Sie dazu ermuntert, Entscheidungen zu riskieren.)

Entscheiden Sie sich mutig für das, was Ihnen am wirkungsvollsten und angemessensten erscheint. Überprüfen Sie Ihre Entscheidung und ergänzen, bekräftigen oder korrigieren Sie sie gegebenenfalls. Das Würde-Ich zu entfalten und zu entwickeln, damit es seinen Dienst tun kann, ist ein prozessualer Vorgang. Wir betonen es immer wieder. In seltenen Fällen wird er linear verlaufen, eher nimmt er verschlungene, manchmal vertraute, oft abenteuerliche Wege. Sie bewegen sich dabei in einer touristisch weitgehend unentdeckten und unberührten Landschaft, die sich nur Ihnen in ihrer Eigenheit und Individualität ganz erschließt und deren Eroberung nur Ihnen zusteht.

Der Schritt beiseite

Manchmal verstricken sich Menschen in den Erfahrungen der Entwürdigung. Sie fühlen sich in den Umständen gefangen, wissen nicht mehr ein noch aus. Ihre Gedanken drehen sich im Kreis. Ihre Impulse gehen hierhin und gleichzeitig in die entgegengesetzte Richtung. Wir empfehlen dann den Schritt beiseite.

Johannes M. zum Beispiel war in einer solchen Verstrickung gefangen. Er machte seine Arbeit gerne. Inhaltlich interessierte sie ihn und gleichzeitig waren die Strukturen und die Atmosphäre in seinem Arbeitsteam nicht mehr auszuhalten. Er war hin- und hergerissen: Gehen oder bleiben? Er kam aus diesem Gestrüpp der Impulse und Gedanken nicht heraus, schlief immer weniger und wurde übellaunig. In diesem Prozess verlor er die Selbstachtung, den Respekt vor sich selbst. Er war bisher meistens mit sich, seinem Handeln und seinem Leben im Reinen gewesen. Doch nun haderte er mit sich, beschimpfte sich dafür, dass er sich nicht zwischen hü und hott entscheiden konnte und im Dilemma feststeckte.

Der Schritt beiseite begann für ihn damit, dass er akzeptierte, dass diese Verstrickung existierte und dass er anscheinend alleine keinen Weg herausfand. Diese Feststellungen wurden nicht gerade freudig von ihm begrüßt, bisher war er ja immer alleine zurechtgekommen, aber er erkannte sie als notwendig, als Weg aus seiner Not. Also sprach er seine Frau an: »Kannst du mir bitte helfen? Ich möchte gerne mal mit dir in Ruhe darüber sprechen, wie verfahren meine Situation am Arbeitsplatz ist. Ich will nicht, dass du meinst, du oder ich oder wir beide müssten jetzt eine Entscheidung oder Ähnliches treffen. Darum geht's mir jetzt gerade nicht. Aber du weißt ja, dass mich die Arbeit so sehr beschäftigt. Ich will einfach mal erzählen und loswerden, wie es mir damit geht. Und dann natürlich auch von dir wissen, wie es dir damit geht.« Wichtig war für ihn, dass er den Anspruch ablegte, alles alleine geregelt zu bekommen, und akzeptierte, dass solche wichtigen, verfahrenen Situationen und beruflichen Entscheidungen so oder so auch atmosphärische Auswirkungen auf die familiäre Situation hatten. Seine Frau um ein Gespräch zu bitten, war schon ein Teil des Schrittes beiseite. Das fiel ihm nicht leicht. Hilflosigkeit einzugestehen gehörte nicht zu seinen Kernkompetenzen. Er musste sich überwinden, musste üben, Hilfe zu suchen.

Er erzählte seiner Frau von seinem Hin und Her. Diese hörte genau zu. Sie hatte verstanden, dass es ihrem Mann wichtig war, sein Innenleben erst einmal auszubreiten und nicht gleich nach Lösungen zu suchen. Und sie teilte ihm mit, dass sie mitbekommen hatte, dass er in der letzten Zeit nervös war und schlecht schlief, und fragte ihn, ob ihre Vermutung richtig sei, dass dies mit seinen Problemen zusammenhänge. Er bestätigte, und als sie fragte, was ihn denn bei all dem, was er erzählen konnte, besonders belaste, dachte er lange nach und suchte nach einer Antwort. Dann kam er zu diesem Ergebnis: »Ich habe die Freude verloren. Zurzeit ist nur Druck in meiner Abteilung. Es wird nicht mehr gelacht. Und so wie Lachen ansteckend ist, ist es diese Freudlosigkeit auch. Zumindest hat sie mich angesteckt. Außerdem gibt es einen Kollegen, der wirft immer mit ›Du musst‹-Phrasen um sich. Ständig heißt es: Du musst dies, du musst jenes … Das geht mir total auf die Nerven. Ich arbeite gern viel und gut. Aber diese ›Du musst‹-Peitsche, die macht mich fertig. Damit scheint er mir immer nur zeigen zu wollen, dass ich nicht gut genug bin. Und dass er besser weiß, was getan werden muss. Echt, das verdirbt die Atmosphäre und das macht mich immer enger.«

Nach einem langen und intensiven Gespräch fragte seine Frau, was ihm denn sein Würde-Ich raten würde. Was wäre seinem Würde-Ich am wichtigsten? Er antwortete spontan: »Dass dieser ›Du musst‹-Schwätzer seine Klappe hält!« Damit war die Richtung für einen konkreten Schritt vorgegeben. Die Entscheidung, zu gehen oder zu bleiben, schob sich darüber auf. Er wollte zunächst einmal versuchen, das Arbeitsklima und die Arbeitsbedingungen so zu verändern, dass seine frühere Lust an der Arbeit und sein inhaltliches Interesse sich wieder mehr entfalten konnten. Er beschloss, zunächst diesen Arbeitskollegen anzusprechen und ihn aufzufordern, diese Äußerungen des Drucks (und damit des mangelnden Respektes) zu unterlassen. Wenn es nicht gelingen würde, diesen mit seinem Anliegen zu erreichen und dadurch die Belastung zu reduzieren, wollte er sich in ein anderes Büro versetzen lassen, um auf größtmögliche Entfernung zu diesem Kollegen zu gehen. Dann würde er weitersehen …

Hier in dieser beispielhaften Geschichte war das Erkennen, dass ein Gespräch mit der Partnerin entscheidend sein würde, um sich aus dem Gefangensein in der Entwürdigungsverstrickung zu lösen, der Schritt beiseite. Dieser Schritt beiseite kann sehr unterschiedlich aussehen, je nach Mensch und Situation – da vertrauen wir ganz Ihrem individuellen Ideenreichtum –, aber unsere Erfahrung lehrt uns, dass er sehr oft damit verbunden ist, Unterstützung von anderen zu suchen, zumindest aber Gehör zu finden und das, was den Kopf und das Herz bewegt, nicht nur innerlich hin und her zu wälzen oder im Kreis zu denken, sondern laut auszusprechen, so unfertig und chaotisch es auch sein mag.

Unser Tipp ist: Wenn Sie hin- und hergerissen sind bei einer Entscheidung und Sie wissen oder ahnen, dass es um Ihre Würde geht, Sie dabei aber nicht weiterkommen, sollten Sie einen solchen Schritt beiseite versuchen. Die meisten Menschen neigen dazu, nachdem sie sehr angestrengt ihre Probleme gewälzt haben, eine Entscheidung zu treffen und, wenn das nicht zum Erfolg führt, noch intensiver zu grübeln. Wir raten, innezuhalten und IHREN Schritt beiseite zu suchen.

Wenn Sie ein wenig ratlos sind, wie Ihr Schritt beiseite aussehen könnte, oder aber auch experimentierfreudig sind und sich gerne (von sich selbst) überraschen lassen, dann können Sie unsere Anregung aufnehmen, die Bezeichnung »Schritt beiseite« ganz wörtlich zu nehmen und nicht nur im übertragenen Sinne zu nutzen.

Das geht so:

Suchen Sie sich einen Ort, eine Stelle im Raum, die für Ihre Verstrickung, für Ihr Hin und Her, für Ihre Überforderung und Ihr Gefangensein steht, und stellen Sie sich dort hin …

Lassen Sie an diesem Ort die Gedanken kommen und gehen, die Sie gerade beschäftigen. Schenken Sie an diesem Ort Ihrem Atem ein wenig Aufmerksamkeit, beobachten Sie, wie Sie ihn jetzt gerade erleben, und lassen Sie die Gedanken kommen und gehen, die Sie gerade beschäftigen. Erlauben Sie sich, Ihre Einfälle zu würdigen und nichts zu zensieren. Sie wissen ja: Die Gedanken sind frei …

Und dann machen Sie einen realen Schritt beiseite. Es kann ein Schritt nach rechts oder links sein, nach vorne oder nach hinten, diagonal oder schräg. Der Schritt kann klein oder groß sein, vielleicht auch aus mehreren Schritten bestehen. Folgen Sie einfach möglichst spontan Ihrem Impuls …

Nun achten Sie darauf, wie es Ihnen an dieser anderen Stelle geht. Halten Sie inne und schenken Sie nun wieder Ihrem Atem ein wenig Achtsamkeit, Ihrem Körpererleben, Ihren Gefühlen und Gedanken. Werden Sie sich Ihrer selbst bewusst, so gut es geht …

Dann schauen Sie von diesem neuen Ort auf den Ort des Kuddelmuddels und des Gefangenseins zurück. Was fällt Ihnen nun ein? Welche Impulse, welche Gedanken kommen Ihnen, wenn Sie auf diesen Ort blicken, gleichsam von der Seite oder von außen? …

Was sagt an diesem neuen Ort Ihr Würde-Ich dazu, wie Sie aus diesem Dilemma des alten Ortes herauskommen könnten? Welche Entscheidungshilfen kann es Ihnen bieten? …

Und dann lassen Sie sich für den Nachklang Ihres Erlebens und Ihrer Gedanken Zeit und Raum. Seien Sie fürsorglich und achtungsvoll mit sich, wenn Sie die Erkenntnisse Ihres Würde-Ichs in Entscheidungen und Handeln umsetzen.

Unsere Erfahrung zeigt, dass mit diesem tatsächlichen Schritt beiseite für viele Menschen auch eine innere Veränderung einhergeht. Sie atmen oft anders, meist freier. Ihr Befinden ändert sich. Der Blick von außen auf den Punkt der Verstrickung gibt vielen Menschen Anhaltspunkte für Veränderung. Manchmal braucht das Würde-Ich diesen Schritt beiseite, um sich aus dem Gefangensein im Hin und Her, im Wälzen der Gedanken und Gefühle zu lösen. Um zumindest damit zu beginnen.

Den Körper würdigen

Unserer Erfahrung nach führen bei vielen Menschen die Folgen von Entwürdigung auch zu körperlichen Symptomen. Das Schmerzzentrum im Gehirn wird bei körperlichen Schmerzen genauso aktiv, »feuert« also an der gleichen Stelle wie bei seelischen Schmerzen. Schmerzen der Entwürdigung können mit körperlichen Schmerzen einhergehen. Wir wollen damit nicht sagen, dass alle körperlichen

Beschwerden auf Erfahrungen der Entwürdigung zurückzuführen sind oder Erfahrungen der Entwürdigung eine Auswirkung auf den Körper bzw. die Gesundheit haben müssen. Und schon gar nicht behaupten wir einen allgemeingültigen Deutungszusammenhang. (Doch dazu noch mal mehr in dem Kapitel »Das Würde-Ich in Aktion: Krankheit und Gesundung«.) Das wäre zu einfach und ganz einfach falsch. Denn Menschen sind kompliziert, unterscheiden sich individuell und die Verbindungen zwischen seelischen und körperlichen Leiden sind komplex. Wir wollen aber darauf hinweisen, dass es wichtig ist, auch körperliche Symptome und Reaktionen ernst zu nehmen.

Wir möchten Ihnen einige Beispiele vorstellen, in der Absicht und mit dem Wunsch, Ihre Achtsamkeit für Ihre persönlichen, ganz eigenen Zusammenhänge zu stärken:

Johannes M., der, wie im letzten Kapitel beschrieben, den Schritt beiseite tat, hatte auch körperliche Erfahrungen, in denen er sein Gefangensein spürte. Bei ihm waren es wiederkehrende und sich tendenziell verstärkende Kopfschmerzen. Sie waren Ausdruck des Drucks, unter dem er stand, mit all seiner Hilflosigkeit. Nun können Kopfschmerzen unterschiedliche Ursachen haben und durch ein Zusammenspiel unterschiedlicher Faktoren ausgelöst werden. Für manche wie Johannes M. sind sie ein Zeichen der Überforderung und des Drucks, oft auch eines Staus im Gefühlsleben. Es lohnt sich, innezuhalten und sich zu fragen beziehungsweise mit anderen darüber zu reden, ob diese Kopfschmerzen ein Zeichen sein können, dass Sie sich mit Fragen der Entwürdigung und der Aktivierung des Würde-Ichs beschäftigen sollten.

Stefanie C. arbeitete in einem Zeitschriftenverlag. Sie merkte, dass ihr häufig übel wurde, wenn sie zur Arbeit ging. Manchmal trat die Übelkeit am Vormittag an ihrem Arbeitsplatz auf, manchmal erschien sie und steigerte sie sich erst im Laufe des Tages. An den Wochenenden oder im Urlaub wurde ihr nicht übel. Obwohl: Sonntagabend ging es damit schon ein klein wenig los und nicht nur am Ende des Urlaubs, sondern bereits, wenn sie an dessen Ende dachte, erfasste sie eine kleine Welle von Übelkeit, die dann wieder verebbte. Ihre Übelkeit schien zwar irgendwie mit der Arbeit verbunden zu sein, aber an das Wie des Zusammenhangs mochte sie nicht denken. Sie sagte sich, dass sie sicher nur mal wieder zu unfähig war, mit den normalen Gegebenheiten des Lebens klarzukommen. Das war ihr auch schon in ihrer Schulzeit vorgeworfen worden. Eine Freundin sagte scherzhaft zu ihr: »Na, vielleicht bist du ja schwanger.« Aber auch das munterte sie nicht auf. Sie ging zum Arzt und ließ sich untersuchen. Der Arzt fand keine organischen Ursachen für ihre Übelkeit, verschrieb ihr aber »weniger Stress« und Tropfen, um das Symptom, die Übelkeit, zu lindern. Diese halfen ihr eine Weile über ihren Alltagsstress hinweg und sie war erleichtert. Doch dann wirkten die Tropfen von Woche zu Woche immer weniger, und als sie sie deshalb schließlich ganz absetzte, war die Übelkeit in voller Stärke wieder da.

Sie war unglücklich darüber und wusste, dass sie, wenn sie sich selbst helfen wollte, nicht mehr darum herumkam, ihre Arbeitssituation auf den Prüfstand zu stellen. Schließlich ging sie die Frage »Was ist denn von Übel?« an: Von Übel war, dass der Zeitschriftenverlag ums Überleben kämpfte und der Druck des Überlebenskampfes auf den Mitarbeiterinnen und Mitarbeitern abgeladen wurde. Stefanie C. hatte keine Zeit mehr, zumindest nicht mehr genügend Zeit, um gute redaktionelle Arbeit zu leisten. Bei Veröffentlichungen ging es nicht mehr, zumindest nicht mehr genügend, um sorgfältig recherchierte und gut geschriebene Inhalte. Die Erhöhung der Marktchancen und die Verbesserung der Marketingwege standen im Mittelpunkt des Interesses. Das alles war sicherlich wichtig, das bestritt sie nicht. Sie wusste, dass gute Arbeit ohne wirtschaftlichen Erfolg sinnlos war. Aber die Art und Weise des Umgangs damit, die Missachtung und mangelnde Wertschätzung der »eigentlichen« Werte und der arbeitenden Menschen, machte sie krank. Ihr war es nicht egal, ob sie ihre redaktionelle Arbeit sorgfältig, anspruchs- und verantwortungsvoll tun konnte und sie darin wertgeschätzt wurde oder nicht. Sie hatte ihren Beruf gewählt, um sich für gut lesbare und inhaltlich zu vertretende Artikel einzusetzen, von denen die Lesenden etwas hatten. Dieser Anspruch, der über 20 Jahre lang ihre Arbeit bestimmt hatte, ließ sich nicht mehr aufrechterhalten – es war, als würde ihr der Boden unter den Füßen schwinden. Das war von Übel. Als sie dies merkte, konnte sie ihr Würde-Ich aktivieren und sich mit der Frage auseinandersetzen, wie sie mit dieser neuen Situation umgehen wollte und konnte.

In einer ganz anderen Lebenssituation befand sich Alima N., die im Alter von etwa 29 Jahren aus Syrien hatte flüchten müssen und nun in Deutschland lebte. Sie litt unter massiven und anhaltenden Bauchschmerzen. Auch bei ihr konnten keine organischen Ursachen hierfür gefunden werden. Wie viele Flüchtlinge hatte sie schwere traumatische Erfahrungen vor und während der Flucht erleben müssen. Sie fand dafür keine Worte. Im Vordergrund stand ihr Kampf, die Familie zusammenzubringen und zusammenzuhalten und in Deutschland eine sichere Existenz aufzubauen. Die Schmerzen infolge des traumatischen Schreckens fanden keinen Ausdruck und Ausweg in Worten, sondern äußerten sich im Bauch. In einer Unterstützungsgruppe eines Hilfezentrums wurde ihr dies deutlich und sie fand Hilfe bei der Bewältigung ihrer traumatischen Erfahrungen. Der Bauch beruhigte sich, die Schmerzen wurden erstaunlich schnell weniger, blieben aber ein Alarmsignal für entwürdigende Situationen, das sie zu beachten lernte. Auch wenn sie in vielen Situationen nicht die Entscheidungsmacht hatte, sie zu verändern oder sich ihnen zu entziehen, so half ihr das Erkennen und Ernstnehmen ihrer körperlichen Reaktion dennoch dabei, sich aufzurichten.

Sehr unterschiedlich können die Formen sein, wie sich Erfahrungen der Entwürdigung im Körper niederschlagen. Große Müdigkeit etwa kann genauso wie Rücken- oder Nackenschmerzen eine Folge hoher Anspannung sein. Knieschmerzen können genauso von Überlastung beim Joggen als auch von der Anstrengung, auf keinen

Fall einknicken zu wollen, herrühren. Häufig begegnen wir Menschen, die darüber berichten, dass sie einen Kloß im Hals spüren. Der Hals ist offenbar eine Region, in der sich vieles anstaut, was an Protest gegen entwürdigende Erfahrungen eigentlich herauswill, aber keinen Weg des Ausdrucks findet, von nicht gelebter Trauer zum Beispiel bis hin zu dem, was »zum Kotzen« ist. Wie auch immer. Würdigen Sie Ihren Körper, nehmen Sie Ihren Körper ernst. Fragen Sie Ihren Körper und Ihr Würde-Ich, was Ihre körperlichen Symptome mit Erfahrungen der Entwürdigung und dem Kampf um die Würde zu tun haben könnten. Wenn sich die Ahnung eines Zusammenhangs bestätigt, wird es umso chancenreicher, dass sich Ihr gesundheitlicher Zustand verbessert. Wenn sich der Zusammenhang nicht bestätigt, nun ja, dann war das Nachforschen sicher keine verlorene Zeit. Sie werden nicht immer, aber oft eine Spur finden, die Sie in Ihrer Selbstwürdigung unterstützt.

Das »Gefühlsanklopfen« würdigen

Welchen Sinn haben Gefühle? Gefühle sind dafür da, dass wir uns spontan verhalten. Wenn Sie sich ärgern, zielt das Gefühl des Ärgers darauf ab, dass Sie etwas bei anderen Menschen oder bei sich selbst nicht mehr akzeptieren, sondern verändern wollen. Ihre Sehnsucht drückt aus, dass Sie mit Ihren Gefühlen zu einer Person oder einem Ort, zum (Wieder-)Erleben einer Situation oder eines Gemütszustandes hinstreben. Wehmut lässt Sie spüren, dass Sie von etwas, von einem Gefühlszustand, Abschied nehmen und dabei sind, sich Neuem zuzuwenden. Trauern hilft beim Loslassen. Scham kann helfen, die Intimität zu schützen. Der Ekel hat den Sinn, Sie davor zu warnen, Unbekömmliches zu schlucken, oder weist Sie darauf hin, dass es ansteht, Unbekömmliches auszuscheiden. Liebe, das großartigste, schmerzlichste und glückseligste Gefühl überhaupt … ihren Sinn und die Kraft, die ihr innewohnt, brauchen wir nicht zu beschreiben, Sie kennen sie. Gefühle sind also spontane Hinweise und Impulse, wie sich Menschen gegenüber anderen verhalten. Sie helfen auch das eigene Erleben einzuordnen.

Was haben nun Gefühlsregungen mit dem Ringen um Würde und der Entfaltung des Würde-Ichs zu tun? Wenn Menschen in ihrer Würde verletzt werden, macht sie das häufig traurig, manchmal auch zornig oder zumindest ärgerlich. Sie spüren dann, dass es um ihre Würde geht, um für sie unerträgliche Verletzungen. Wenn sie diese Gefühle wahrnehmen, können sie im nächsten Schritt über das Wie ihrer Reaktion entscheiden: sich wehren, Abstand halten, sich zurückziehen, einen Schritt beiseitetreten …

Doch oft sind die Gefühle nicht so klar, sondern zeigen sich eher diffus und undeutlich. Sie äußern sich zum Beispiel als eine Art »Gefühlsanklopfen«. Sie sind diesem Phänomen schon einmal so ähnlich begegnet, als wir über die versteckten Anzeichen der Entwürdigung wie den schlechten Nachgeschmack, das Unbehagen davor, die Unruhe etc. gesprochen haben. Hier nun wollen wir Sie gezielt aufmerksam machen auf die Gefühle, die »anklopfen«, um uns an unsere Selbstachtung zu erinnern. Diese Gefühle sind oft so verhalten, gebremst und undeutlich, dass sie von den meisten Menschen nicht mit dem Thema ihrer Würde in Verbindung gebracht werden.

Um Ihnen einige Beispiele als Anregung zu nennen:

Manchmal sind wir Menschen traurig, ohne dafür einen Grund zu haben. Trauer ist das Gefühl des Loslassens. Wenn wir traurig sind, ohne dass uns bewusst wird, was wir loslassen, wovon wir uns verabschieden müssen oder was uns genommen wurde, dann ist es ein Hinweis darauf, dass im Unterbewusstsein ein möglicher Abschied ansteht, der vielleicht mit Erfahrungen der Entwürdigung zu tun haben kann. Wenn Sie Traurigkeit ohne Grund verspüren, dann gehen Sie dem nach. Der Versuch lohnt sich. Gelebte Trauer, so ist unsere Erfahrung, sorgt oft dafür, dass eine unerkannte, undeutliche Niedergeschlagenheit nicht mehr unser Lebensgefühl bestimmt.

Eine häufige Erscheinungsform des Gefühlsanklopfens äußert sich in einer Gereiztheit. Wenn Menschen zum Beispiel sich nicht gesehen, sondern übergangen fühlen, dann spüren sie auf der einen Seite, dass sie dies verletzt. Aber sie nehmen diese Verletzung oft nicht ernst oder trauen sich nicht, sie ernst zu nehmen, vor allem dann, wenn dieses Ins-Leere-Gehen vom Partner, von der Partnerin oder von einem Elternteil ausgeht, von jemandem, den sie nicht verlieren möchten. Die Gereiztheit ist dann Ausdruck dieses widersprüchlichen Empfindens, nämlich verletzt zu sein und gleichzeitig dies nicht wahr- und ernst nehmen zu wollen. Verständlich, aber auf Dauer der Selbstsicherheit und dem Selbstwertgefühl abträglich.

Ein ganzes Bündel von Gefühlen klopft in der schlechten Laune an. Gute Laune verbinden wir mit Gefühlen wie Freude, Zufriedenheit, Verbundenheit, Interesse, Wirksamkeit, Freundlichkeit, Mit-sich-einverstanden-Sein … – und dementsprechend schlechte Laune auch mit einem individuellen Mix von Gefühlen wie Freudlosigkeit, Niedergeschlagenheit, unterdrücktem Ärger, Unzufriedenheit … Wenn sie aufkeimt und sich in Ihnen ausbreitet, dann lohnt es sich, nachzuspüren, was der Auslöser gewesen sein könnte.

Ein weiteres häufiges Zeichen dafür, dass Gefühle anklopfen, die mit Erfahrungen der Entwürdigung zu tun haben, ist der Widerwillen. Wenn wir dieses Wort mit einem Bindestrich versehen: Wider-Willen, dann zeigt es uns, dass etwas geschieht, was wider, also gegen unseren Willen verläuft. Oft ist er eher ein Rauschen und Sie können nicht gleich identifizieren, wogegen Sie konkret widerwillig sind, sondern spüren diesen Widerwillen als grundlegende Stimmung, emotionalen Grundton. Nehmen Sie ihn als ein Zeichen wahr, dass es um Ihre Würde geht, dass Ihr Würde-Ich Ihnen etwas sagen möchte, das bislang noch kein Gehör gefunden hat.

Manche Menschen mit schweren Verletzungen ihrer Würde, mit massiven Erfahrungen durch die vier Monster der Entwürdigung, reagieren darauf mit dem Gefühl der Gefühllosigkeit. Das, was sie erlebt haben, war und ist nicht aushaltbar. Im Kern war damit eigentlich oft das unerträgliche Gefühl der Einsamkeit und des Verlorenseins verbunden. Also legt sich das Gefühl der Gefühllosigkeit wie ein Schleier über ihr Gefühlsleben. Sie fühlen, dass sie nichts fühlen. Dass dieser Gemütszustand gefühlt wird, beweist, dass er nicht mit der Abwesenheit von Gefühlen gleichgesetzt werden darf und deshalb die respektvolle Bezeichnung »Gefühl der Gefühllosigkeit« verdient. Diese Sichtweise hilft, den Schatz der verschleierten Gefühle, der ungeliebten und »vergessenen« ebenso wie die ersehnten und schönen, wieder zu heben, damit sie den Menschen als Hinweis und Impuls zum Aufrichten in Würde dienen können.

Vom Vertrauen und Trauen

Mit all dem, was wir bislang über die Entdeckung und Entfaltung des Würde-Ichs geschrieben haben, haben wir hoffentlich keinen Zweifel daran gelassen, dass man sich dabei auf einen Weg begibt, der aus vielen Schritten besteht. Nicht irgendein einzelnes Ereignis entfaltet das Würde-Ich, sondern eine Abfolge von Handlungen und Erfahrungen, die aufeinander aufbauen und ineinander verwoben sind. Diesen Prozess können weder Sie noch wir durchplanen oder berechnen. Wir können Ihnen nur eine Orientierung vorschlagen, wie Sie Ihrem Weg eine Richtung geben können.

Wenn Sie sich mit dem Prozess der Würdigung des Würde-Ichs auseinandersetzen, brauchen Sie Vertrauen. Vertrauen Sie auf Ihre innere Würde. Entdecken und entfalten Sie sie, lassen Sie sie in Gestalt des Würde-Ichs präsent und lebendig werden. Solange Sie die Erfahrung nicht gemacht haben, dass Ihr Würde-Ich lebendig ist und Sie es spüren und zurate ziehen können, werden Sie sich nicht sicher sein, ob dieser Prozess gelingt und sich lohnt. Es bedarf also eines Vorschusses an Vertrauen, und wir bitten Sie, dass Sie sich diesen Vorschuss geben. Irgendwo in sich werden Sie, selbst wenn Ihnen das Bewusstsein Ihrer Würde lange Zeit ausgetrieben wurde, zumindest eine Ahnung davon haben, dass Sie es wert sind, gewürdigt zu werden und sich zu würdigen, dass Sie das Recht, die Möglichkeit und die Fähigkeit haben, Ihre Würde und Ihr Würde-Ich zu entdecken.

Wenn Sie dabei den Schritt beiseite machen oder Ihren Impulsen folgen, wenn Sie Ihren Körper, Ihre Gedanken und Einfälle, Ihre Gefühle, Ihre Persönlichkeit, wie sie ist und geworden ist, würdigen, dann brauchen Sie Vertrauen auf das, was geschehen wird. Ihr Leib, Ihr Erleben, Ihr Würde-Erleben ist spontan und nicht kontrollier- und planbar. Vertrauen Sie darauf, dass Impulse kommen, die Sie ernst nehmen können. Unser Leitsatz ist: Würdigen, was ist. Wenn Sie auf Spurensuche in Ihr Innenleben gehen, danach, was sich dort abspielt, nehmen Sie ernst, was Ihnen als Erstes in den Sinn kommt, mag es Ihnen noch so abstrus und unsinnig erscheinen. Und bleiben Sie auf der Spur des nächsten und des übernächsten und des dann nächsten Einfalls. Der Sinn erschließt sich vielleicht erst in der Abfolge der Impulse, wenn Sie sich weiter mit ihnen beschäftigen und sie achten.

Dann gilt es zu handeln, sich zu trauen, Mut zu haben, Entscheidungen zu treffen und Verantwortung zu übernehmen für Schritte in Ihrem Leben. Auch dieses Trauen beruht auf Vertrauen, denn Sie haben vor dem Handeln nie die Gewissheit, dass es gut ausgehen und welche Ergebnisse es genau haben wird. Im Drehbuch Ihres Lebens spielen die anderen Menschen und die Lebensereignisse, die Sie nicht kontrollieren, bestenfalls beeinflussen können, ihre ganz eigene Rolle. Die einzige Sicherheit, die Sie haben, sind die Impulse, die daraus entstehen, dass Sie Ihr Würde-Ich ernst nehmen und befragen, um daraus Ihre Wirksamkeit abzuleiten. Das ist schon viel mehr Sicherheit, als Sie bei vielen anderen Entscheidungen wahrscheinlich hatten. Das ist viel und das ist wichtig. Wenn Sie darauf vertrauen, können Sie sich trauen.

DAS WÜRDE-ICH IN AKTION: SELBSTACHTUNG

Würde lebt im Würdigen und vom Würdigen. Sie ist, wie wir immer wieder betonen, eine Haltung und gleichzeitig die aktive Tätigkeit, sich selbst und andere zu achten, sich und andere wertzuschätzen und sich und anderen Respekt zu erweisen. Würdigen wir hier besonders die Selbstachtung.

Sich selbst Achtung entgegenzubringen, zeigt sich nicht so sehr in allgemeinen Aussagen, sondern im konkreten Verhalten: Wie gehe ich mit Verachtung oder Missachtung um? Bin ich es mir wert, mich bemerkbar zu machen, wenn ich ignoriert werde? Schreite ich ein, wenn in der U-Bahn ein Kind angeschrien oder geschlagen wird? In vielen Alltagssituationen zeigt es sich, wie viel Ihnen die Achtung Ihrer Lebensimpulse wert ist. Oft scheint es sich nur um Kleinigkeiten zu handeln. Einige Beispiele:

Sie sitzen in einem Café und warten auf Ihren Kaffee. Der Kellner bringt ihn sehr spät. Sie merken, dass das nicht daran liegt, dass er tatsächlich überlastet ist und Sie einfach nicht schneller bedienen kann, sondern daran, dass er andere mit seiner Aufmerksamkeit bevorzugt. Als Sie kosten, ist der Kaffee lauwarm. Beschweren Sie sich und verlangen einen heißen Kaffee? Oder machen Sie gute Miene zu bösem Spiel und ziehen es vor, nicht aufzufallen und keinen Ärger zu machen?

Eine Kollegin schmückt sich gegenüber der Vorgesetzten mit dem, was Sie erarbeitet haben. Stellen Sie sie zur Rede und beschweren Sie sich oder nehmen Sie es hin?

Sie stehen an der Kasse eines großen Kaufhauses. Es gibt keine anderen Kunden weit und breit. Zwei Mitarbeiterinnen unterhalten sich über sehr private Angelegenheiten. Nicht nur, dass Sie diese Details gar nicht interessieren, Sie werden auch einfach nicht beachtet. Als Sie dann endlich doch abkassiert werden, geht das Gespräch munter weiter, so als ob Sie gar nicht da wären. Werden Sie sarkastisch und beschweren Sie sich oder ziehen Sie sich vor Peinlichkeit in sich zurück und machen sich unbemerkbar oder ist es Ihnen schlichtweg egal?

Eine alte, Ihnen nahestehende Frau wird am Flughafenschalter abfällig behandelt. Sie verstummt. Sie wissen und spüren, dass sie sich nicht wehren kann, weil ihr in dieser fremden Situation die Selbstsicherheit fehlt und sie sich schämt. Verlangt es Ihre Selbstachtung, dass Sie den Respekt, der ihr zusteht, einfordern? Oder halten Sie sich eher heraus?

Sie merken an diesen Beispielen, dass Selbstachtung auch viel damit zu tun hat, dass man auch bereit ist, Konflikte einzugehen. Sind Sie bereit, anzuecken und in Kauf zu nehmen, dass andere meinen, Sie wären zickig, aggressiv oder wichtigtuerisch? Bei vielen Menschen hat die Haltung gegenüber Konflikten mit früheren Erfahrungen zu tun. Vielleicht sind Sie so erzogen worden, dass man sich nie mit anderen auseinandersetzen darf? Dass man sich nicht einmischen darf, selbst wenn man unter einer entwürdigenden Situation leidet? Vielleicht haben Sie selbst darunter gelitten, dass ein Elternteil oder ein anderer Verwandter Sie immer wieder aggressiv angegangen ist oder erniedrigt hat, sodass Sie sich selbst geschworen haben, so nie werden zu wollen? Vielleicht weichen Sie deswegen Konflikten aus? Wir werden auf diese Fragen zurückkommen.

Nicht, dass Sie uns falsch verstehen: Wir sind nicht der Meinung, wie es aus den Beispielen missverständlich herauszulesen sein könnte, dass sich zu beschweren, sich einzumischen oder offen Konflikte einzugehen immer die richtigen Reaktionen sind. Nein. Für das Richtige ist Ihr Würde-Ich der Maßstab. Und da mag es Ihrer

Selbstachtung und Ihrer Würde in manchen Situationen vielleicht gerade mehr dienen, den Mund zu halten, eine Respektlosigkeit wie zum Beispiel eine sexuelle Anmache im Vorbeigehen, die sich manche Männer Mädchen und Frauen gegenüber erlauben, an sich vorbei und ins Leere gehen zu lassen. Selbstachtung in Aktion kann eben auch bedeuten, nicht in offensichtliche Aktion zu gehen – gerade dann, wenn Sie zu den Menschen zählen, die sich immer in die vorderste Front stellen und dauerkämpfen und ihrem Würde-Ich kaum Zeit und Raum lassen, sich an Selbstachtung und Würde zu orientieren.

Entscheidend ist, dass Selbstachtung kein Schild ist, das an Ihrer Stirn klebt oder das Sie vor sich her tragen, sondern dass sie sich in vielen konkreten kleinen Haltungen zeigt, in Entscheidungen, die Sie im Alltag treffen.

Selbstachtsamkeit

Die Voraussetzung von jeder Art von Selbstachtung ist die Selbstbeachtung, die Achtsamkeit für sich selbst. Wer sich nicht wahrnimmt, kann auch nicht spüren, welche Impulse er hat. Wenn Sie den Ärger übergehen oder gar nicht beachten, wie könnten Sie dann überhaupt erwägen, gegen dessen Anlass zu protestieren?

Mittlerweile ist das Thema der Achtsamkeit ähnlich wie in den 70er-Jahren des vorigen Jahrhunderts wieder en vogue geworden. Viele Bücher und Webseiten präsentieren Achtsamkeitsübungen, aus denen Sie sich diejenigen aussuchen können, die für Sie am passendsten und am nützlichsten sind. Wir befürworten besonders jene, die mit der Achtsamkeit für den Atem einhergehen. Und wir bevorzugen dabei die im besten Sinne einfachen, unkomplizierten Übungen, die man im Alltag zwischendurch, in einer Pause, ebenso durchführen kann wie morgens als Vorbereitung auf den Tag oder abends als Zwischenschritt zwischen Tag und Nacht.

Die einfachste Übung besteht darin, dass Sie sich an einen Ort stellen oder sich auf einen Platz setzen, an dem Sie einige Momente Ruhe haben, um sich eine Atemachtsamkeit zu gönnen:

Nehmen Sie drei Atemzüge lang bewusst wahr, wie Sie ein- und ausatmen, einschließlich der kleinen Atempause zwischen den Atemzügen. Es geht nicht darum, dass Sie besonders tief oder lange atmen. Es geht ausschließlich darum, dass Sie mit Ihrer Aufmerksamkeit Ihren Atem begleiten, dass Sie achtsam sind für Ihren Atem, so wie er ist, und sich damit Aufmerksamkeit schenken … Wenn Sie mögen, dann begleiten Sie Ihren Atem mit Ihren Händen: Legen Sie eine Hand auf die Stelle, wo Sie Ihren Atem am deutlichsten spüren, und die andere dahin, wo Sie ihn am liebsten auch noch spüren würden … Vertrauen Sie Ihrem Atem, so wie er jetzt gerade ist, und nehmen Sie dabei wahr, was Sie gerade erleben … Vertrauen Sie Ihren Einfällen, Ihren inneren Bildern, Ihren inneren Klängen, Ihrer inneren Stimme. Lassen Sie die Gedanken kommen und gehen, so, wie sie kommen und gehen. Bleiben Sie sich auf der Spur. Schenken Sie Ihrem Gefühl oder Ihren Gefühlen Achtsamkeit, denen, die im Vordergrund sind, aber auch denen, die sich im Hintergrund leise bemerkbar machen … Spüren Sie Ihrem Körpererleben nach, nehmen Sie Ihre Impulse wahr …

Bitte, nehmen Sie unsere Hinweise zum In-sich-hinein-spüren nur als Anregungen, nicht als etwas, was Sie abarbeiten müssen. Das wäre der Achtsamkeit abträglich.

Wir hoffen, dass diese Mini-Achtsamkeitsübung auch für Sie eine große Hilfe ist, so wie sie es für uns selbst und für viele Menschen, die wir auf ihrem Weg zur Selbstachtsamkeit unterstützen durften, war und ist.

Sie kann ihre Wirksamkeit vor allem dann entfalten, wenn Sie sie wiederholt in Ihren Alltag integrieren.

Die Selbstachtsamkeit ist der erste Schritt dafür, dass die Selbstachtung in der Aktion lebendig werden kann.

Selbstachtung braucht die Achtung anderer

Würde man Henrik F. fragen, ob er sich selbst achtet, würde er im Brustton der Überzeugung sagen: »Ja, selbstverständlich.« Doch immer wenn er eine Meinung vertritt und jemand anderes diese anzweifelt oder ein Gegenargument anführt, wird er verunsichert. Selbstverständlich findet auch er es prinzipiell gut, die Meinung anderer ernst zu nehmen und deren Argumente bedenken. Doch er findet, dass es bei ihm weit darüber hinausgeht. Er zieht relativ schnell seine eigene Meinung zurück, zu schnell, wenn wir seine eigene Beurteilung ernst nehmen, zweifelt an seinen Argumenten und gerät, wie er selber sagt, ins Schwimmen. Er wirft sich vor, dass er für seine Ansichten nicht einsteht, sondern wackelt und schwankt. Sein Standpunkt sei allerdings fest, wenn er alleine mit sich sei. In der Begegnung mit anderen verliert er ihn und damit sich.

Gero W. dagegen hat erst gar keinen Standpunkt. Er wurde jahrelang geschlagen und mit seinem Schmerz alleine gelassen. Er will keine Risiken mehr eingehen, wieder den Monstern der Entwürdigung zu begegnen. Also zieht er den Kopf ein und richtet sich gar nicht erst auf. Er merkt das und ist mit sich nicht zufrieden. Aber jedes andere Verhalten, jeder andere Blick in die Welt wäre ihm zu riskant. So hat er sich im Wegducken eingerichtet. Seine Selbstwertschätzung findet er darin, dass er als begeisterter Bücherleser vor allem von historischen Romanen sich in Geschichte und Geografie sehr gut auskennt. Er baut Schiffsmodelle aus Streichhölzern, manchmal auch große Brücken, und ist darin Experte. Er fertigt Fotos von seinen Objekten an und stellt sie ins Internet, anonym unter einem Decknamen natürlich. Das ist die Nische, in der er, so gut er kann, auch bestärkt durch das anerkennende Feedback der anderen für seine Selbstwürdigung und Selbstachtung sorgt.

Dorothea Z. fühlt sich jedes Mal wie gelähmt, wenn sie eine Entscheidung treffen soll. Und das nicht nur bei wichtigen Entscheidungen, sondern schon dann, wenn sie gefragt wird, ob sie Nudeln oder Reis essen möchte oder ob sie den Teppichboden schöner in Hell- oder Dunkelblau findet. Sie ist voller Groll, Bitterkeit und selbstabwertenden Gefühlen und Gedanken. Sie fühlt sich klein und überfordert. Ihre Kindheit war geprägt von der Erfahrung, zwischen der liebevollen, aber schwachen Mutter und dem cholerischen, deshalb gefürchteten Vater zu stehen. Wenn sie zwischen die Fronten geriet, lag die manchmal unausgesprochene, manchmal ausgesprochene Aufforderung in der Luft, sie solle sich entscheiden, auf welcher Seite sie stehe. Ein für ein Kind unlösbares Problem. Die Erfahrungen lehrten sie, dass, egal wie sie sich entschied, es falsch war. Deshalb zog sie irgendwann die Konsequenz daraus, sich nicht mehr zu rühren, möglichst nicht mehr sichtbar zu sein. Die Selbsteinschätzung, falsch und unfähig zu sein, hatte sich eingegraben. Diese selbstabwertende Einschätzung taucht nun in manchen Situationen, vor allem in Entscheidungssituationen, wieder auf. Sie ist allerdings für andere nicht oder kaum spürbar, und wenn, dann nur für nahe Vertraute. Denn sie hat es geschafft, nach außen hin als toughe junge Frau aufzutreten, von der andere sagen, dass sie sich nicht die Butter vom Brot nehmen lässt.

Je nach biografischen Erfahrungen ist die Selbstachtung unterschiedlich entwickelt und zeigt sich auf verschiedene Weise im Verhalten der Menschen.

Jeder Mensch hat, wie wir es schon beschrieben haben, allein dadurch, dass er Mensch ist, das Recht, nicht nur von anderen gewürdigt zu werden, sondern auch sich selbst zu würdigen, seinen Wert zu achten. Uns scheint es auf dem Weg zu einem guten Leben wichtig zu sein, dass jede und jeder Einzelne von uns sich dieses Menschenrecht, das unabhängig von Verhalten und unabhängig von Leistungen existiert, (wieder) aneignet, es sich zugunsten seiner Selbstachtung bewusst werden lässt und es spürt.

Es gibt so viele Verhaltensweisen, die leider in Gefahr sind, von anderen diskreditiert zu werden. Wenn Sie sich zum Beispiel für eine gute, liebevolle, würdige Beziehung zu Ihren Kindern einsetzen, dann kann es Ihnen passieren, dass Sie beschuldigt werden, sie zu verwöhnen und sie nicht genug aufs Leben vorzubereiten. Die Liebe und Fürsorge in der Partnerschaft wird oft ebenso mit Häme bedacht wie das Engagement für schwache und verletzte Menschen. Wir schlagen vor, dass Sie versuchen, sich in Ihrer Selbstachtung von solchen Haltungen anderer Menschen möglichst unabhängig zu machen. Sich selbst einzuschätzen und zu bewerten, reicht jedoch nicht. Konkret brauchen Sie Erfahrungen, dass andere Menschen Sie achten und würdigen. Ihr Würde-Ich hilft Ihnen dabei, diese Menschen zu finden.

Wenn die Selbstachtung wackelig ist, wenn Menschen schnell aus der Bahn geworfen und verunsichert werden oder sie sich gar wegducken, wenn sie versuchen, sich anzupassen und anzubiedern oder sich hart und unverletzlich zu machen, dann liegen immer Erfahrungen der Missachtung und Entwürdigung durch andere Menschen zugrunde. Wir kennen keine anderen Beispiele. Selbstabwertung ist nicht angeboren, sondern das Produkt von Entwürdigungserfahrungen. Selbstachtung beginnt, wie wir gesagt haben, mit der Selbstachtsamkeit. Doch dadurch alleine kann sie nicht wachsen und sich festigen. Sie braucht die Achtung anderer Menschen.

Und diese Achtung anderer Menschen beginnt damit, deren Verhalten zu würdigen, und zwar so, wie es ist. Wenn wir anderen unseren Blick auf die Kompetenzen richten, darauf, wie sich etwa Gero W. am eigenen Schopf aus dem Sumpf gezogen hat, wie er und andere einen Ausweg aus ihrem jeweiligen Dilemma gesucht und gefunden haben, dann wird der Respekt, den wir ihnen zu zollen haben, deutlich. Wenn etwa Henrik F. sich seines Standpunkts sicher ist, wenn er alleine ist, ihn aber in der Gegenwart von anderen verliert, dann braucht er ein Gegenüber, das sich selbst achtet UND ihm Achtung und Wertschätzung für seine Art entgegenbringt. Dann könnten seine Selbstachtung und Selbstwertschätzung weiterwachsen, könnte sich sein Würde-Ich weiter entfalten.

Ähnliches gilt für Gero W. und Dorothea Z. Gemeinsam ist ihnen allen, dass sie ein Selbstverständnis dafür brauchen, wie sie zu der Person mit den Kompetenzen und Eigenheiten geworden sind, die sie sind. Um dieses Verständnis für sich selbst zu entwickeln, brauchen sie andere Menschen, die sie dabei mit dem achtungsvollen Blick von außen unterstützen. Selbstwertschätzung und Selbstachtung brauchen den Spiegel, den andere wertschätzende und fürsorgliche Menschen ihnen vorhalten. Wenn es uns gelingt, durch die Begegnung mit anderen Menschen einen wohlwollenden, vielleicht sogar zärtlichen Blick auf uns selbst, so wie wir sind, zu werfen, dann sind wir auf dem Weg der Würde und Selbstachtung ein gutes Stück weitergekommen.

Die unsichtbare Schrift

Renate A. konnte nur Ja sagen, so ihre Selbsteinschätzung. Ein Nein kam ihr nicht über die Lippen. Wenn jemand etwas von ihr wollte, stimmte sie immer zu. In den meisten Fällen tat sie das von Herzen gerne. Sie war eine freundliche und hilfsbereite Person. Doch oft sagte sie zu Anfragen und Aufforderungen anderer Ja, die sie eigentlich ablehnen wollte. Sie leistete viel für andere und übernahm auch immer wieder freiwillig Verpflichtungen, was ihr selbstverständlich vorkam. Anscheinend hatte sich dies herumgesprochen oder sie hatte eine entsprechende Ausstrahlung entwickelt – solche Situationen entstanden immer häufiger. Ihre erwachsene Tochter meldete ihr zurück: »Mama, du bist viel zu lieb. Du lässt dich ausnutzen. Ich halte das kaum aus.« Renate A. gab viel auf die Sichtweise ihrer Tochter, verstand nur lange Zeit nicht wirklich, was diese meinte. Aber sie spürte eine Verunsicherung, die ihr beachtenswert vorkam. Was aber sollte sie ändern? Dazu hatte sie zunächst keine Idee. Denn wenn sie ein Ja aussprach, das eigentlich »nein« oder »wahrscheinlich nicht« bedeutete, dann hatte Renate A. in dieser unmittelbaren

Situation keinen schalen Geschmack im Mund, spürte sie kein Unbehagen. Aber manchmal, schon während des Handelns, vor allem aber danach spürte sie, dass sie etwas gegen ihren Willen, widerwillig oder unwillig getan hatte. Sie erinnerte sich an die Worte ihrer Tochter und warf sich vor: »Das hättest du doch gleich merken müssen.« So verstärkten sich ihre Selbstvorwürfe, aber wie immer, wenn man etwas verstärkt, was nicht hilft, führte dies auch nicht zu einer Veränderung. Sie verlor schleichend, aber beständig ihre Selbstachtung und sagte: »Ich bin ja nur ein Blatt im Wind. Jeder kann mit mir machen, was er will …« Sie spürte darüber hinaus, dass die dadurch hervorgerufene Überforderung an ihren Kräften zehrte. Ihr Kreislauf brach öfters zusammen. Ihr wurde manchmal schwindelig. Sie verlor zunehmend ihren Halt.

Als sie sich irgendwann aufraffte und ihrer Schwester ihr Leid klagte – voller Selbstvorwürfe und mit dem Zitat ihrer Tochter –, hörte diese ihr genau zu. Dann sagte sie nachdenklich: »Ich kenne das auch. Bei mir ist das ähnlich. Vielleicht haben wir das von unseren Eltern mitbekommen. Aber wie auch immer … Ich erzähle dir gerne, was mir geholfen hat. Magst du's hören?« Und sie erzählte, welche Anregung sie wiederum von ihrer Freundin bekommen hatte: »Ich habe mir mit einem Stift auf die Innenseite meines linken Unterarms einen kleinen Kreis gemalt mit einem »S« in der Mitte. Und dann drei kleine Pfeile in Richtung Hand. Ich zeig's dir. So etwa hab ich's mir aufgemalt. Das S steht für Selbstachtung und die Pfeile bedeuten: Ja/Nein/Weiß nicht, brauche einen Moment zum Überlegen. Wenn ich mich entscheiden musste, habe ich schnell auf meine kleine Zeichnung geguckt. Das hat mich davor gerettet, automatisch Ja zu sagen. Das half mir, kurz innezuhalten und nicht sofort zu reagieren. Später habe ich dieses Bildchen nicht mehr auf meinen Unterarm gemalt. Es blieb da mit unsichtbarer Schrift geschrieben. Ich sah es in meiner Vorstellung – und sehe es bis heute. Und ich freue mich, dass du mich wieder darauf gebracht hast, daran zu denken, weil es mich mittlerweile so selbstverständlich begleitet.«

Renate A. wurde ganz aufgeregt vor Freude und ging gemeinsam mit ihrer Schwester auf die Suche, welches Motiv ihren Unterarm zieren sollte. Nach mehreren Versuchen blieb es bei dem Wort »Achtung«. Sie schrieb es im Beisein ihrer Schwester in ihrer schönsten Schrift sorgfältig auf ihren Unterarm. Auch als diese Schrift allmählich verblasste und dann verschwand, half sie ihr, nicht immer, aber immer öfter. Manchmal vergaß sie, dort hinzuschauen, und ärgerte sich dann wieder über sich. Aber dieser Ärger war hilfreich, weil er sie darauf hinwies, ihrem »Ratgeber« bei der nächsten Gelegenheit wieder Beachtung zu schenken.

Würden andere Menschen die unsichtbare Schrift auf dem Handgelenk von Urs W. entdecken, dann könnten sie das Wort »Mut« lesen. Denn das war es – und das hatte er erkannt –, was er brauchte, um sich aus seiner Geringschätzung sich selbst gegenüber zu lösen. Er hatte nicht das Problem wie Renate A., dass er zu schnell Ja sagte, eher das Gegenteil. Er war lange felsenfest davon überzeugt gewesen, dass er für andere Menschen nur eine negative Zumutung sein konnte. Dass er nicht in der Lage wäre, irgendetwas Sinnvolles zu tun, dass keiner an seiner Gegenwart oder dem, was er vielleicht zu bieten habe, interessiert sein könnte. Wenn ihn jemand zum Essen einlud, hatte er früher immer abgelehnt und Zeitprobleme vorgetäuscht oder andere Ausreden erfunden. In Wirklichkeit hatte er sich nicht getraut, sich anderen zuzumuten. Doch nun entdeckte er sein Würde-Ich als Mutmacher und übte, wenigstens ab und zu über seinen Schatten zu springen. Mit jeder Erfahrung, dass er eine solche Situation der Nähe, zum Beispiel eine Essenseinladung oder die Hilfe bei einem Umzug, überleben konnte, wuchs sein Mut … Und mit seinem Mut wuchsen seine Selbstachtung und Selbstwertschätzung, und sein Würde-Ich wurde ein immer verlässlicherer Kompass für seine Entscheidungen.

Sollten Sie die Anregung aufnehmen wollen, sich Ihr Wort, Ihren Satz, Ihr Bild oder Symbol, Ihren Würde-Ich-Kompass auf Ihren Arm oder Handrücken zu schreiben, dann tun Sie dies buchstäblich, nicht nur in der Vorstellung. Für die unsichtbare Schrift nehmen Sie einen Kugelschreiber, drücken die Mine aber nicht heraus und schreiben so auf Ihre Haut. Oder schreiben Sie mit Ihrem Finger oder Fingernagel. Sie werden sicherlich merken: Die kleine Überwindung, die es Sie vielleicht kosten mag, lohnt sich, damit es wirken kann.

Das Maß der Achtung und Selbstwertschätzung

Mit welchem Maß messen sich Selbstachtung und Selbstwertschätzung? Wie geht die »richtige« Selbsteinschätzung? Was ist zu wenig, was zu viel?

Viele Menschen, die Probleme mit ihrem Selbstwertgefühl haben oder denen ihre Selbstachtung durch die vier Monster der Entwürdigung ausgetrieben wurde, bemühen sich darum, diese Selbstachtung wiederzugewinnen und ihr Raum zu geben. Doch ihnen ist durch ihre Erfahrungen der Entwürdigung das Maß verloren gegangen. »Wenn ich meine Selbstachtung pflegen will, dann habe ich Angst, dass ich so arrogant und überheblich werde wie manch andere. Das will ich aber nicht«, sagt eine Frau, hier stellvertretend für viele, denen wir begegnet sind. Sie haben dann andere Menschen vor ihrem inneren Auge, die sich maßlos über andere erhöhen und diese dadurch erniedrigen, und wollen so nicht werden.

Zu einer würdigenden Haltung gehört das Bestreben, sich nicht über andere Menschen zu erhöhen. Aber wenn das dazu führt, dass man die eigene Unterlegenheit akzeptiert und sich nicht gegen Erniedrigung wehrt, dann stimmt etwas nicht mit dem Maß. Selbstachtung und Selbstwertschätzung können nur auf Augenhöhe mit anderen Menschen lebendig werden. Wer sich selbst achtet, kann auch andere Menschen besser achten. Wer die Werte in sich selbst schätzt, kann auch die Werte und Kostbarkeiten anderer Menschen anerkennen. (Arrogante und überhebliche Menschen, die andere entwürdigen, sollten sich das hinter die Ohren schreiben, auch wenn wir nicht zu hoffen wagen, dass wir sie hier erreichen: Kümmert euch um eure Selbstachtung. Unternehmt etwas für euer Maß, damit ihr an wirklicher Selbstsicherheit gewinnen könnt. Damit euch andere wertschätzen können. Und vor allem, damit ihr andere Menschen würdigen könnt.) Wir meinen natürlich mit Selbstachtung nicht: »Ich achte mich mehr als andere.« Wir verstehen unter Selbstwertschätzung nicht: »Ich halte mich für wertvoller als andere Menschen.« Nicht um Überhöhung geht es, sondern darum, zu würdigen, was ist und wer man ist. Die Kostbarkeiten in der eigenen Person ebenso wie das Recht auf Achtung, das jedem Menschen gebührt.

Diese Haltung schafft ein Maß. Wer mit dieser Haltung an das Thema der Selbstachtung herangeht, braucht nicht zu vergleichen und hat es nicht nötig, sich über andere Menschen zu erheben beziehungsweise diese zu erniedrigen.

Wenn Menschen verunsichert sind, weil sie ihr Maß verloren haben beziehungsweise es ihnen ausgetrieben wurde, dann hilft der Hinweis auf das Würde-Ich. Wir empfehlen: »Fragen Sie Ihr Würde-Ich! Ihr Würde-Ich kann Ihnen sagen oder zeigen, ob Sie maßlos sind oder nicht. Ob Sie sich selbst achten oder ob Sie sich über andere Menschen erheben.«

Eine Frau gab uns einen, wie wir finden, schönen Hinweis darauf, mit welcher Botschaft ihr Würde-Ich ihr hilft: »Ich finde, dass ich mein Maß an Selbstwertschätzung gefunden habe, seitdem ich sagen kann: ›Ich bin in Ordnung.‹ Und wenn eine Begegnung in Ordnung war, dann weiß ich, das war auf Augenhöhe. Dann bin ich zufrieden.«

Manche Menschen brauchen darüber hinaus noch Anhaltspunkte dafür, wie sie ihr Würde-Ich beachten und erhören können, wie es ihnen helfen kann, ein Maß zu finden.

Hermann S. zum Beispiel beschwerte sich darüber, dass sich sein Würde-Ich zu leise melden würde, als dass er ihm zutrauen könnte, sein Kompass zu sein: »Ich höre diese Stimme oft nicht richtig und traue meinen Ohren nicht.« Wir gingen mit ihm gemeinsam auf die Suche, ob es körperliche Anzeichen oder innere Bilder oder sonstige Hinweise dafür gab, dass das Würde-Ich zu ihm sprach. Er fand einen Indikator: seinen Atem. Wenn sich sein Würde-Ich zu leise meldete bzw. er ihm nicht lauschte, wurde sein Atem immer schneller und hektischer. Wenn er seinem Würde-Ich lauschte und das, was er hörte, ernst nahm und bedachte, wurde der Atem ruhiger und gleichmäßiger, die Unruhe schwand. Mit diesem Hinweis konnte er sein Maß finden.

Darf ich aggressiv sein?

Steffi Q., 30 Jahre alt, stammt aus einer »gutbürgerlichen« Familie. Nach außen hin stimmte die Fassade, innen tobte das Monster der Gewalt. Der Vater, der ach so beliebte Hans-Dampf-in-allen-Gassen, einflussreicher Vorsitzender von vielen Vereinen und angesehenes Mitglied der Gemeinde, schlug seine Kinder. Die Mutter, die als Kind unter einem sehr aggressiven, cholerischen Vater gelitten hatte, verstummte völlig, wenn ihr Mann jähzornig und aggressiv wurde. Sie war nicht in der Lage, ihre Kinder, Steffi Q. und ihre zwei Brüder, zu schützen.

Steffi Q. konnte in ihrer Kindheit keine Hilfe holen. Sie litt und biss die Zähne zusammen, wie sie sagte. Sie zählte die Tage, bis sie in der Lage war, das Elternhaus zu verlassen. Mit 16 brach sie die Schule ab und zog nach Hamburg zu einer Tante, die sie schützend aufnahm. Steffi Q. schwor sich, »nie im Leben« aggressiv zu sein. Nie so zu werden wie ihr Vater. Nie so wie der Vater ihrer Mutter. Und sie schwor sich gleichzeitig, nicht in der Opferhaltung zu verharren, wie die Mutter das tat, hilflos verstummt und unfähig, ihre Kinder, die sich von ihr durchaus geliebt fühlten, zu schützen und zu verteidigen. Steffi Q. begann eine Lehre und jobbte nebenbei als Journalistin für die Lokalredaktion einer Zeitung. Aus der Nebentätigkeit wurde schließlich ihr Beruf. Sie wurde eine in ihrer Region bekannte und erfolgreiche Journalistin. Doch mit ihrem Liebesleben haderte sie. Immer wenn sie sich in einen Partner zu verlieben begann, ja sogar schon, wenn sie ihn ansatzweise attraktiv und interessant fand, erstarrte sie und war unfähig, ihre Neigungen zu zeigen. Sie kam sich dann vor wie ihre Mutter. Erschrocken, wie eingefroren, ausgeliefert.

Oft nahm dann das Beziehungsschicksal seinen Lauf und die möglichen Partner verloren das Interesse an Steffi Q. Darauf reagierte Steffi Q. mit einer inneren Aggressivität, indem sie sich selbst schonungslos dafür angriff, dass sie so war, wie sie war. Auch war sie ärgerlich, ja oft fast wütend auf die Partner. Einem von ihnen warf sie innerlich konkret vor: »Der müsste doch wissen, dass ich Interesse an ihm habe. Das muss man als Mann doch merken! Na ja, wenn ich es ihm wert gewesen wäre, dann hätte er sich weiter um mich bemüht.« Doch diese Anfälle von Aggressivität verdampften, bevor sie einen Ausdruck finden konnten, wie ein Wassertropfen auf einer heißen Herdplatte. Ihr Schwur galt: Sie wollte nie, niemals!, so aggressiv werden wie ihr Vater. Deswegen bremste sie so schnell wie irgend möglich jeden Anflug von Ärger und Zorn in ihr. Stattdessen sah sie, wenn sie in den Spiegel schaute, einen Zug von Bitterkeit und Selbstverachtung um ihren Mund.

Ihre weggebremste Aggressivität machte sich auch im Beruf bemerkbar. Sie gestattete sich zwar, in Ansätzen zu spüren, dass sie sich über das Verhalten mancher Menschen, die sie interviewte, sowie das der Chefredakteurin oder anderer Kolleginnen gelegentlich ärgerte. Dieser Ärger aber durfte nicht sein. Sie entschied sich dazu, Hilfe in einer Therapie zu suchen, und entdeckte dort ihr Würde-Ich. Sie hatte bei ihrer Therapeutin Verständnis, Unterstützung, Achtung und Mitgefühl gefunden für das, was sie als Kind und Jugendliche durchmachen musste. Das war der Boden dafür, dass sie nun darangehen konnte, ihr aktuelles Leben zu verändern beziehungsweise einzelne verändernde Schritte zu wagen.

Die Therapeutin fragte unter anderem: »Was würde denn passieren, wenn Sie Ihren Ärger aussprechen?«

Ihre Antwort: »Das geht nicht. Dann bin ich ja wie mein Vater. Das geht nicht!«

»Was würde denn konkret passieren, wenn Sie Ihrer Redakteurin sagen, dass Sie sich geärgert haben, dass diese Ihren letzten Artikel um die Hälfte gestrichen hat, ohne das mit Ihnen abzustimmen?«

»Ich weiß ja, dass das eigentlich nicht stimmt. Aber trotzdem hatte ich den Gedanken. Mir kam es so vor, als wollte ich sie fertigmachen, als würde ich sie kleinmachen wollen.«

»So, wie Ihr Vater Sie kleingemacht hat? Kommt Ihnen das so vor?«

»Ja. Genau. So kommt es mir vor. Ich will das nicht.« (Sie wird traurig.)

»Ihr Vater hat geschrien und geschlagen. Er hat Sie beschimpft und erniedrigt. Wie würden Sie denn die Redakteurin zur Rede stellen? Würden Sie sie schlagen? Würden Sie schreien?«

»Nein. Natürlich nicht. Ich würde ihr das sachlich sagen. Vielleicht ein bisschen aufgeregt in meinem Ärger. Aber ich würde versuchen, es möglichst cool rüberzubringen ... Nein, schreien und schlagen – das geht gar nicht!«

»Sehen Sie, dass ist der Unterschied zwischen Ihnen und Ihrem Vater. Wenn Ihr Vater aggressiv ist, ist er maßlos aggressiv. Er verachtet und vernichtet. Er kennt keine Grenzen und keinen Respekt vor der Würde seiner Tochter oder anderer Menschen. Ich kenne Sie ja jetzt schon eine ganze Weile und ich bin davon überzeugt, dass Sie und ich keine Angst davor haben müssen, dass Sie so verletzend aggressiv werden könnten wie er. Sie wissen, was es heißt, wenn die Würde verletzt wird. Nur, er hat Ihnen sozusagen den Schneid abgekauft. Was ich damit meine: Ich glaube, dass es notwendig ist, sich wehren zu lernen, wieder aggressiv zu werden im Sinne von ›anpacken‹, das Leben anpacken, Entwürdigungen anpacken, Ärger anpacken ... Ich finde, wir Menschen brauchen die Bereitschaft und Fähigkeit, uns offensiv zu verteidigen. Wie soll sonst Aufrichten gehen? Ihr Würde-Ich hat es sonst schwer, meine ich, zu Ihren Gunsten in Aktion zu gehen. Was meinen Sie?«

Für Steffi Q. war die Erkenntnis eine Befreiung: Es gibt zwei Arten von Aggressivität, eine maßlose entwürdigende und eine, die die Würde verteidigt. Damit waren die Probleme von Steffi Q. noch nicht gelöst, aber der Anfang war gemacht. Sie gestaltete, während sie über ihr Würde-Ich nachdachte, eine Figur aus Stoff mit einem kleinen Stein im Inneren. »Der Stein repräsentiert meine Haltung. Offensiv zu verteidigen – so wie Sie es gesagt haben, das hat mir gut gefallen. Das lässt meine Aggressivität und meine Angst davor in einem anderen Licht erscheinen.« Sie stellte diese Figur auf ihren Schreibtisch am Arbeitsplatz. Was die Figur bedeutete, sagte sie niemandem, so oft sie auch gefragt wurde. Nur sie wusste es. Es war ihr Würde-Ich. Immer wenn sie merkte, dass sie ärgerlich wurde, schaute sie ihr Würde-Ich an und berührte es. Mit seiner Hilfe konnte sie die Qualität ihres aufkommenden Ärgers oder ihrer Wut identifizieren: würdig oder zerstörerisch. Um sich dann zu entscheiden, nicht immer, aber immer öfter, ob und wie sie ihrem Ärger Luft machen konnte. Später half ihr das Würde-Ich auch, selbstbewusster zu werden und sich aufzurichten.

Welche Menschen schätzen Ihr Würde-Ich?

Wir haben sehr oft betont, dass Ihre Selbstachtung und Ihre Selbstwürdigung die Begegnung mit anderen Menschen braucht, die Ihnen Achtung und Würdigung entgegenbringen. Solche Menschen findet man eher nicht oder nur in glücklichen Ausnahmefällen über Kontaktanzeigen und sie klingeln wahrscheinlich nicht an der Tür und sagen: »Hier bin ich!« Es wird notwendig sein, dass Sie nach ihnen Ausschau halten. Deswegen empfehlen wir Ihnen, alle Ihre nahen und entfernten Bekannten, Freunde, Freundinnen und

Familienangehörigen einmal aufzulisten und die Namen daraufhin durchzugehen, ob Sie Ihnen würdigend und achtungsvoll entgegentreten. Sie werden wahrscheinlich die Erfahrung machen, dass diejenigen, die Sie achten, die Ihr Würde-Ich respektieren und so Ihre Selbstachtung fördern, nicht in allen Fällen diejenigen sind, mit denen Sie die meiste Zeit verbringen oder am nächsten verwandt sind. Deswegen gehen Sie möglichst unvoreingenommen an diese Liste heran und markieren Sie die Personen, die Ihre Selbstachtung unterstützen.

Mit Menschen, die Ihre Selbstachtung unterstützen, lohnen sich möglichst viele und intensive Begegnungen. Denn diese tun Ihnen gut und bereichern Sie. Es wird andere Personen geben, die für Ihre Selbstachtung schädlich sind. Bei denen heißt es: Finger weg – und wenn kein Abbruch der Beziehung möglich ist, schaffen Sie möglichst viel Distanz! Oft ist ein Abbruch nicht sinnvoll, weil der Kontakt mit diesen Menschen aus welchem Grund auch immer für Sie wichtig ist. Manchmal kann zum Beispiel der Wunsch nach Zugehörigkeit oder die Erinnerung an gemeinsame Zeiten und durchlebte Krisen eine Sogkraft entfalten, die stärker ist als das, was das Würde-Ich Ihnen rät. Verwandte kann man nicht wirklich umtauschen. Und auch bei Arbeitskollegen und -kolleginnen hat man oft nicht die Wahl, mit wem man zusammenarbeiten möchte. Doch Sie können gegenüber solchen Menschen die Intensität und auch die Häufigkeit der Kontakte herunterfahren.

Auch wird es eine Reihe von Menschen geben, die Ihrer Selbstachtung gegenüber neutral sind, bei denen sich die Intensivierung der Kontakte nicht lohnt, aber auch kein Abbruch der Beziehungen und Begegnungen notwendig ist.

Vielleicht mögen Sie sich der Beantwortung der eben genannten Frage in etwas abgewandelter Form zuwenden: Welche Menschen mag Ihr Würde-Ich? Stellen Sie sich vor, Ihr Würde-Ich wäre eine Person oder ein guter Geist, eine Fee oder ein anderes Fabelwesen, das für Sie spricht. Welche Menschen mag dieses Würde-Ich-Wesen?

Mit welchen Menschen möchte es mehr zu tun haben? Welche Menschen meidet es? …

Ihre Selbstachtung braucht Menschen, die Sie achten.

Wer bin ich, dass ich mir etwas wert sein kann?

All die Hinweise, die wir in den vorherigen Abschnitten gegeben haben, können Sie, so hoffen wir, in der Entfaltung und Stärkung Ihrer Selbstachtung unterstützen. Vielleicht kennen Sie andere Menschen, die sich um Selbstachtung bemühen, denen dies aber auch mit unseren Anregungen und mit Ihrer Hilfe nicht gelingt. Dann liegt das Problem tiefer. Manche Menschen haben solch schlimme und intensive Erfahrungen mit den Monstern der Entwürdigung gemacht, dass etwas in ihrem Kern ins Wanken geraten ist. Der innere Kern eines jeden Menschen, der Ausgangspunkt für Entscheidungen, für Bewertungen, für Achtung und Beachtung, hat sich zurückgezogen oder wurde umnebelt. Dies geschieht oft aus Schutz gegen die Monster der Entwürdigung, doch auf Dauer wird dieser Schutz zu einer Falle, die chronische Verunsicherung und Leid bewirkt.

Anzeichen für diesen Zustand finden sich gar nicht so sehr in den Reaktionen auf Missachtung und Verachtung und ihren Folgen oder in dem fehlenden Ringen um Selbstachtung oder der Achtung anderer. Ein Anzeichen ist nicht einmal so sehr, dass die negativen Erfahrungen oft zur Selbstverständlichkeit des Erlebens, zumindest zur Gewohnheit geworden sind, diese sich in den Menschen eingerichtet haben und die betreffenden Menschen sich in ihnen. Ein Hinweis auf eine grundlegende Störung der Selbstachtung und der Fähigkeit, Selbstachtung zu entwickeln, besteht eher in den Reaktionen auf positive Erfahrungen: wenn ein Mensch auf Erfolgskurs ist und ihn abbricht, kurz bevor er die Früchte seines Erfolges ernten kann; wenn eine Person geliebt wird und die Liebe nicht erkennen kann oder vor ihr flieht; wenn jemand Komplimente erhält und diese nicht nur nicht annehmen kann, sondern dahinter feindliche Absichten vermutet …

Solche Reaktionen eines Menschen zeigen, dass sich hinter ihnen eine Grundhaltung verbergen kann, die lautet: »Wer bin ich, dass ich mir und anderen etwas wert sein könnte?« Wenn sich eine solche Haltung des Selbstwertverlustes verfestigt hat, bedarf es einer meist längerfristigen, andauernden Arbeit (ja Arbeit!) daran, das Selbstwertgefühl und seinen inneren Kern nicht nur zu entdecken, sondern grundlegend neu zu schaffen oder aus einem restlichen Splitter heraus wieder neu zu gestalten und aufzubauen. Eine solche Arbeit ist nach unseren Erfahrungen nicht alleine zu leisten, die Probleme sind nicht allein zu bewältigen. Auch die sonst immer wieder von uns wertgeschätzte hilfreiche Unterstützung von Freunden/Freundinnen oder Lebenspartnern/Lebenspartnerinnen kann da nicht ausreichen und ist für beide Seiten die absolute Überforderung. Wir raten dringend allen, die in solch grundlegender Weise in ihrer Selbstachtung und in ihrem Selbstwertgefühl gestört wurden und denen unsere bislang angeführten Hinweise und Empfehlungen nicht helfen, therapeutische Hilfe zu suchen und diese anzunehmen. Es lohnt sich.

DAS WÜRDE-ICH IN AKTION: PARTNERSCHAFT

Jeder Mensch macht in jeder Partnerschaft Fehler und verletzt auch gelegentlich den anderen. Das geht gar nicht anders, wenn man nah beisammen ist und ein gemeinsames Leben führt. Doch die entscheidende Frage ist unserer Meinung nach, ob sich Verletzungen aneinanderreihen, ob sie zur Serie, zur Gewohnheit werden. Wenn Menschen sich lieben und an einer langfristigen Beziehung oder Ehe interessiert sind, dann neigen viele Menschen dazu, Erfahrungen der Verletzung vor allem vor sich selbst herunterzuspielen.

Wir raten nicht, jede Verletzung in einer Partnerschaft gleich zum Anlass zu nehmen, über irgendwelche Konsequenzen, geschweige denn über eine Trennung nachzudenken. Der Fokus liegt auf den Wörtchen »jede« und »gleich«. Doch sind wir uns sicher, dass Sie immer Ihre Würde beachten sollten. Überprüfen Sie bei jeder Erfahrung, die Sie verletzt, was Ihr Würde-Ich dazu sagt. Ist Ihre Würde gekränkt? Fühlen Sie sich entwürdigt? Wenn dies der Fall ist, dann kämpfen Sie für Ihre Würde. Nehmen Sie Ihr Würde-Ich als Anhaltspunkt, um in Ihrer Partnerschaft Klartext zu reden und Verletzungen der Würde anzusprechen. Das ist Ihr Beitrag, Ihre Chance, die Partnerschaft zum Besseren zu wenden. Nutzen Sie die Chance und geben Sie Ihrem Partner oder Ihrer Partnerin die Chance zur Veränderung. Vielleicht auch noch eine und noch eine … Das ist die beste Vorbeugung vor Trennungen. Wenn dies nämlich nicht geschieht, wenn Sie Verletzungen übergehen, dann häufen sich diese Entwürdigungen so an, dass irgendwann die letzte Chance vertan ist und es nicht mehr anders geht, als den Schlussstrich zu ziehen.

Es reicht!

Laura G. erzählte ihrer Freundin Melanie von ihrer Ehe. Sie hatte schon oft davon erzählt. Aber eigentlich war es immer dasselbe. Viele kleine Erniedrigungen, viele kleine Stiche und Stacheln kennzeichneten ihr Eheleben.

»Gestern ist er schon wieder nicht nach Hause gekommen und trudelte erst irgendwann in der Nacht ein, ohne mir vorher Bescheid zu sagen. Als er heute Morgen zur Arbeit wollte, habe ich ihn darauf angesprochen und gesagt, dass mir das wehtut. Keine Reaktion. Und als ich fragte, was denn los war: keine Reaktion. Dann habe ich ihn kurz angebrüllt. Na ja, sagen wir mal so, ich bin ein bisschen lauter geworden. Da sagte er: ›Das geht dich nichts an. Es kam was dazwischen.‹ Und wieder stand ich mit leeren Händen da. Wenn die Kinder nicht wären …«

»Was wäre dann?«, fragte Melanie.

»Dann würde ich vielleicht doch gehen«, kam es ganz leise.

Und wieder redeten sie, wie schon so oft, über Lauras Trennung von ihrem Ehemann. Und wieder gab es so viele Argumente dagegen. Die Kinder natürlich: Würde sie es schaffen, alleine mit den Kindern klarzukommen? Würde sie finanziell über die Runden kommen? Würde sie wenigstens halbtags einen Job finden? (Zurzeit verbot ihr ihr Mann, arbeiten zu gehen. Sie habe ganz für ihn da zu sein.) Aber die Zukunftssorge war es nicht. Es musste etwas anderes sein, was sie hielt.

Ihre Freundin meinte: »Immer verteidigst du deinen Mann. Das ist ja kaum mehr mit anzuhören! Ich hab' ja Geduld, aber … Ehrlich gesagt, in unseren ganzen Diskussionen darüber steckt doch irgendwie der Wurm drin.«

Laura G. wurde nachdenklich. »Ja, du hast sicher recht. Aber so für sich genommen ist das doch jedes Mal nicht so schwerwiegend, was er mir antut. Das kann doch mal passieren. Ist zwar schlimm. Aber nicht so schlimm, dass ich mich gleich trennen muss.«

Wenn sie jedes einzelne Ereignis isoliert betrachtete, fand sie immer Relativierungen und Entschuldigungen. Die gesamte Kette der Erfahrungen betrachtete sie nicht. Bis ihre Freundin ihr deutlich sagte: »Von ›gleich‹ und trennen ›müssen‹ kann ja nun absolut nicht die Rede sein. Aber nach all dem, was ich von dir höre, lässt du dich entwürdigen. Das tut dir bestimmt weh, aber ich muss es dir sagen, auch wenn du es vielleicht nicht von mir hören möchtest: Du lässt dich entwürdigen. Wo ist denn dein Gefühl für Würde geblieben? Hast du das verloren?«

Laura G. erschrak. Dass die Erfahrungen mit ihrem Mann etwas mit ihrer Würde zu tun haben könnten, daran hatte sie noch nicht gedacht. Das war ein Schock, der sich als heilsam erweisen sollte.

Ihre Freundin fuhr fort: »Kannst du es mit deiner Würde vereinbaren, so behandelt zu werden? Was er gestern Abend gemacht hat und wie er dich heute Morgen hat auflaufen lassen? Könntest du das mit deiner Würde vereinbaren, einen anderen Menschen so zu behandeln? Was würdest du mir sagen, wenn ich mich so behandeln ließe?«

Diese Fragen leiteten einen längeren Prozess ein, in dem sich Laura G. mit ihrer Würde beschäftigte und schließlich die Erfahrungen mit ihrem Mann als eine Kette von Erfahrungen der Entwürdigung betrachten musste. Dieser Prozess war nicht einfach und es gab einige Windungen und Wendungen. Doch er gelang. Sie kam zu dem Ergebnis: Es reicht! Sie warf ihn aus der gemeinsamen Wohnung heraus und reichte die Scheidung ein.

Das Würde-Herz

Elli W. war krank, körperlich krank, aber vor allem beziehungskrank. Sie hatte einen Liebsten – in dieser Liebesbeziehung verdichtete sich alles Gute und alles Schlechte, was sie in der Liebe erleben konnte. Alle Freundinnen und Bekannten sagten: »Du musst dich von ihm trennen. Das geht doch nicht.« Doch sie schaffte es nicht.

Gründe, sich zu trennen, gab es viele. Das wusste sie selbst. Immer wenn sie etwas von ihm wollte, ging sie ins Leere. Wenn sie ihn etwas fragte, was sie auf dem Herzen hatte, verstummte er. Er stellte sich keiner Auseinandersetzung, vertrug keine Kritik, war sofort beleidigt. Elli W. kümmerte sich viel um ihn, auch als er einen Unfall hatte oder wenn er krank war. Dann durfte sie ihm nah sein. Doch danach stieß er sie wieder zurück. Wenn es ihr schlecht ging, war er nicht da … Kurz: Keiner verstand, was daran eine Liebesbeziehung sein konnte.

Doch Elli W. schaffte es nicht, sich von ihrem Freund zu trennen. »Das würde mir das Herz herausreißen.« Sie fühlte sich krank, beziehungskrank und auch körperlich krank. Die Situation überforderte sie. Ins Leere zu gehen, das kannte sie von ihren Eltern zur Genüge. Sie wusste, dass es ungesund war, diese Erfahrung von Leere immer weiter fortzusetzen.

Elli W. schämte sich, weil sie keine Lösung fand und den drängenden Ratschlägen ihrer Freundinnen nicht folgen konnte. Dass machte alles noch schlimmer. Sie sagte: »Es ist, wie mit dem Rauchen aufzuhören. Das geht ein, zwei Tage gut und dann kommt ein kleiner Anstoß und ich schaffe es nicht mehr.« Sie fühlte sich sehr zerrissen.

Sie suchte therapeutische Hilfe. Die Therapeutin sagte: »Offenbar gibt es hier zurzeit keine Entweder-oder-Entscheidung. Wenn ich Sie richtig verstanden habe, dann können Sie so nicht weitermachen, weil Sie immer kränker werden, und sich nicht trennen, weil Ihnen das das Herz herausreißen würde. Und ohne Herz können wir ja nun mal nicht leben. Lassen Sie uns versuchen, den Weg zu finden, der für Sie der richtige ist, und schauen wir, welche Schritte für Sie möglich sein könnten.« Die Therapeutin bat Elli W., die Herzen zu malen, die sich in ihrer Brust befinden und die sie zerreißen.

Elli W. malte ein Herz, ein kleines verwundetes Herz: »Das ist voller Angst und verzehrt sich. Es ist total verletzt.« Sie redeten lange darüber, dass dieses Herz danach verlangte, ernst genommen und gewürdigt zu werden. Das Gespräch darüber tat Elli W. gut. Es war gut, dass sie sich zuhören konnte und dass sie von der Therapeutin angehört wurde. Das war viel besser, als von anderen immer wieder zu hören: »Du musst. Du musst.«

Dann malte Elli W. drei andere Herzen. Ein kraftvolles Herz, ein zärtliches Herz, ein liebendes Herz (das sich vor allen ihren Kindern zuwandte). Sie legte auf Anregung der Therapeutin diese drei Herzen um das kleine verwundete Herz herum. Ihr wurde deutlich, dass diese und noch mehr Herzen in ihr lebten und ihre Achtung verlangten.

Dann gestaltete sie ein Würde-Ich-Herz, das bedeutsame Elemente aller vier Herzen enthielt. Ein Herz, dessen Kern das kleine verwundete, verletzte Herz war und das umgeben war von der Kraft, dem Schutz und dem Trost, die den anderen Herzen innewohnten. Damit gab sie allen vier Herzen ihren würdigen Platz in dem einen.

Ihr Würde-Ich-Herz wurde schließlich ihr Maßstab für ihr weiteres Handeln ihrem Liebsten gegenüber. Wenn sie zum Beispiel merkte, dass ihre Not im Alleinsein zu groß wurde, dann befragte sie ihr Würde-Ich und erhielt manchmal die Erlaubnis, ihn anzurufen. Es sagte ihr dann, dass diese Entscheidung in der momentanen Situation und Gefühlslage für sie gesünder war, als darauf zu warten, dass er sich meldete. Oder wenn sie bei ihm war und merkte, dass es ihr hier gerade nicht gut ging, dass sie dabei war, den Respekt vor sich selbst zu verlieren, dann erhielt sie mithilfe ihres Würde-Ichs die Erlaubnis, zu gehen. Sie riskierte dabei, dass sie danach vielleicht nicht mehr zusammenfinden würden, aber es war besser, als das Gefühl zu haben, ihm nachzulaufen und die schlechte Atmosphäre auszuhalten. Sie akzeptierte, dass sie und ihr Liebster verbunden waren und nicht voneinander lassen konnten, warum auch immer. Und sie akzeptierte vor allem, dass sie im Moment entscheiden musste, und dies mithilfe ihres Würde-Ichs auch konnte, ob sie näher heranwollte oder weiter weg. Der Moment entschied.

Sie gab sich damit die Erlaubnis, ihrem inneren Kompass zu folgen. Aus dem rigiden »Du musst« wurde in manchen Situationen und Momenten ein »Du darfst«. In anderen Situationen und Momenten erklang das »Muss« in einer entscheidend anderen Tonlage als früher. Den Satz »Du musst (jetzt) gehen« nahm sie als Botschaft ihres Würde-Ichs wahr. Und dessen Stimme klang nicht hart, beschämend und demütigend, sondern wertschätzend, warm, manchmal fast zärtlich, in jedem Fall unterstützend, sicher und stark. So konnte sie Ja sagen: »Ja, ich muss jetzt gehen.«

Dieser Prozess führte im Verlauf eines Jahres zur Trennung. Zu einer Trennung, die ihr nun nicht mehr das Herz zerriss, sondern in der sie sich traurig, sehr traurig, doch aufrecht und aufrichtig verabschieden konnte.

Mein Platz, meine Haltung

»Ich weiß einfach oft nicht, was ich will«, erzählt Susanne B., »doch wenn dann meine Partnerin entscheidet und ich das mitmache, dann bin ich danach unzufrieden und unsicher.« So wie Susanne B. geht es uns wahrscheinlich allen manchmal. Wir haben keine klare Meinung und überlassen es deswegen unserem Partner oder unserer Partnerin, zu sagen, wo es langgeht. Das ist normal. Das ist üblich. Wir müssen nicht immer zu allem einen eindeutigen Standpunkt haben. Manchmal ist es uns egal oder wir sind selber noch auf der Suche. Oder froh, dass der oder die andere eine Entscheidung trifft, an der wir uns orientieren können, um dann zu wissen, ob wir sie wollen oder nicht.

Doch manchmal hinterlässt die Entscheidung des oder der anderen oder die Tatsache, dass sie oder er eine Entscheidung trifft, einen schalen Nachgeschmack, manchmal auch Ärger oder zumindest Unzufriedenheit. Wenn sich diese Erfahrungen häufen, dann kann das ein Hinweis darauf sein, dass der eigene Platz im Rahmen der Partnerschaft zu unsicher ist. Nicht die Partnerschaft an sich steht infrage, sondern das Wie der Partnerschaft und dabei vor allem die eigene Haltung innerhalb der Partnerschaft.

Susanne B.s Selbstbewusstsein war nur schwach entwickelt. Vor allem wusste sie nicht, was sie wollte, was sie wünschte, was sie forderte, was sie erwartete ... Manchmal spürte sie einen Impuls in Richtung eines bestimmten Wunsches, traute sich aber nicht, ihn zu äußern. Viel häufiger wurde ihr dieser Impuls gar nicht erst bewusst. Er erstickte im Vorfeld. Oft war sie viel zu schnell, wenn sie eine Antwort gab. Sie meinte, sofort eine Antwort geben zu müssen. Als sie merkte, dass sie wenigstens einen kleinen Moment Zeit braucht, um zu überlegen, wurde es besser.

Sie erzählt: »Ich glaube, ich brauche immer zunächst einmal eine Pause. Ich gehe sonst viel zu schnell über mich hinweg. Ich brauche ein, zwei Momente, manchmal auch eine halbe Minute, um überhaupt zu spüren, was ich möchte. Es geht mir überhaupt nicht darum, dass es immer nach meinem Willen gehen soll. Aber ich möchte wenigstens wissen, was ich will. Und ich habe jetzt schon öfter die Erfahrung gemacht, dass meine Partnerin gar nichts dagegen hat, wenn ich sage: ›Augenblick, ich muss mal einen Moment überlegen!‹ Alleine das reicht schon, damit ich mir eine kleine Pause verschaffen kann – und dann auch sagen kann, worum es mir geht. Ich glaube sogar, dass ihr das lieber ist, dass sie mich dann ›besser‹ findet.«

Wir haben beobachtet, dass es in Partnerschaften, die sich prinzipiell wertschätzen, oft gar nicht darum geht, wer von beiden sich wann und wie durchsetzt oder welche Meinung, welcher Vorschlag gewinnt. Zu einem guten Zusammenleben gehört, den jeweils eigenen Platz zu finden, der es beiden ermöglicht, sowohl sich selbst als auch die andere Person mit den eigenen Bedürfnissen, Haltungen und individuellen Besonderheiten zu beachten und zu respektieren. Das geht am besten, wenn sich beide ihres Platzes innerhalb des Beziehungsraums auf ihre Art und Weise sicher sind. In unserem Beispiel heißt das, dass Susanne B. lernen muss oder darf, wie sie ihre Haltung gegenüber ihrer Partnerin möglichst deutlich vertreten kann, was sie braucht und tun kann, um ihre Meinungen, Wünsche und Bedürfnisse möglichst verständlich zu äußern. Nur dann kann sich ihre Partnerin damit auseinandersetzen. Auch wenn viele Menschen darin geübt sind, Erwartungen und Wünsche von den Augen abzulesen, so ist es doch eine Tatsache, dass damit vielen Irrtümern Tür und Tor geöffnet sind. Und wie soll die eine Person wissen oder erahnen, was die andere Person wünscht oder will, wenn diese das selbst nicht weiß? Diese konkrete Frage ist von grundsätzlicher Bedeutung, um eine Partnerschaft auf Augenhöhe und im gegenseitigen Respekt leben zu können.

Das Wagnis der Partnerschaft

Doro V. hatte eine unsichtbare Mauer um sich herum gebaut. Sie hatte früh, als sie vier Jahre alt war, ihre Mutter verloren, die an Krebs gestorben war. Es ging damals alles so schnell. Sie konnte nicht trauern. Von ihrem Vater bekam sie kaum Trost, da seine Trauer in eine Depression mündete, in deren Folge er sich von seiner Tochter zurückzog. Zumindest kam es Doro V. so vor.

Auch später schloss sie in der Schule kaum Freundschaften. Alle anderen hatten eine beste Freundin, sie aber nicht. So blieb es bis weit in ihr Erwachsenenalter hinein. Dabei sehnte sie sich nach einer Partnerschaft. Sie wollte lieben und geliebt werden. Wie das ging, wusste sie allerdings nicht. Sie lebte ihre Sehnsucht aus, indem sie Romanen und Filmen eine zentrale Bedeutung in ihrem Lebensalltag zuwies. Bei wirklichen Begegnungen mit anderen Menschen stand eine unsichtbare, aber spürbare Mauer zwischen ihr und den anderen. Doch dann kam Manfred. Manfred verliebte sich in Doro. Und er zeigte es ihr. Sie konnte es kaum glauben. Sie testete ihn, ob er es ernst meinte oder nicht. Sie wies ihn zunächst spröde zurück, ließ sich dann nach und nach auf ihn ein, wurde dann wieder abweisend und verschreckte ihn. Doch Manfred blieb hartnäckig. Er spürte die unsichtbare Mauer, die Doro zwischen sich und ihm immer wieder aufzubauen versuchte. Doch seine Liebe war stärker. Er wollte die Partnerschaft mit dieser Frau, egal was sie anstellte, um ihn auf Abstand zu halten.

Doro V. war verwirrt. Da war nun ein Partner, der sie wollte. Genau, was sie sich immer schon ersehnt hatte. Sie spürte Überraschung und Aufregung. Aber was sie tun sollte, wusste sie nicht. Sie mochte Manfred, aber liebte sie ihn? Sie spürte vor allem Angst. Und immer wieder kam dieses große Misstrauen. »Mich hat doch noch nie jemand wirklich gemocht. Wie kann ich jetzt geliebt werden? Vielleicht steckt da etwas anderes dahinter? Vielleicht will er nur etwas von mir, was ich nicht kenne? Was ist, wenn er mich verlässt?«

Wenn Menschen in ihrem Leben etwas verloren haben oder ihnen etwas genommen wurde, dann ist es oft sehr entscheidend, ob sie in der Zeit danach getröstet wurden und mit anderen Menschen gemeinsam trauern konnten. Gelang dies nicht, war niemand da, waren sie alleine, dann kann sich wie bei Doro V. eine unsichtbare Mauer zwischen ihnen und der Umwelt aufbauen. Unbewusst schützen sie sich davor, sich auf andere Menschen einzulassen, vielleicht um nicht wieder verlassen zu werden, nicht wieder alleine dastehen zu müssen, vielleicht um die frühere schmerzliche Erfahrung nicht wieder erleben zu müssen.

Doro V. hatte schon Erfahrungen mit ihrem Würde-Ich gemacht. Sie war entschlossen, es zurate zu ziehen. Zunächst wusste sie nicht, welche Frage sie genau stellen sollte. Etwa: »Darf ich lieben? Kann ich Manfred trauen? Bin ich liebenswert? Was will der eigentlich von mir?« Sie stellte alle Fragen auf einmal und war ganz durcheinander. Dann träumte sie von einem großen Baum, einer Birke. Sie liebte Birken. Als sie mit dem Bild der Birke vor Augen aufwachte, war sie sehr aufgeregt. »Vielleicht bin ich das. Vielleicht bin ich dieser Baum, den ich so liebe.« Sie wusste, dass Birken lange Wurzeln haben und sich von überall her Wasser holen, und erkannte: »Ja, ich brauche Wasser. Ja, ich brauche Nahrung. Das ist meine Sehnsucht.« Und plötzlich wurde sie ganz traurig und sie weinte. Sie sah sich selbst nach dem Tod ihrer Mutter als kleine Birke, die zu wenig »Wasser«, zu wenig »Nahrung« erhalten hatte – die vieles gebraucht hätte, aber in ihrem Schmerz ungetröstet geblieben war. Nun war sie eine große Birke. Nun war sie erwachsen und konnte selbst entscheiden, ob sie mit dem, was ihr wichtig war, alleine fertigwerden musste oder ob sie dies mit anderen teilen konnte. Sie empfand den Traum als Botschaft ihres Würde-Ichs und beschloss, Manfred davon zu erzählen. Von seiner Reaktion wollte sie ihr weiteres Verhalten ihm gegenüber abhängig machen. Sie war unsicher. Doch diesen einen Schritt wollte sie unternehmen, wollte sie wagen …

Eine Partnerschaft einzugehen, ist ein Wagnis. Alle Erfahrungen mit missglückten oder abgebrochenen Beziehungen klopfen an und bringen sich in Erinnerung. Manche warnen, manche verhindern sogar neue Partnerschaften, wie dies beinahe bei Doro V. geschehen wäre. Doch es lohnt sich auch hierbei, das Würde-Ich zu befragen. Viele Menschen bemerken dann, dass sie im Vergleich zu früheren Zeiten, als sie Verluste oder entwürdigende Erfahrungen erleben mussten, den aktuellen Situationen nun gewachsen sind. Sie erkennen, dass sie sich in ihrer Würde entfaltet haben und dass sie nicht mehr so hilflos auf andere angewiesen sind wie in früheren Situationen. Sie trauen sich zu, einen erneuten »Griff in die gleiche Kiste« der entwürdigenden Abhängigkeiten (schneller) beenden zu können. Mit dieser Haltung der Selbstachtung und Selbstwürdigung kann das Wagnis, eine Partnerschaft einzugehen, gelingen.

Der unsichtbare Klebstoff

Manchmal kleben Paare aneinander, ohne dass sie verstehen, warum. Selbst ihre Freunde und Freundinnen sagen manchmal, dass es doch eine Erlösung wäre, wenn das Paar sich trennen würde. So ähnlich ging es Iwan und Anja. Sie hatten eine gute Zeit gehabt, ein, zwei Jahre lang. Doch dann, einige Monate nachdem sie zusammengezogen waren, verloren sie das Interesse aneinander. Sie langweilten sich. Mehr noch: Sie fühlten sich vom anderen eingeschränkt und in ihrer Persönlichkeit unterdrückt. Es kam zu Vorwürfen, zu Streit, der aber nie ein wirkliches Ende fand, sondern immer wieder versickerte. Und dann ging es weiter und immer weiter bergab.

Beiden ging es schlecht. Sie suchten einen Paartherapeuten auf. Dieser bat sie nach einiger Zeit, ein großes Blatt Papier zu nehmen und ihren Lebensweg zu malen, von ihrer Geburt bis dahin, wo sie sich kennengelernt hatten. Er begründete diesen Vorschlag damit, dass es manchmal gut sei, voneinander die Vorgeschichte zu kennen. In jedem Fall könne es nicht schaden, wenn sie beide sich ein wenig von ihrer Biografie erzählten. Iwan und Anja zögerten erst, weil sie dachten: »Wir wissen doch schon so viel vom anderen. Aber gut, probieren wir es.« Beide malten konzentriert.

Dann zeigten sie sich gegenseitig ihre Bilder, besprachen erst das eine, dann das andere. Das war interessant und es waren viele Ereignisse und Geschichten dabei, die sie von der Partnerin bzw. dem Partner noch nicht erfahren hatten. Dadurch kamen sie sich näher, zumindest ein wenig. Dann wies der Therapeut darauf hin, dass es bei Iwan und Anja jeweils einen Wegabschnitt gab, der sehr grau und dunkel gezeichnet war. Bei Anja war ein Teil des Weges schwarz schraffiert, als wäre er von einem dunklen Nebel umhüllt. Bei Iwan gab es schwarze Zacken, die wie Blitze wirkten. Es stellte sich heraus, dass beide massive Erfahrungen der Entwürdigung gemacht hatten. Anja musste in ihrer Jugend fast ein Jahr lang bei ihrer Großmutter leben. »Die war böse. Die hat mich nicht gemocht. Ich war ihr eine Last. Sie hat mich oft geschlagen. Ich bekam kaum etwas zu essen. Das war schlimm. Ich war ein Stück Dreck.« Iwan hörte erschrocken zu. Das hatte er von Anja noch nie gehört. Er zeigte ihr, wie sehr es ihm leidtat, dass Anja so etwas widerfahren war.

Dann wandten sie sich den schwarzen Blitzen auf Iwans Weg zu. Iwan war als Kind aus Bulgarien nach Deutschland gekommen und hatte eine Zeit lang mit seinen Eltern in einem Wohnheim gelebt. Dort gab es zwei Jungs, die ihn wiederholt verprügelten. Er traute sich nicht, seinen Eltern davon zu erzählen. Die beiden hatten ihm angedroht, ihn dann umzubringen. Sie lauerten ihm immer wieder auf und schlugen ihn grün und blau. Wenn seine Eltern etwas von den Verletzungen sahen, redete er sich damit heraus, er wäre hingefallen oder das käme vom Sportunterricht. Auch Anja war erschrocken und zeigte Mitgefühl.

Beide hatten entwürdigende Erfahrungen erlebt. Solche gemeinsamen Erfahrungen können wie ein unsichtbarer Klebstoff Beziehungen zusammenhalten. Oft sind es auch Gemeinsamkeiten in der Gefühlswelt als Folge von entwürdigenden Erfahrungen, die sehr schwer aufzuspüren sind, wie selbstverständlich gewordene Einsamkeit, Schuldgefühle ohne Schuld, verbotene Trauer, Sehnsucht nach Zugehörigkeit oder Leichtigkeit oder Ähnliches. Paare finden sich oft, gänzlich unbewusst, weil sie ähnliche Erfahrungen haben. Das verspricht im günstigen Fall eine lebendige Beziehung, die nicht klebt, aber verbindet. Im Fall der entwürdigenden Erfahrungen versprechen sich die betroffenen Menschen von der oder dem jeweils anderen vielleicht unbewusst eine Rettung. Fast immer ist es so, dass diese gemeinsamen Erfahrungen, zumindest solange ihre Gemeinsamkeit unbewusst ist, nicht miteinander geteilt werden können und nicht geteilt werden. Anja und Iwan durften als Kinder über ihre Erfahrungen der Entwürdigung nicht sprechen und sie sprachen auch miteinander nicht darüber. Dass sie nun davon erfahren hatten, hatte den unsichtbaren Klebstoff gelöst. Sie verstanden einander mehr und sie waren über etwas, was sie und ihre Beziehung belastete und bedrückte, miteinander ins Gespräch gekommen.

Solche gemeinsamen Erfahrungen der Entwürdigung zu teilen, reicht nicht aus, um eine glückliche Partnerschaft zu leben. Doch das Geröll zur Seite zu räumen, dass das Glück verhindert, kann ein Anfang dazu sein.

Die Angst vor dem Versagen

Die Angst, zu versagen, ist kraftvoll. Was tun Menschen nicht alles, um sich selbst kein Versagen eingestehen zu müssen! Was tun sie nicht alles, um gegenüber anderen nicht als Versager dazustehen! Diese Angst ist oft so groß – darüber staunen wir häufig –, dass manche Menschen lieber den Respekt vor sich verlieren und Entwürdigungen hinnehmen, als sich ihrem sogenannten »Versagen« zu stellen.

Lennart T. zum Beispiel war in seiner Ehe unglücklich. Lange Zeit. Seine Frau offensichtlich auch. Sie gingen schließlich zu einer Paarberatung. Schon nach kurzer Zeit wurde deutlich, dass seine Ehe keine Zukunft mehr hatte. Die Liebe war erloschen, wenn sie je gebrannt haben sollte. Der Alltag bestand aus kaltem Schweigen und kaltem Krieg. Es gab keine Zärtlichkeit, keine Nähe, kein Vertrauen. Lennart T. litt und fühlte sich nahezu täglich verletzt. Er konnte manchmal über seine Verletzungen reden, zumindest ein wenig. Doch er war nicht in der Lage, sich einzugestehen, dass die Ehe gescheitert war. Seine Frau schon. Er wollte »kämpfen«, auch wenn er wusste und spürte, dass dieses Bemühen keinerlei Aussichten auf wirklichen Erfolg hatte. Als die Paarberaterin ihn fragte, was denn geschehen würde, wenn die Ehe auseinanderginge, antwortete er: »Dann hätte ich versagt. Dann wäre ich ein Nichts.«

Solche Geschichten hören wir häufig. Und wir haben uns damit beschäftigt, welche vielfältigen Bedeutungen dieses Wort »versagen« hat.

Lennart T. zum Beispiel versagte seine Zustimmung zum Entschluss, die für ihn und seine Frau unglückliche Ehe zu beenden. Er hatte lange Zeit nichts gesagt, hatte sich versagt, über sein inneres Unglück mit seiner Frau zu sprechen. Die Aussage »Du bist ein Versager!« bedeutete für ihn wie für alle Menschen, die mit ihr bedacht werden: »Du bist nichts wert. Du funktionierst nicht normal.« Zu versagen, zu scheitern ist für die meisten Menschen mit tiefer Scham verbunden. Lennart T. versuchte alles, sich dieser Scham zu versagen, sich vor ihr zu verstecken. Er hatte Angst, vor der Welt als Versager dazustehen, Angst vor dieser Beschämung durch andere. Aber vor allem fürchtete er, vor seinen eigenen Augen als Versager dazustehen. Das war für ihn unerträglich.

Diese zweite Bedeutung des Wortes »versagen« ist, dass man auf etwas verzichtet, sich etwas nicht gönnt oder nicht bereit ist, auf die eigenen Wünsche einzugehen. Lennart T. versagte sich seine Wünsche nach einer liebevollen Partnerschaft. Er versagte es sich, aus den alltäglichen Verletzungen herauszutreten, die gescheiterte Ehe zu beenden, um offen zu sein für das, wonach er sich sehnte. Seine Angst, zu versagen, ein Nichts zu sein, engte sein Selbstwertgefühl und seine Selbstachtung in einem Maße ein, dass sie ihm als Kompass für sein Fühlen und Handeln nicht mehr zur Verfügung standen.

Manche Paare bleiben zusammen, weil sie als Eltern nicht versagen wollen: »Es ist für die Kinder das Beste, wenn wir zusammenbleiben, auch wenn die Ehe nicht mehr funktioniert.«

Keine Frage: Kinder wollen zumeist in der Tiefe ihres Herzens, dass ihre Eltern zusammenbleiben, und nicht zuletzt tun sie oft viel, viel zu viel, dafür. Selbstverständlich sind wir der Meinung, dass zum Wohl der Kinder Ehen oder langfristige Partnerschaften nicht leichtfertig aufgegeben werden dürfen. Es lohnt sich, sich um ihren Erhalt zu bemühen und dafür gegebenenfalls auch Hilfe in Anspruch zu nehmen. Doch das Verantwortungsgefühl für die Kinder kann und darf nicht bedeuten, dass man ein unwürdiges und unglückliches Leben zu führen bereit ist. Und auf keinen Fall darf es die Kinder dazu »missbrauchen«, sich um schmerzliche Auseinandersetzungen und Entscheidungen zu drücken, wenn man eigentlich weiß, dass es keine glückliche Lösung mehr gibt. Wer in einer Ehe oder Partnerschaft unglücklich ist, ja sich sogar verletzt und erniedrigt fühlt, sollte diese beenden, wenn es keine Aussicht auf Veränderung gibt und die Liebe erloschen ist – auch im Interesse der Kinder. Denn Kinder spüren, ob die Eltern aus Liebe oder zumindest mit Zärtlichkeit und Vertrauen zusammenleben oder es nur aus anderen Gründen in einer Zwangsgemeinschaft aushalten. Kinder empfinden es als belastenden Druck, wenn sie merken, dass die Eltern unglücklich sind und nur ihretwegen die Partnerschaft fortsetzen. Wir haben so oft von Erwachsenen gehört: »Als Kind habe ich gebetet, dass meine Eltern sich endlich trennen. Die Spannung zwischen ihnen war nicht auszuhalten.« Oder: »Meine Mutter sagte mir, dass sie wegen mir bei meinem Vater geblieben ist. Ich habe sie dafür gehasst. Sie hat sich so fertigmachen lassen, das war schlimm mit anzusehen.«

Die Eltern sind Vorbilder für ihre Kinder. Wenn sie unglücklich und unwürdig mit dem Partner oder der Partnerin zusammenleben, dann zeigen sie ihren Kindern ein schlechtes und negatives Bild von Partnerschaft und Ehe. Wenn Eltern würdigen, was ist, und möglichst fair und auch für die Kinder möglichst nachvollziehbar eine Ehe oder andere Partnerschaft beenden, dann und nur dann können sie den Kindern ein Vorbild an Wahrhaftigkeit und Selbstwürdigung bieten. Das Wichtige ist, dass die Eltern ihren Kindern nicht die Entlastung versagen, dass sie, die Kinder, nicht schuld sind, sondern dass sie als Eltern die Verantwortung für das Scheitern tragen. Und dass sie ihren Kindern, so gut es irgend möglich ist, die Sicherheit geben, dass ihnen trotz der Auflösung der Liebes- und Paarbeziehung die Liebe und Verantwortung, die dem Versprechen der Elternschaft innewohnen, erhalten bleiben.

Der Verrat

Achmed B. lebte seit 40 Jahren in Deutschland. Er sprach perfekt Deutsch, hatte Informatik studiert und war Programmierer geworden. Mit einem Kollegen, der ebenfalls türkische Wurzeln hatte, gründete er eine Firma. Sie arbeiteten viele Jahre sehr erfolgreich zusammen. Doch dann merkte Achmed B., dass das Geld seit Monaten knapper wurde, ohne dass er es sich erklären konnte. Er sprach seinen Kollegen, der sich überwiegend um die finanziellen Dinge kümmerte, darauf an. Dieser meinte, das wären die normalen Schwankungen im Geschäft, außerdem hätten einige Kunden noch nicht bezahlt. Doch nach einigen Wochen wurde Achmed B. wieder misstrauisch, weil sich nichts änderte, obwohl er viele Aufträge bearbeitete. Er blieb eines Abends im Büro und überprüfte die Finanzunterlagen. Dabei fand er heraus, dass sein Partner ihn wahrscheinlich hintergangen hatte. Es gab zahlreiche seltsame Zahlungen für Rechnungen, die er sich nicht erklären konnte. Er beauftragte seinen Steuerprüfer, die Finanzunterlagen durchzusehen. Das Ergebnis war, dass sein Partner ihn betrog. Wie sich nun, als Achmed B. seinen Partner darauf ansprach, herausstellte, hatte dieser eine eigene Firma gründen wollen und hatte dafür Geld aus der gemeinsamen Firma herausgezogen.

Achmed B. fühlte sich verraten. Sein Partner hatte ihn hintergangen, belogen, betrogen und bestohlen. Mithilfe eines Dritten trennten sie die geschäftliche Partnerschaft, was für Achmed B. einen großen finanziellen Verlust bedeutete. Aber etwas anderes war viel schlimmer: Er lag danieder, er war geknickt und deprimiert. »Ich bin am Boden zerstört«, sagte er.

Er meinte erst, diese Stimmung würde nach einigen Tagen oder Wochen vorbeigehen. Doch sie hielt sich hartnäckig. Das ist nicht ungewöhnlich, sondern eine leidvolle, anhaltende Folge von Verrat, die viele Menschen ertragen müssen. Wer sich verraten fühlt, ist oft in seiner Existenz und Identität bedroht, ist fundamental verletzt und in seiner Würde missachtet. Achmed B. schwankte zwischen dem Impuls, sein Geschäft ganz aufzugeben, »weil ich mich ja doch davon nicht mehr erholen werde«, oder aber sich zu rächen und seinen ehemaligen Partner »fertigzumachen«. Doch schließlich dachte er: »Wenn ich jetzt aufgebe oder wenn ich mich hier in Hass und Kampf verzettele, dann mache ich nur das, was der Verräter möchte. Dann spiele ich nur sein Spiel. Nach seinen Regeln. Und das spielt er besser als ich. Das kann ich nicht gewinnen.« Mithilfe von Freunden, die ein starkes Interesse daran hatten, dass es ihm gelang, sich wieder aufzurichten, entschied er, dass die beste Rache, der beste Weg aus der Niederlage darin bestünde, gut zu arbeiten, gut zu überleben und vor allem gut zu leben. Das war es, was er wollte: »Ich lasse mich nicht fertigmachen. Ich lasse mich nicht kaputtmachen. Das möchte ich dem Verräter nicht gönnen.«

Er schaffte es. Seine Firma florierte. Seine Hauptkunden blieben ihm treu und vor allem fand er seine Selbstachtung zurück. Er konnte sich verzeihen, dass er auf den Expartner hereingefallen war. Das war das Wichtigste. Gegen Verrat gibt es keinen Schutz.

Im Nachhinein fallen einem immer Anzeichen auf, die man hätte beachten müssen. Die Schuldgefühle des verratenen Menschen sind zwar verständlich, treffen aber den Falschen. Die Schuldgefühle gehören eigentlich zu den Verrätern und Verräterinnen, auch wenn sie meistens diejenigen sind, die sie nicht haben. Die Verräter/-innen haben Schuld und die Opfer haben nur den »Fehler« gemacht, zu vertrauen. Dies zu erkennen, ist der erste Schritt, die eigene Würde wiederzufinden.

Sich selbst und anderen treu sein

Treu zu sein beschreibt eine grundlegende Charaktereigenschaft: Jemand ist verlässlich und stabil in seinen Verbindungen zu anderen Menschen, zu Orten, zu Gegenständen, zu Werten und anderem mehr. Doch zumeist wird das Wort Treue als Beschreibung einer Haltung in Partnerschaftsbeziehungen benutzt. Gemeint ist in der Regel das Gegenteil von Untreue, also nicht »fremdzugehen« oder die Partnerin oder den Partner nicht zu verlassen.

Mit dieser Treue ist es eine seltsame Sache. Umfragen ergeben, dass nahezu jeder Partner und jede Partnerin in einer Ehe oder festen Beziehung wünscht, dass der Partner oder die Partnerin treu ist und treu bleibt. Doch ein Drittel der Frauen und fast die Hälfte der

Männer gibt an, sexuelle Begegnungen außerhalb der festen Beziehungen gelebt zu haben. Nachuntersuchungen, also genauere vertrauliche Interviews, bezweifeln die Zahlen dieser Befragung und gehen davon aus, dass circa 90 Prozent der Männer und 75 Prozent der Frauen im Laufe ihres Lebens fremdgehen.

Dieses untreue Verhalten kann unterschiedlichen Quellen entspringen. Manche Menschen neigen wahrscheinlich generell zur Untreue. Andere entscheiden sich zugunsten des spontanen Lustgewinns durch den Reiz des Neuen, auch auf die Gefahr hin, dass dadurch Risse in der bestehenden Liebesbeziehung entstehen. Sogenannte Seitensprünge können auch ein Anzeichen dafür sein, dass in einer Partnerschaft etwas fehlt oder zu kurz kommt. Und manchmal ist es einfach Liebe und das Gefühl, sich einem neuen Menschen zugehörig zu fühlen und mit ihm ein gutes Leben führen zu wollen. Wie dem auch sei, der Treuebruch wird von den allermeisten Menschen als starke Verletzung erlebt.

Wir wissen keinen anderen Rat als den, sich bei der komplizierten Frage der Treue und der verletzten Treue in der Partnerschaft – sowohl als verletzende wie auch als verletzte Person – mit der Würde und dem Würde-Ich zu beschäftigen: Wie würdige ich meine Partnerschaft? Welchen Wert hat sie für mich? Wie würdige ich mein Interesse an den beteiligten Personen? Was genau heißt das für mich: meine Würde entscheidet? Wie verhalte ich mich, um nicht durch Missachtung der anderen Beteiligten meine Selbstachtung zu verlieren? Wie finde ich zu einem respektvollen Umgang mit mir und den anderen? Wie würdige ich mich?

Und damit sind wir beim nächsten Aspekt von Treue: sich selbst treu zu sein. Das heißt, zu seinen Werten und Überzeugungen, zu seinen Grundgefühlen und Grundbedürfnissen zu stehen. Dazu ist es wichtig, all diese Werte, Gefühle und Bedürfnisse zu kennen, um sie zu bewahren und zu verteidigen. In dieser Hinsicht Selbstbewusstsein zu entwickeln, ist die Voraussetzung dafür, so zu handeln, dass man sich selbst respektiert.

Dabei kann es Konflikte geben: Bleibe ich mir selbst treu und stehe zu meinen Werten, was in der Konsequenz bedeuten kann, eine Beziehung zu beenden – sei es die alte oder die neue – und der anderen treu zu sein? Wir plädieren sehr dafür, das Gefühl der Treue ernst zu nehmen, UND betonen, dass damit nicht die Treue zu den eigenen Gefühlen, Werten und Lebensperspektiven begraben werden darf. Wir können keinen Rat geben, wie Sie sich entscheiden sollten, wenn Sie in eine solche Situation kommen. Wir können Ihnen hier lediglich eine Orientierung geben, nicht mehr und nicht weniger. Wenn Sie sich mit diesem Thema beschäftigen wollen oder müssen, dann suchen Sie Ihre Antworten auf unsere Leitfragen. Es gibt keine Standardantworten und wir wehren uns dagegen, mit allgemeinen Aussagen die moralische Keule zu schwingen.

Wir empfehlen Ihnen, Ihr Würde-Ich zu befragen. Welche Werte habe ich? Was ist mir wirklich wichtig? Wie will ich sinnvoll und sinnhaft leben? Solche Fragen zu stellen und möglichst offen und ehrlich zu beantworten, das ist der Weg der Würde und Würdigung.

DAS WÜRDE-ICH IN AKTION: WENN KINDER IN IHREM LEBEN EINE ROLLE SPIELEN

Wenn ein Kind geboren wird, hat dies für die Familie, welche Personen auch immer sich dazu zählen mögen, gravierende Folgen. Es geht nicht nur um unterbrochene Nächte, Windeln und Fläschchen – die Beziehungen aller Familienmitglieder untereinander ändern sich mehr oder weniger. Ebenso der Lebensrhythmus jedes und jeder Einzelnen und der Familie als Ganzem, die Prioritäten im Leben, die Aufgaben und Verantwortlichkeiten, die Visionen und Ziele und der Sinn des Lebens, das Bedürfnis nach Sicherheit, Schutz und Parteilichkeit, nach Ruhe und Abenteuer ... Alles wird anders. Diese Tatsache gilt es zu würdigen. Jede Familie, jedes Mitglied geht anders damit um. Es gibt keine einfachen und erst recht keine eindeutigen oder allgemeingültigen Lösungen. Das eigene Leben auch als Elternteil und in der Partnerschaft so gut wie möglich weiterzuleben, gelingt nicht »einfach so«. Der innere Kompass muss sich neu einstellen und neu einstellen dürfen: Was bedeuten jetzt in konkreten Handlungs- und Entscheidungssituationen Selbstwürdigung, Selbstachtung, Respekt angesichts des abhängigen kleinen neuen Menschen? Was für die gelebten Werte innerhalb der Familie? Welche Bedeutung haben alle diese Neuorientierungen auch und gerade für die Mitglieder in sogenannten Patchworkfamilien in all ihren Erscheinungsformen, in denen es besonders für die Kinder, die irgendwie ihren Platz innerhalb der neuen Beziehungsgeflechte finden müssen, komplizierte Aufgaben zu lösen gibt?

Unserer Meinung nach sollten alle Versuche, eine gute Form für ein gutes Leben in einer Familie zu finden, unter dem Aspekt der Lebensleistung gewürdigt werden. Diesen respektvollen Blick von außen brauchen Familien als Unterstützung, um ihre mit den Veränderungsprozessen einhergehenden Probleme lösen zu können. Nur die Betroffenen selbst haben das Recht, ihre Probleme zu beschreiben und Hilfe zu erfragen – natürlich unter der Voraussetzung, dass die Monster der Entwürdigung keine Chance haben. Bei der Suche nach dem eigenen, stimmigen Weg in diesem Veränderungsprozess kann das Würde-Ich der für die Gestaltung des Familienlebens verantwortlichen Erwachsenen eine wichtige unterstützende Rolle spielen. Wenn, ja wenn es einerseits als der treue und konstante Begleiter und Bewahrer der grundlegenden Werte wahr- und ernst genommen wird UND es andererseits immer wieder neuen Handlungsweisen Entfaltungsmöglichkeiten gibt, die über das bisher bekannte Verhaltensrepertoire hinausgehen. Denn diese Bereitschaft und Fähigkeit brauchen Menschen gerade in ihren Beziehungen zu Kindern. Kinder entwickeln sich als eigene und im besten Fall eigensinnige Persönlichkeiten, die uns immer wieder – wenn es gut geht: ein Leben lang – überraschende und herausfordernde, erfreuliche und problematische Begegnungen bescheren.

Familie, Kinder und das große UND

Die Orientierung am Würde-Ich als Kompass für das Familienleben ersetzt die Orientierung an ideologischen Grundsätzen. Jede ideologische Haltung führt unserer Meinung nach Familien in die Irre und überlastet die Menschen. Ideologie orientiert sich an starren Regeln, die eingehalten werden müssen, an Immer- und Nie-Richtlinien und Wenn-dann-Sätzen. Sie maßregeln, sie sagen, was man immer tun muss, nie tun darf, wenn man richtig erziehen und als Familie leben will, und mit welchen Folgen man zu rechnen hat, wenn man Fehler macht.

Wer sich zum Beispiel daran orientiert, tendenziell immer für die Kinder da sein und die eigenen Bedürfnisse immer hintanstellen zu müssen, wird auf Dauer nicht gut mit sich und dem Familienleben klarkommen und die Beziehungen auf Erwachsenenebene, also die Eltern-, Liebes-, Partner- und Freundschaftsbeziehungen, zumindest gefährden. Aber auch die Maxime, die Paarbeziehung und die eigenen Bedürfnisse immer in den Vordergrund zu stellen, führt nicht zu einer lebens- und liebenswerten Haltung, vor allem dann nicht, wenn sie von einem Partner vorgegeben wird. Im Zweifel würde das in der Konsequenz Kindesvernachlässigung oder Ähnliches bedeuten. Einen Ausweg aus dieser »Falle« ist, nicht irgendwelchen ideologischen Grundsätzen oder Prinzipien die Nibelungentreue zu halten, sondern in jeder konkreten Situation zu würdigen, was ist. Fragen Sie sich, wenn Sie sich in dieser Entscheidungsfalle wiederfinden, was Sie in diesem Moment gerne mit Ihrem Kind oder Ihren Kindern unternehmen möchten und was Sie gerne mit Ihrem Partner oder Ihrer Partnerin tun würden. (Wir sprechen hier nicht von Situationen, die aufgrund des Alters des Kindes und seiner Bedürfnisse oder aufgrund Ihres psychischen oder physischen Zustandes gar keine andere Wahl zulassen als eine Entscheidung zugunsten der einen oder der anderen Seite. Ist Ihr Kind beispielsweise krank, gibt es kein Abwägen: Die Fürsorge hat dann Vorrang, alles andere muss abgesagt bzw. bis zur Gesundung aufgeschoben werden.)

Selbstverständlich wissen wir, um bei diesem Beispiel zu bleiben, dass es wichtig ist, viel Zeit mit den Kindern zu verbringen. Gleichzeitig wird immer wieder geraten, dass sich Partner und Partnerin auch regelmäßig Zeit nehmen, sich notfalls »freischaufeln« müssen, damit die Liebesbeziehung nicht gefährdet wird, sondern sich weiterentwickeln kann. Alles ist grundsätzlich richtig. Doch wie soll es gehen, grundsätzlich richtig zu entscheiden? Grundsätzlich gar nicht, meinen wir, um es noch einmal zu betonen. Die Entscheidung muss immer wieder im konkreten Moment gefällt werden und gilt jeweils für die konkrete Situation. Treffen Sie Entscheidungen im Hier und

Jetzt und würdigen Sie Ihre Interessen und Ihre Bedürfnisse, so gut es geht. Dafür brauchen Sie Ihr Würde-Ich, den Respekt vor sich selbst, Ihr Selbstbewusstsein und Ihr Selbstwertgefühl.

Die Grundhaltung des Würde-Ichs besteht in dem großen UND: Ja, Sie brauchen Zeit und Energie für das Kind oder die Kinder. Das gilt es zu respektieren. UND ja, Sie brauchen Energie und Zeit für die Elternbeziehung, die Pflege Ihrer Freundschaften, Ihrer Hobbys und der Selbstfürsorge. Auch das gilt es zu respektieren und dafür kinderfreie Zeiten zu reservieren. Kinder verstehen das im Grunde ihres Herzens, sobald sie ein Bewusstsein dafür haben und sich sicher fühlen können, dass die Eltern und Erwachsenen sich ihnen wieder zuwenden werden.

Das große UND gilt auch in anderen Bereichen der Beziehung zwischen Eltern und Kindern. Wir Eltern haben das Recht auf widersprüchliche Gefühle und Verhaltensweisen gegenüber unserem Kind. Wenn Sie zum Beispiel gerade angefangen haben, die Zeitung zu lesen, oder ein wichtiges Gespräch mit einem alten Freund oder einer Freundin führen und Ihr Kind gerät dazwischen und braucht ganz dringend dieses und jenes – dann haben Sie das Recht zu fühlen, dass Sie dem Kind gerecht werden wollen UND sich gestört fühlen. Sie haben das Recht auf solche Gefühle UND sind dennoch eine gute Mutter oder ein guter Vater. Respektieren Sie sich. Respektieren Sie Ihre Gefühle. Nehmen Sie sie wahr und ernst. Wie Sie dann handeln, steht auf einem anderen Blatt, dem des nächsten Schrittes. Natürlich können Sie sich dazu entscheiden, sich stören zu lassen bzw. dem Bedürfnis des Kindes nach Zuwendung Vorrang einzuräumen. Aber das muss eben nicht immer so sein. Es kann Situationen geben, in denen Sie dem Kind sagen: »Bitte warte. Ich möchte jetzt erst dieses und jenes fertig machen.« Oder auch einfach nur: »Stopp. Jetzt nicht.« Oder in denen Sie sich in einer anderen Art des Kompromisses üben.

Wenn wir Erwachsenen mit Kindern spielen, richten wir uns oft nach ihren Vorschlägen. Das ist gut so. Doch es gibt auch Situationen, in denen wir Erwachsene keine Lust haben, auf die Vorschläge der Kinder einzugehen. Vielleicht weil wir zu müde sind, um Fußball oder Verstecken zu spielen, oder dem Wunsch, am Computer zu zocken, nichts abgewinnen können. Wir meinen, wir haben auch hier das Recht, unsere Abneigung und unsere eigenen Wünsche ernst zu nehmen UND eigene Vorschläge zu wagen UND sich dann miteinander darüber auseinanderzusetzen, was das nun für diese Situation heißen mag. Wir haben die Erfahrung gemacht, dass sich aus diesem Hin und Her der Wünsche und Bedürfnisse oft erstaunliche Kompromisse ergeben, die vorher nicht absehbar waren. Da sagt zum Beispiel die Fünfjährige, die mit der Großmutter mit Legos bauen wollte, großzügig zu ihr, die als Gegenvorschlag »rausgehen und Ball spielen« unterbreitet hatte: »Na gut, wenn duuuu willst.« Und dabei blitzen ihre Augen.

Sich als Erwachsener selbst zu fragen, was man gerne macht bzw. im Hier und Jetzt gerne täte, ist auch in einer anderen Situation einer der besten Tipps: wenn Sie sich nämlich angeboten haben, mit dem Kind zu spielen und seine stöhnende Langeweile zu vertreiben, dem Kind (vor allem im zunehmend jugendlicheren Alter) aber angesichts Ihrer Person nicht einfällt, für welches Spiel Sie gut sein könnten. Wahrscheinlich dringen Sie nur dann durch, wenn Sie sich den Gedanken erlauben: »Du gehst mir auf den Nerv UND ich gebe nicht auf UND ich schlage dir vor …«

Um noch einmal auf den Anfang unseres Kapitels zurückzukommen: Wir halten ideologische Grundsätze für generell untauglich, sowohl für eine gute Erziehung als auch für ein gutes Familienleben. Etwas anderes ist die Orientierung an den Werten des Würde-Ichs. Wir sind der Meinung, dass ein gutes Leben mit Kindern, in der Gegenwart und für die Zukunft, in einer Erziehung bzw. Beziehung liegt, die sich an den Werten des Würde-Ichs orientiert und von einem großen UND geprägt ist.

Noch ein Beispiel für das, was wir meinen. Die Erziehungsregel »Sie müssen immer konsequent sein« kann Eltern, Großeltern und andere Erwachsene verunsichern. Im ideologischen Kontext würde der Satz weitergehen: »Wenn Sie einmal Nein gesagt haben, müssen Sie dabei bleiben! Bleiben Sie bei dem, was Sie einmal verlangt oder verboten haben, bleiben Sie hart.«

Wir würden sagen: »Kinder brauchen Orientierung und Verlässlichkeit, müssen erfahren, was sie dürfen und was nicht. Also bleiben Sie konsequent in dem, was Ihnen wichtig ist, UND bleiben Sie weich, wenn sich Ihre Meinung oder die Ausgangssituation ändert.«

Dazu eine kleine Geschichte:

Ausgesprochen unbeliebt bei vielen Eltern vor allem von Kindergartenkindern ist, wie wir wissen, die morgendliche Aufbruchssituation.

Die Mutter, ihre Hektik und ihren Ärger unterdrückend: »Nun zieh dich doch endlich an. Bitte! Wir müssen weg. Mama kommt sonst zu spät zur Arbeit.«

Das Kind, sehr ernst: »Aber Mama, ich muss doch spielen.«

Da hilft nur ein Schritt beiseite und die Achtung beider Lebenswirklichkeiten, will man einen Machtkampf verhindern, den beide Seiten nur verlieren können. Denn das Kind hat ja recht: Es »muss« spielen, das ist sein Ernst des Lebens, UND die Mutter hat ebenso recht, denn sie muss zur Arbeit.

Konsequent hart zu bleiben ist hier, wie gesagt, keine Option, will die Mutter die Situation nicht mutwillig eskalieren. Also heißt es, das unterschiedliche Erleben der Situation ernst zu nehmen, zu respektieren und wahrhaftig und weich zu bleiben. In diesem Fall hört sich das folgendermaßen an: »Du, das tut mir echt leid, dass ich dich stören muss. Aber es muss sein. Ich muss pünktlich bei der Arbeit sein UND ich will dich vorher noch in den Kindergarten bringen. Also zieh dich jetzt an, bitte … Jaaaa, du darfst heute auch ausnahmsweise deine Schlafanzughose anlassen oder dein Spielzeug mit in den Kindergarten nehmen. Okay?«

Und damit nähern wir uns einem weiteren probaten Gegenmittel gegen die Du-musst-Sätze und all den ihnen ähnlichen Botschaften im beschriebenen Sinne: Das sind die Du-darfst-Botschaften. Die ideologischen Aufforderungen und Regeln machen Druck, und Druck ist ungesund. Druck lässt nur zwei Richtungen zu. Druck engt uns in unseren Beziehungs- und Verhaltensmöglichkeiten ein und macht uns eng. Dazu werden wir später noch ausführlich Stellung nehmen. In diesem Zusammenhang soll die Erwähnung des Druckes nur der Aufforderung Nachdruck verleihen, dass wir Eltern und Erziehungsberechtigten uns möglichst frei machen dürfen von diesen Du-musst-Sätzen, um konkret in der jeweiligen Situation entscheiden zu können und zu dürfen, was für das Kind UND für uns angemessen ist.

»Du darfst«, das heißt zum Beispiel: Sie dürfen auf Verbote und Verhaltensregeln, die Sie als notwendig erachten, bestehen, Sie dürfen streng sein UND auf die Bedürfnisse des Kindes eingehen. Auf das Kind einzugehen heißt nicht, dem Kind immer nachzugeben, das zu tun, was es gerne tun oder haben möchte, sondern zuzuhören, hinzuschauen und sich zu bemühen, die Bedürfnisse des Kindes zu erfassen und ernst zu nehmen. Wenn wir Erwachsenen Bedürfnisse erkennen und ernst nehmen, dann darf unsere Reaktion auf ein Kind zum Beispiel auch heißen: »Ja, ich bekomme mit, dass du noch ein Eis möchtest, aber ein Eis war heute schon genug. Es reicht!« Wenn das Kind Gefahr läuft, sich oder andere zu verletzen, gibt es selbstverständlich kein langes Hin-und-her-Getue, dann kommt die deutliche und konsequente »Du-darfst-nicht-und-niemals«-Regel zum Tragen.

Eine solche Haltung von uns Erwachsenen nennen wir: ein gutes Gegenüber sein. Als gutes Gegenüber gehen wir weder Reibungen aus dem Weg, noch geizen wir mit guter Nahrung im konkreten wie auch im übertragenen Sinn. Zu Letzterem gehört auch, fürsorglich zu sein. Manche Menschen halten diesen Begriff für altmodisch und diskriminieren ihn, als sei er per se das Gegenteil von Autonomie und gelingender Entwicklung zum selbstständigen Menschen. Bemessen Sie das Ausmaß an Fürsorge, das Sie Ihrem Kind oder anderen Familienmitgliedern angedeihen lassen, an Ihrem Würde-Ich. Nehmen Sie Ihr Kind ernst, wenn es Ihnen zeigt, dass es Ihre Fürsorge braucht oder abwehrt, UND folgen Sie Ihren Bedürfnissen, es zu pflegen, zu schützen, ihm Belastungen abzunehmen, es zu beschenken und zu verwöhnen oder was auch immer Fürsorglichkeit im konkreten Moment bedeuten mag. Wägen Sie ab, so gut es geht. Würdigen Sie, was ist. Respektieren Sie sich und Ihren Kompass für das Maß und respektieren Sie die Reaktionen des Kindes und Ihre Beziehung zueinander.

Das große UND ist Ausdruck Ihres Würde-Ichs. Dem UND zu folgen hilft, Ihren Kindern UND Ihrer Partnerschaft UND Ihrer Familie UND sich selbst so gut wie möglich gerecht zu werden. Wir behaupten nicht, dass danach zu leben einfach, und noch weniger, dass es bequem wäre. Und dass nicht viel schiefgehen könnte. Und auch nicht, dass Ihnen schmerzliche Erfahrungen erspart blieben. Wir möchten Ihnen nur die Entscheidung nahelegen, dem Kompass der Würde auch in den Beziehungen zu Ihren Kindern und in Ihrer Familie Bedeutung zu geben.

Meine Grenzen

Viele Eltern und andere nahestehende Personen, die daran interessiert sind, dass Kinder selbstbewusste Erwachsene werden können, achten darauf, dass Kinder gefördert, aber nicht überfordert werden. Zumindest bemühen sie sich darum, so gut es geht, das Selbstwertgefühl und die Selbstsicherheit ihrer Kinder nicht durch Leistungsdruck und die Monster der Entwürdigung im Wachstum zu behindern, sondern zu bestärken. Wenn die Kinder zum Beispiel die Grenzen der Erschöpfung oder der Aufnahme- und Konzentrationsfähigkeit erreicht haben oder zu erreichen drohen, dann lassen sie sie in Ruhe und sorgen für Pausen und Erholungsphasen.

Doch wie steht es um die eigenen Grenzen? Wie ist es mit der eigenen Erschöpfung? Diese werden oft weitaus weniger beachtet und respektiert. Erschöpft zu sein, nicht mehr zu können, endlich mal selbst Ruhe haben zu wollen, überfordert zu sein … all dies passt oft nicht ins Selbstbild, wird gleichgesetzt mit Unfähigkeit und darf deshalb weder von einem selbst noch von anderen wahr- und ernst genommen werden. Doch all das verdient Beachtung! Wenn Sie als Mutter oder Vater, als Großmutter oder Großvater überfordert und überlastet sind, dann haben Ihre Kinder wenig von dem, was Sie trotzdem für sie oder mit ihnen tun. Die Kinder lernen dann, dass sich Erwachsene überfordern müssen und ihrer eigenen Müdigkeit und Erschöpfung nicht nachgeben dürfen. Denn Kinder lernen von Ihnen als Vorbild, auch in dieser Hinsicht.

Wenn Sie dagegen auf Ihre Grenzen achten und sagen: »Ich kann jetzt nicht. Ich will jetzt nicht. Ich bin müde. Ich bin erschöpft und brauche eine Pause« usw., dann sind Sie Vorbild für Ihre Kinder und ermutigen sie, vielleicht noch nicht sofort, aber zumindest später, ebenfalls die eigenen Grenzen ernst zu nehmen und ihr Würde-Ich zu achten. Natürlich haben Sie recht, wenn Sie einwenden, dass wir Erwachsenen im Zusammenleben mit Kindern manchmal, oder eher oft, über Grenzen gehen müssen, trotz allem weitermachen müssen, weil die Situation und die Verantwortlichkeit für das Wohlergehen des Kindes es erfordert. Dann sollten Sie dieses Trotzdem aber auch angemessen würdigen und als Leistung achten.

Grenzen sind noch in anderer Hinsicht wichtig. Es geht um die Grenzen der Intimität. Wir vertreten sehr, dass Kinder ein Recht auf Intimität haben, also nicht alles erzählen und zeigen müssen. Die Intimität ist etwas, was schützenswert ist. Wir brauchen einen intimen Raum, der nur uns gehört, um unsere Identität zu würdigen und zu entwickeln. Das gilt auch für Kinder. Deswegen sind alle Bestrebungen, dass ein Kind alles erzählen oder teilen müsse, falsch und bewirken auf Dauer das Gegenteil.

Doch auch hier gilt, dass wir Erwachsene vorbildlich sein sollten und die eigenen Grenzen unserer Intimität würdigen müssen. Das heißt, dass Sie das Recht haben, auch Kindern gegenüber zu äußern:

»Das ist meins, das ist privat und bleibt privat.« Oder: »Das erzähle ich dir später, wenn du größer bist. Jetzt nicht.«

Sie haben das Recht auf einen privaten, geschützten, intimen Raum. Und Sie sollten dieses Recht auch offen vertreten. So sehr wir dafür sind, dass Eltern transparent machen, was sie bewegt, so wichtig ist es auch, dabei das Recht auf Intimität zu vertreten. Wenn Sie Kummer haben, dann können Sie davon ausgehen, dass Kinder das mitbekommen und versuchen, den Grund für den Kummer herauszufinden, um Sie zu trösten. Sie können zur Orientierung beispielsweise sagen: »Ja, ich habe Kummer bei der Arbeit.« Sie können auch entlastend sagen: »Ja, ich habe Kummer, aber der hat nichts mit dir zu tun. Was es ist, das erzähle ich dir ein anderes Mal.«

Wenn Sie Ihre Grenzen würdigen, sind Sie damit ein Vorbild für Ihr Kind oder Ihre Kinder und erziehen diese zu selbstbewussten Persönlichkeiten, die auch auf ihre Grenzen achten.

Erwachsene, Kinder und die Schuldgefühle

Viele Eltern hadern mit sich, weil sie Schuldgefühle gegenüber ihren Kindern haben. Das gilt auch noch, wenn diese schon erwachsen sind. Zum Beispiel:

- »Ich fühle mich schuldig, weil ich mich zu wenig um meine Kinder gekümmert habe. Ich war beruflich so sehr engagiert und ich habe so vieles von deren Leben verpasst und sie von mir. Das war nicht gut.«
- »Mein Kind war krank und ich habe viele Fehler gemacht. Ich habe mich gesorgt, hatte viel Angst um mein Kind – und habe nicht die richtigen Ärzte gefunden. Oder besser gesagt: habe mein Kind nicht vor den falschen geschützt. Die meinem Kind nicht richtig zugehört haben, wenn es gesagt hat, was ihm fehlt

oder wehtut. Die nach Schema F gehandelt haben. Die besser wussten, was mein Kind hat. Ich habe mich nicht gewehrt dagegen. Ich mache mir große Vorwürfe. Mein Mann auch. Wenn ich damals gewusst hätte, was ich heute weiß, wäre manches anders gelaufen.«

- »Ich hatte von meiner Mutter immer wieder gehört, dass ich nie eine gute Mutter werden würde. Und dann habe ich das auch geglaubt. Ich war so unsicher. Diese Unsicherheit hat dazu geführt, dass ich nicht wusste, was ich mit meinem Sohn machen sollte. Wie ich ihm gegenübertreten sollte usw. Das hat er wohl auch gespürt und deswegen war das ganz lange ganz schwierig zwischen uns.«
- »Ich glaube, ich hätte mich viel früher von meinem Mann trennen müssen. Meine Kinder haben so viel Streit mitbekommen. Auch so viel kalten Krieg. Das hat sie gezeichnet. Dadurch sind sie sehr verschlossen geworden und haben an Lebensfreude verloren. Aber ich konnte es nicht vorher. Doch jetzt fühle ich mich schuldig, dass ich es nicht konnte und dass ich es vorher nicht geschafft habe. Ich hätte den Kindern einiges ersparen können.«
- »Unser Kind hat geschrien und geschrien. Wir wollten es so unbedingt beruhigen, nicht nur uns zuliebe, sondern weil wir diese Not mitbekommen haben. Wir haben alles versucht, was in unserem Repertoire lag. Wir haben es so viel wie möglich mit uns herumgetragen, haben es geschaukelt und versucht zu trösten, sind stundenlang mit dem Auto herumgefahren, weil wir merkten, dass unser Kind dann friedlich schlafen konnte. Heute wissen wir, dass unser Kind darum geschrien hat, in Ruhe gelassen zu werden. Das stand zur damaligen Zeit in keinem Ratgeber.«
- »Ich kann es mir immer noch nicht verzeihen, dass mir die Hand ausgerutscht ist. Das hätte mir nicht passieren dürfen. Auf keinen Fall.«
- »Ich konnte den Kindern, die meine Frau mit in die Ehe gebracht hat, kein guter Vater sein. Es hat mich verletzt, dass sie

mich wie Luft behandelt haben. Ich habe ihnen das vorgeworfen und mich zurückgezogen. Dabei hatte ich doch die Verantwortung, ich war doch der Erwachsene.«

Solche Äußerungen könnten wir noch viele anführen. Vielleicht kennen Sie auch einige Schuldgefühle, die Sie gegenüber Ihren Kindern haben. Solche Schuldgefühle führen oft dazu, dass das Selbstwertgefühl schrumpft. Dass Menschen sich klein fühlen und sich kleinmachen. Man kann nicht einfach beschließen, diese Schuldgefühle zu entfernen oder sie zu vergessen. Schuldgefühle sind hartnäckig, sie bohren sich in die Menschen hinein oder tauchen immer wieder auf.

Was also tun? Wir raten Ihnen, dass Sie akzeptieren, dass Sie in der Erziehung Ihrer Kinder nicht alles richtig gemacht haben. Wir wissen, wie schwer es ist, Fehler zu akzeptieren, auch noch im Nachhinein. Aber Eltern machen Fehler, das gehört dazu. Alle Eltern laden auch Schuld auf sich, weil sie etwas unterlassen, was sinnvoll gewesen wäre, oder etwas tun, was den Kindern schadet. Seien Sie da etwas versöhnlich mit sich. Gestehen Sie sich das zu. Wägen Sie ab: Was wusste ich wirklich nicht besser? Was weiß nicht nur ich heute besser, sondern was ist einfach erst heute aktueller Kenntnisstand? Auf welche Ratgeber/-innen habe ich gehört? Welche Erziehungsregeln meinte ich, einhalten zu müssen? Wo habe ich meinem inneren Kompass, meiner Intuition nicht getraut? Wo habe ich zu wenig gewürdigt, wie die Wirklichkeit meines Kindes ist, welche Persönlichkeit es mitbringt? Inwiefern spielten unsere familiäre Wirklichkeit, meine Lebensbedingungen, mein Gefühlszustand eine Rolle? Womit war ich überfordert? …

Unterscheiden Sie auf diese Art und Weise die Bedeutsamkeit einzelner Schuldgefühle. Ordnen Sie sie ein mithilfe Ihres Würde-Ich-Kompasses. Versuchen Sie, sich selbst gegenüber so gerecht zu sein, wie Sie als vertrauenswürdige Person Ihrer guten Freundin oder Ihrem guten Freund gegenüber wären. Nutzen Sie diesen Gedanken an vertauschte Rollen. Wenn Sie sich selbst gegenüber so aufrichtig wie möglich sind, dann werden die Schuldgefühle nicht verschwinden, aber ihren Platz gefunden haben. Dieser Prozess wird Ihnen helfen, Ihre Aufrichtung zu erhalten oder zu fördern, sodass Sie sich mit bestem Wissen und Gewissen sagen können: »Ich habe mein Kind so gut aufwachsen lassen, wie ich es konnte. Mit Fehlern, aber auch mit viel Gutem. Mit bestem Bemühen in jedem Fall.«

Und prüfen Sie dann bitte noch einmal explizit, ob Sie nicht auch Schuldgefühle haben ohne Schuld. Wahrscheinlich werden Sie schon einigen Schuldgefühlen ohne Schuld während Ihrer genaueren Untersuchung, siehe oben, begegnet sein. Viele Menschen, die sich als Eltern sehr engagieren, fühlen sich mancher Dinge und Taten schuldig, die von den Kindern auch im Nachhinein nicht als schuldhaft angesehen werden. Um zwischen den Schuldgefühlen, die auf Schuld beruhen, und solchen, die nicht auf Schuld beruhen, differenzieren und sich aufrichtig entlasten zu können, ist es hilfreich, das Gespräch mit anderen zu suchen. Sprechen Sie mit Ihren Vertrauenspersonen, deren prinzipielle Achtung Sie genießen, die Ihre Beziehung miteinander und Ihre Beziehungen zu Ihren Kindern wertschätzen, und sprechen Sie mit Ihren erwachsenen oder fast erwachsenen Kindern. Wenn Sie jetzt Mutter oder Vater eines kleinen Kindes oder kleiner Kinder sind, so werden Sie sich vielleicht gar nicht in dem Ausmaß vorstellen können, wie gut sich Beziehungen durch solche Gespräche auch noch in fortgeschrittenem Alter weiterentwickeln können. (Es sei denn, Sie sind selbst die Tochter oder der Sohn von Eltern, die mit Ihnen darüber gut ins Gespräch gekommen sind.) Wir konnten uns das nicht wirklich vorstellen, als unsere Kinder klein waren. Voraussetzung für das Glücksempfinden – und dieses Wort halten wir nicht für zu groß –, das ein solcher Gesprächsprozess mit sich bringen kann, ist Ihre Wahrhaftigkeit und Ihre aufrichtige Bereitschaft, Ihren Kindern wirklich Freiraum zu geben für die Entfaltung ihrer Erfahrungen mit Ihnen. Und natürlich die Bereitschaft der Kinder, sich auf einen solchen Austausch mit Ihnen einzulassen. Erwachsene Kinder spüren ganz genau, ob wir Eltern lediglich Entlastung für unseren eigenen Seelenfrieden haben wollen oder ob wir ein aufrichtiges Interesse an ihnen haben, das von Wertschätzung und Respekt getragen ist.

WIE SIE IHRE KINDER GEGEN ENTWÜRDIGUNG WAPPNEN KÖNNEN

Die Monster der Entwürdigung bedrohen die Sicherheit der Erwachsenen wie die der Kinder. Auch wenn wir wissen, dass, vor allem den Kindern, die größte Gefahr vonseiten der Familienmitglieder droht, so richten wir an dieser Stelle unsere Worte an all die Väter, Mütter, Großeltern und Erwachsenen, die ihre Kinder vor den Monstern der Entwürdigung beschützen wollen. Dass Sie, die Sie diese Zeilen lesen, sich darum bemühen, keine Gewalt auszuüben, die Kinder nicht zu beschämen oder zu erniedrigen und sie nicht ins Leere gehen zu lassen, davon gehen wir aus. Doch was können wir Eltern und Großeltern tun, damit den Kindern nicht von anderen Menschen Entwürdigendes widerfährt?

Sicherheit und Vorbild

Am besten verhelfen Sie Kindern zu einem guten Leben, indem Sie sie darin unterstützen, ihr Würde-Ich zu entwickeln. Wenn Sie die Entwicklung des Würde-Ichs Ihrer Kinder und Enkel fördern wollen, geben Sie ihrem Leben, so gut es geht, einen sicheren Rahmen. Wer seine Kinder darin unterstützen möchte, dass sie ihr Würde-Ich entwickeln, muss ihnen Halt und Sicherheit geben und sie vor den Monstern der Entwürdigung schützen. Dies scheint selbstverständlich zu sein, ist es aber nicht. Monster der Entwürdigung treten immer wieder auf und lauern in den unterschiedlichsten Institutionen und Situationen. Eltern und alle für Kinder sorgende und verantwortungsvolle Menschen brauchen Wachsamkeit, um sie zu entdecken, und vor allem Mut, um ihnen entgegenzutreten. Kinder brauchen die Erfahrung, dass Eltern und Großeltern an ihrer Seite stehen. Sie müssen sich nicht in alles einmischen – denn das wollen Kinder nicht und würde nur ihre Möglichkeit einschränken, eigene Erfahrungen zu machen und mit schwierigen Situationen fertigzuwerden. Kinder brauchen die Erfahrung Ihres Vertrauens in ihre Bewältigungsstrategien, um an Selbstbewusstsein und Selbstachtung zuzugewinnen. Doch wenn es um Entwürdigung geht, brauchen die Kinder Sie als Erwachsene, die Partei ergreifen und ihre Parteilichkeit auch zeigen.

Die Sicherheit, die Sie Ihren Kindern bieten können, ist relativ. Sie können Ihre Kinder nicht davor schützen, dass sie zum Beispiel in der Schule beschämt werden. Sie können sie auch nicht vor Gewalterfahrungen bewahren. Denn zur Gewalt gehört, dass die Täter und Täterinnen stärker sind als Ihre Kinder und sie unterwerfen. Auch die Kinder ins Leere gehen zu lassen, sie mit Verachtung und Respektlosigkeit zu behandeln und zu bestrafen und sie so in ihrem Selbstwert zu kränken, ist vor allem eine Frage der Machtverhältnisse. Hier kann Ihre Unterstützung immer nur darin bestehen, wie Sie auf solche Erfahrungen Ihrer Kinder reagieren, indem Sie sie auffangen, trösten und stärken. Obwohl: »immer nur« wird der Bedeutung Ihrer Rolle nicht gerecht, die Sie im Erleben der Kinder haben. Sie darauf hinzuweisen, wie wichtig Sie in bzw. nach diesen Situationen sind, ist uns ein Herzensanliegen.

Es ist not-wendig, das heißt, Sie können die Not Ihres Kindes wenden, wenn Sie es nicht alleinlassen, wenn Sie sich parteilich an die Seite des Kindes stellen, ihm keine Vorwürfe machen und ihm keine Schuld zuweisen. »Du bist nicht schuld«, das ist der Leitsatz. »Die andern sind die Täter, du bist das Opfer!« Diese Haltung muss das Kind von Ihnen erfahren und in der Begegnung mit Ihnen spüren. Kinder brauchen Trost und Unterstützung, auch Erklärungen, was passiert ist und warum die Verantwortlichkeit bei den Entwürdigern und nicht bei ihnen liegt. Ob das Kind zum Beispiel die bedrohliche Situation früher hätte erkennen und ihr aus dem Weg gehen können und wie es sich überhaupt anders hätte verhalten können oder sollen …, das kann viel später besprochen werden. In der Zeit nach einer schlimmen Erfahrung brauchen die Kinder Entlastung, keinerlei Verstärkung von leider von selbst auftauchenden Schuldgefühlen beim Opfer. Sie brauchen Halt, Trost und Parteilichkeit. Das ist es, was zählt.

Um Kinder gegen entwürdigende Erfahrungen zu stärken, brauchen sie also so viel Sicherheit wie möglich, auch wenn uns und Ihnen bewusst ist, dass absolute Sicherheit nicht möglich ist. Die größte Sicherheit, die Sie Ihren Kindern vermitteln können, und damit die beste Stärkung ihres Würde-Ichs besteht darin, dass Sie ihnen Vorbild sind. Kinder lernen weniger aus Ihren Worten, sondern eher darüber, wie Sie handeln. Kinder lernen immer von Vorbildern, von guten wie schlechten. Je selbstbewusster und wertschätzender Sie sich mit Ihrer Würde auseinandersetzen, je eher und klarer und eindeutiger es Ihnen gelingt, sich auf Ihre Art mit den Monstern der Entwürdigung auseinanderzusetzen, je mehr Sie die Werte der Achtung und des Respektes mit Ihren Kindern leben, umso mehr vermitteln Sie den Kindern die Sicherheit und Selbstsicherheit, sich in der Welt zu bewegen.

Schwäche und Hilflosigkeit erlauben

Dass Kinder stark sein müssen und vor allem stark gemacht werden müssen, wenn die Erziehung als gelungen gelten soll, hält sich unterschwellig seit Jahrzehnten und hat für unsere Ohren einen bedrohlichen Unterton. Das gesellschaftlich akzeptierte Motto »Was uns nicht umbringt, macht uns stärker«, mit dem die Kriegsgeneration aufgewachsen ist und das manchmal auch für die nächsten Generationen seine Bedeutung behalten hat, wurzelt in den unseligen

Erziehungsprinzipien des Nationalsozialismus. Deutsche Kinder hatten stark zu sein, ihre Gefühle sollten kontrolliert und gezähmt werden, »Fürsorge« war ein anderer Begriff für Grausamkeit und Abhärtung die erklärte Erziehungsmethode. »Hart wie Kruppstahl«, »Indianer kennen keinen Schmerz«, »Heulsusen können wir nicht brauchen«, »Kinder sind nicht dazu da, verwöhnt zu werden« …, solche Sprüche bestimmten die Erziehung der in den 30er-Jahren und danach Geborenen und behielten ihren dominierenden Charakter noch bis weit in die 60er-Jahre des vorigen Jahrhunderts hinein. Diese Nazi-Auffassung von Stärke erzog Kinder zu Soldaten und Witwen, blendete das Erleben von Leid und Not aus und brachte Leid und Not über die Menschheit.

Dieser Stärkemythos ist hoffentlich ausgestorben (oder bekommt er gerade wieder einigen Auftrieb?). Auf jeden Fall bestimmt er nicht mehr die Erziehungsdiskussionen in unserem Land. Vielmehr gibt es Erziehungskonzepte, die sich zwar auch das Ziel der »starken Kinder« auf die Fahne geschrieben haben und von vielen Fachleuten und Eltern geschätzt und angewendet werden, aber die in ihrer Grundorientierung diesem früheren furchtbaren Stärke-Begriff diametral entgegengesetzt sind. Durch vielfältige Aktivitäten sollen Kinder dabei unterstützt werden, zu starken Menschen heranzuwachsen. Die Angebote zielen auf Stärkung des Selbstbewusstseins und der Konfliktfähigkeit von Kindern und betonen eine gewaltfreie Erziehung. Durch Unterstützung ihrer Resilienz, also ihrer Widerstandsfähigkeit, mittels stärkender Programme sollen Kinder besser durch das Leben schreiten können, auch wenn sie ungünstige Startbedingungen hatten, etwa durch Armut, Trennung der Eltern usw. Doch neben den Faktoren, die in diesen Konzepten Beachtung finden, fehlen einige andere Aspekte, die die Art und Weise beeinflussen, wie Kinder mit wesentlichen Herausforderungen in ihrem Leben umgehen bzw. umgehen werden. Unserer Meinung nach fehlt besonders die ausdrückliche Beachtung und Wertschätzung von guten und intensiven Beziehungen, die Kinder zu Eltern, Erziehern/Erzieherinnen, Nachbarn/Nachbarinnen und anderen Erwachsenen haben, und die Betonung der Bedeutsamkeit ihrer stärkenden Auswirkungen. Deshalb möchten wir Ihre Bemühungen und Ihren Wunsch, Kinder zu stärken, durch unsere Aufforderung ergänzen, auf »spürende Begegnungen« Wert zu legen und Ihr Augenmerk zu richten. Wir glauben, dass Sie, wenn Sie Ihr Würde-Ich in Ihre Begegnungen mit Kindern einbringen, wenn Sie Ihre Gefühle, Ihr Körpererleben, Ihre Gedanken und Botschaften, Ihre Selbstwahrnehmungen und die der Kinder wertschätzen und achten, das Würde-Ich der Kinder stärken. Spürende Kinder brauchen spürende Begegnungen, wenn sie für ein gutes Leben gestärkt werden sollen.

Und um auch in diesem Zusammenhang noch einmal darauf hinzuweisen: In dem neuen Mythos der starken Kinder schwingt der Gedanke mit, dass wir Kinder durch ihr Starksein schützen könnten gegen die Monster der Entwürdigung, vor allem gegen Gewalt, einschließlich sexueller Gewalt. Dies ist so verallgemeinert eine Illusion, eine gefährliche sogar, wenn es als Konzept zur Prävention von Gewalt taugen soll. Ein Kind mag noch so stark und selbstbewusst sein, gegen einen verrohten Täter, der sexuelle oder andere Gewalt ausübt, ist es hilflos. Zur Definition sexueller Gewalt gehört nämlich, dass es Täter und Opfer gibt und dass die Opfer den Tätern ausgeliefert sind.

Keine Frage: Wir schätzen alle Angebote, in denen Kinder unterstützt werden, selbstbewusst und stark aufzutreten. UND wir legen Wert auf die Feststellung, dass es nach unserer Überzeugung mindestens ebenso wichtig ist, dass Kinder auch in der Lage sind und ermutigt werden, Schwäche zu zeigen. Auch das Gefühl der Hilflosigkeit muss erlaubt sein. Hilflosigkeit ist eines der Gefühle, die am schwersten auszuhalten sind, ganz gleich, ob als erwachsener Mensch oder als Kind, vor allem weil es sich häufig mit den Gefühlen der Scham und des Schuldgefühls ohne Schuld verschwistert. Wenn Menschen sich in ihrer Hilflosigkeit selbst achten und sie zeigen, dann halten wir das für eine starke Leistung. Wenn Kinder Gewalt erleben mussten oder anderen Monstern der Entwürdigung ausgesetzt waren, dann brauchen sie die Kraft (und das erfordert Stärke!), sich anderen mitzuteilen, um Trost, Hilfe und Unterstützung zu erfragen und zu erhalten. Haben sie den Mut gefunden, sich uns anzuvertrauen, dann brauchen sie gute Erfahrungen mit uns Erwachsenen in der Zeit »danach«, also nach den verstörenden oder sie in ihrem Selbstwertgefühl zerstörenden Situationen. Damit Kinder dies lernen können, müssen oder müssten auch wir Erwachsenen unsere Schwäche und unsere Hilflosigkeit und unseren Mut, nach Hilfe, Unterstützung und Trost zu fragen, zeigen. Und wir sollten Kinder loben, wenn sie uns ihre Unsicherheiten und Verletzungen mitteilen. Schwäche zu zeigen ist Stärke! Das gilt für Kinder wie für uns Erwachsene. Lassen Sie uns ein Vorbild sein. Es bereichert unser Leben.

Worte finden

Wir beobachten, dass viele Kinder keine Worte haben für das, was sie fühlen und denken, was sie wollen und nicht wollen, für das, was ihre Würde ausmacht oder verletzt. Sie haben keine Worte dafür, wie sie verbal Respekt und Achtung für sich und andere ausdrücken oder einfordern und wie sie ihren Wert beschreiben könnten. Wenn die Kinder, mit denen Sie leben oder die Sie begleiten, dafür in ihrer (kindlichen) Sprache Worte nutzen, dann ist es gut. Doch wir möchten darauf hinweisen, dass vielen Kindern solche Worte, die ihre Lebenssituation, ihr Erleben und ihr Selbstbewusstsein würdigen, nicht zur Verfügung stehen. Kinder brauchen aber Worte für ihre Gefühle, gute wie schlechte. Kinder brauchen Worte, die ihre Verletzungen benennen können. Sie brauchen Worte für Vorwürfe, Komplimente und Lob … Kinder brauchen Worte für Würde und Würdigung.

Solche Worte entwickeln sich je nach Altersstufe. Kinder erlernen neue Worte und ihre Nutzung insbesondere dadurch, dass Erwachsene diese Worte benutzen und so Vorbild sind. Wenn ein elfjähriges Kind für seine Gefühle nur die Worte »cool«, »krass« und »sch…« kennt, wie soll es dann seine Gefühle und die Gefühle anderer würdigen? Wie soll es dann eine Wertschätzung seines eigenen Gefühlslebens entwickeln? So wichtig es ist, dem Erleben der Menschen und gerade auch dem der Kinder jenseits der Worte Beachtung zu schenken, so wichtig ist es auch, dass Kinder Worte für das haben, was sie erleben. Nur dann können sie sich dessen überhaupt gewahr werden und sich verstehen. Und nur dann können sie anderen mitteilen, was sie bewegt.

Vorbild zu sein, ist die größte Hilfe, damit Kinder Worte für Gefühle und Beziehungen finden, Worte, die Entwürdigung benennen und Würdigung ausdrücken und ermöglichen. Wenn Kinder solche Worte nicht in hinreichendem Maße durch familiäre und andere Vorbilder lernen können, dann, meinen wir, sollte es dafür besondere Programme in Kindergarten und Schule geben. Kinder sollten eine Beziehungssprache erwerben können, die Würdigung ermöglicht. Das halten wir für weit wichtiger, wenn uns an einem guten Leben unserer Kinder liegt, als ihnen beispielsweise schon im Vorschulalter englische Vokabeln beizubringen.

DAS WÜRDE-ICH IN AKTION: BERUF

Wie Sie Ihre berufliche Tätigkeit definieren, müssen Sie entscheiden, zum Beispiel ob Sie auch die Haus- und Familienarbeit einbeziehen. Uns geht es vor allem darum, dass Sie herausfinden, ob Ihre berufliche Tätigkeit Ihnen würdig ist und ob und inwieweit Sie in Ihrer Arbeit gewürdigt werden.

Die berufliche Würde-Bilanz

Haben Sie Interesse daran, sich mit der beruflichen Seite Ihres Lebens zu beschäftigen und eine Zwischenbilanz zu ziehen? Welches Ergebnis diese Bilanz für Sie bereithält – ob es zu einem »Weiterso« rät oder aufzeigt, dass manche Aspekte Ihres beruflichen Lebens auf Veränderung drängen –, wird Sie möglicherweise auch überraschen.

Als Unterstützung beim Bilanzieren haben wir für Sie einige Fragen aufgelistet, die Sie auch gleich schon hier beim Lesen des Buches spontan und zumindest stichwortartig beantworten können, bevor Sie sich vielleicht noch einmal länger mit der einen oder anderen Frage bzw. mit der einen oder anderen Antwort beschäftigen.

Wir empfehlen Ihnen, wenn es Ihnen möglich ist, das Gespräch mit einer anderen Person zu suchen, der Sie vertrauen. Bitten Sie sie, Ihnen die nun folgenden Fragen zu stellen und möglichst auch nachzufragen, wenn Sie antworten. Halten Sie auch hier die Antworten schriftlich fest. Wir empfehlen den Dialog, weil nach unseren Erfahrungen den meisten Menschen im Gespräch mehr einfällt. Durch das Interesse der anderen Person und durch deren Nachfragen können sich obendrein neue Gesichtspunkte und neue Fragen ergeben, die Sie und Ihre Situation individuell würdigen und das Gesamtbild für Sie sinnvoll vervollständigen.

Unsere Leitfragen zu Ihrer beruflichen Würde-Bilanz:

Stimmt meine Berufswahl noch?

- Durch was wurde sie beeinflusst oder gar erzwungen?
- Welchen »Sinn« macht sie heute? Dient sie vor allem dem notwendigen Gelderwerb oder gibt es darüber hinaus ein Ziel, eine Leidenschaft oder Ähnliches?
- Lebe ich im Alltag meines Berufes auf den Feierabend, das Wochenende, den Urlaub, die Rente … hin?
- Ist es richtig für mich, angestellt zu sein oder selbstständig?
- Fühle ich mich in meiner Firma, meinem Arbeitsumfeld wohl? Ist dies der richtige Platz für mich?
- Ist die Tätigkeit, die ich ausübe, die richtige?
- Fühle ich mich in meiner Arbeit gewürdigt?
- Von meinen Vorgesetzten? Von meinen mir unterstellten Mitarbeitern/Mitarbeiterinnen, von meinen Kollegen/Kolleginnen?
- Fühle ich mich von ihnen gesehen?
- Gelobt und kritisiert, gefragt?
- Von Kunden oder anderen, mit denen ich zu tun habe?
- Ist meine sexuelle, körperliche und geistige Unversehrtheit gewährleistet oder gefährdet?
- Wird meine Arbeit von meiner Familie gewürdigt?
- Von Freunden und Freundinnen?
- Wird meine Arbeit durch die finanzielle Belohnung ausreichend gewürdigt?
- Erzähle ich gerne über meine Arbeit?

- Welche Reaktionen auf meine berufliche Tätigkeit kenne ich? Interessierte, respektvolle, abwertende?
- Gehe ich gerne zur Arbeit? Komme ich von der Arbeit befriedigt und zufrieden zurück? Wann, wann nicht?
- Von wem werde ich in meiner Arbeit unterstützt?
- Von wem erwarte ich Hilfe und Unterstützung? Kann ich Hilfe zulassen und wenn ja, von wem?
- Kann ich abschalten und meine nicht berufsbezogenen Bedürfnisse respektieren?
- Wovon träume ich in beruflicher Hinsicht?
- Was ist meine Sehnsucht?

Was ist zumutbar? Was unzumutbar?

Das Wort »unzumutbar« enthält den Wortstamm »mut«, der vom althochdeutschen »muot« kommt. Muot meint das seelische Befinden. (Im Wort »Gemüt« klingt das noch an.) Unzumutbar ist, was Ihr seelisches Empfinden verletzt, was Sie entwürdigt.

Hier kann Ihr Würde-Ich Ihnen helfen, zwischen angemessener und entwürdigender Kritik zu unterscheiden und dann zu entscheiden, was unzumutbar ist. Wir wollen Ihnen beispielhaft einige Lebens- und Arbeitssituationen beschreiben, die Ihnen sicher nicht so, aber so ähnlich bekannt vorkommen werden.

Wie wichtig es sei, die Balance zwischen Arbeit und Privatem (Work-Life-Balance) zu halten und wie notwendig es sei, auf genügend arbeitsfreie Zeit zu achten, galt als ungeschriebenes, aber immer wieder ausgesprochenes Gesetz für die Mitarbeiter/-innen einer Behörde. Jeder Mitarbeiter, jede Mitarbeiterin, so wurde mit forderndem Ton erklärt, sei selbstverständlich selbst verantwortlich dafür, sich zu entspannen und zu erholen. Und doch kamen spätabends und am Wochenende Mails von Vorgesetzten, auch Kolleginnen und Kollegen, und es wurde von allen erwartet, sofort auf die Mails zu reagieren. Wenn es in den allerersten Stunden des Montags keine Antworten auf die Wochenendmails gab, wurde kritisch nachgefragt, was denn los sei. Das Würde-Ich einiger (nicht aller) Mitarbeiter/-innen sagte: »Unzumutbar.«

Eine Verwaltungsmitarbeiterin an anderer Stelle bekam, wie ihre Kollegen und Kolleginnen auch, Vorgaben, wie viele Vorgänge sie je Woche zu bearbeiten hatte. Die Zahl der zu erledigenden »Fälle« stieg von Monat zu Monat. Gleichzeitig wurden verschärfte Qualitätskontrollen eingeführt und es gab jede Woche 20 bis 30 Seiten Durchführungsverordnungen mit Hinweisen, Erläuterungen, Vorgaben und dergleichen mehr. Hannelore J. mochte ihren Beruf eigentlich, doch die zunehmende Arbeitslast unter ständig erhöhtem Zeitdruck erlebte sie nicht nur als unzumutbar, sondern als Terror.

Bernd C. arbeitete als Seminarleiter. In den Rückmeldebögen fanden sich immer mal wieder kritische Anmerkungen, die inhaltlich vor allem das Tempo seines Unterrichts betrafen. Oft wurden mehr Verarbeitungspausen gewünscht, manchmal auch mehr »Coolness« im Umgang mit dem Lehrstoff. Zunächst wehrte er diese Kritik als unangemessen und unbedeutend ab und wertete sie als Ausdruck von Bequemlichkeit bzw. Faulheit der Teilnehmenden ab. Aber das half nicht wirklich, denn er spürte, dass er doch irgendwie gekränkt war. Er suchte das Gespräch mit einer Kollegin, von der er wusste, dass sie ihn und seine Kompetenz schätzte und achtete, und an deren Kompetenz und Integrität er keinen Zweifel hatte. In diesem Gespräch wurde ihm klar, dass an der Kritik etwas dran war. Allerdings war der Tonfall mancher Rückmeldungen unangemessen. In dieser Wahrnehmung und Empfindung unterstützte ihn seine Kollegin. Er nahm sich vor, sein Tempo zu reduzieren und mehr Gelegenheit zur Verarbeitung des Erlernten einzuräumen, vielleicht sogar ein bisschen lockerer zu werden, sich aber auch zu erlauben, manche Art der Kritik zurückzuweisen.

Alexa N. hatte zwei Vorgesetzte. Der eine kritisierte sie sachlich. Er berücksichtigte offensichtlich, dass sie Neuling in ihrem Beruf war und sich noch in die ungewohnten Anforderungen der neuen Arbeitsstätte einarbeiten musste. Dieser Vorgesetzte wies sie auf Fehler hin und zeigte ihr auf, wie sie es beim nächsten Mal richtig zu machen hätte. Seine Art der Kritik war angemessen und zumutbar, und so erlebte es Alexa N. auch. Im Gegensatz dazu knallte ihr der andere Vorgesetzte die von ihr offensichtlich fehlerhaft bearbeiteten Vorgänge auf den Tisch mit den Worten: »Schon wieder …« Sie empfand die Kritik, die keine Alternativen aufzeigte und Vorschläge zur Verbesserung machte, als das, was sie auch war: verachtungsvoll und menschenunwürdig. Die Formulierung »schon wieder« wurde für sie zum roten Tuch.

Tommy K. schrieb Texte, die von anderen Menschen korrigiert und überarbeitet wurden, bevor sie zur Veröffentlichung freigegeben wurden. Er konnte prinzipiell gut damit umgehen, dass seine Texte verbessert, verändert und manchmal auch in Teilen umgeschrieben wurden – das gehörte zu seiner Tätigkeit dazu. Für ihn wurde die Grenze zwischen konstruktiver Kritik und Entwürdigung vor allem durch den abfälligen Tonfall und die Mimik derjenigen, die über die Güte und den Wert seiner Texte entschieden, überschritten. Da gab es das mokante Lächeln eines Redakteurs, seinen herablassenden Tonfall und seinen verächtlichen Blick. Seine Worte waren wohl sachlich richtig, aber in seinem Verhalten in der konkreten zwischenmenschlichen Beziehung zeigte sich das Monster der Entwürdigung. Tommy K. erging es wie vielen anderen: Auch wenn er wusste und spürte, was angemessene Kritik und was unangemessenes Verhalten war, so traf ihn doch die Verachtung eines Einzelnen mehr, als es der Respekt der anderen aufwiegen konnte. Da half auch Tommy K. nur die innere Aktivierung seines Würde-Ichs, das ihm meldete, wie unzumutbar sich dieser eine Redakteur verhielt, und ihn dabei unterstützte, den Respekt der anderen zu würdigen, um sich daran aufzurichten.

All diese Beispiele zeigen, dass das Würde-Ich helfen kann, zwischen Zumutbarem und Unzumutbarem zu unterscheiden. Sich

Konsequenzen zu überlegen, wäre dann der nächste Schritt. Unsere Erfahrungen zeigen, dass es vor allem wichtig ist, der Frage nach dem Unzumutbaren und Entwürdigenden nachzugehen. Alles Weitere ergibt sich danach.

Das Recht auf Respekt

In jedem, wirklich jedem beruflichen Alltag haben die Menschen wie im Leben überhaupt ein Menschenrecht auf Respekt. Wir begegnen in unserem pädagogischen und therapeutischen beruflichen Alltag und vor allem im Kontext der Supervision vielen Menschen aus sozialen Berufen und Tätigkeiten. Bei uns allen gehört das Ringen um gelebten Respekt in den berufsbezogenen Beziehungen zu den Kernaufgaben. Das gilt unserer Meinung nach nicht nur für Erzieher/-innen und Sozialarbeiter/-innen, Pädagogen/Pädagoginnen, sondern auch gerade für Lehrer und Lehrerinnen. Auch wenn das Wie würdiger Beziehungen in deren Ausbildung und in den Lehrplänen offiziell keine oder viel zu wenig Beachtung findet.

Viele Lehrerinnen und Lehrer klagen darüber, dass ihnen zu wenig Respekt entgegengebracht wird. Sie fühlen sich verletzt durch Beschimpfungen, durch Ignoranz, dadurch dass sie verächtlich gemacht und beleidigt werden. Eine Lehrerin erzählt: Ich werde im Internet beleidigt, nur weil ich verlange, dass die Kinder sich auf den Unterricht konzentrieren und etwas lernen. Wenn ich schlechte Noten gebe, bin ich gleich eine ungerechte, blöde Ziege. Wenn ich jemanden bestrafe, werde ich zum Terroristen ernannt. Und das alles anonym und in Worten, die ich gar nicht aussprechen mag. Wenn ich bei Kollegen darüber klage, dann geht es manchen genauso wie mir, aber andere sagen: ›Das musst du aushalten. Das gehört heutzutage dazu. Nimm das doch professionell.‹ Aber ich halte das nicht aus.«

Wir meinen, das brauchen weder diese Lehrerin noch andere von Häme, Diffamierungen und Erniedrigungen betroffene Menschen, weder Sie noch wir auszuhalten. Wir alle haben ein Recht darauf, uns zu wehren und Respekt einzufordern. Egal, in welchem Beruf Sie tätig sind. Niemand muss es aushalten, beleidigt oder beschimpft zu werden. Das gilt wie in unserem Beispiel für Lehrerinnen und Lehrer, aber selbstverständlich auch (umgekehrt) für Schüler und Schülerinnen. Auf die Art des Umgangs miteinander kommt es an. Auf gegenseitige Achtung und ein »offenes Visier«. Wir halten es für unsäglich, Menschen anonym zu beschimpfen oder zu beschuldigen. Das ist nicht demokratisch, sondern feige. Besonders entwürdigend und falsch finden wir es, wenn, statt die Not des verletzten Menschen ernst zu nehmen, auch noch grundsätzlich(!) das Aushalten solcher Beleidigungen als Zeichen für »Professionalität« propagiert wird. Dies ist für uns kaum aushaltbar und dagegen tun wir das, was wir an dieser Stelle tun können – wir beschreiben und schreiben. Und appellieren an Vorgesetzte, Kollegen/Kolleginnen, Eltern, Schüler/innen und alle, die in dieses »Spiel« einbezogen sind, solidarisch für die Würde einzutreten. Ohne solidarischen (und im Familien- und Freundeskreis darüber hinaus liebevollen) Halt kann unserer Erfahrung nach eine solche Situation nicht einigermaßen unbeschadet durchstanden werden.

Noch ein anderer Aspekt, der Menschen in sozialen Berufen immer wieder trifft und sie in ihrer beruflichen Identität und Selbstachtung verunsichert, ist das Verständnis für das respektlose Verhalten der Klienten und Klientinnen ihnen gegenüber bzw. das Verständnis für die Gründe des respektlosen Verhaltens ihnen gegenüber.

Zur Illustration dessen, worauf wir aufmerksam machen wollen, berichten wir von einem weiteren Menschen, der ehrenamtlich eine Fördergruppe für Kinder aus einem sozialen Brennpunkt begleitet.

Er erzählt: Ich habe fast nur Kinder mit Migrationshintergrund in der Gruppe. Einige von ihnen tun mir echt leid. Sie haben wenig an sozialen Kompetenzen erlernt. Da unterscheiden sie sich ehrlich gesagt auch nicht besonders von vielen deutschen Kindern, die ich kenne. Sie können kaum ganze Sätze sprechen. Sie wissen ihre Gefühle nicht auszudrücken und sind sehr verletzlich. Diese Verletzlichkeit tarnen die Jungen hinter einer großen Klappe. Sie müssen immer der King sein. Ständig gibt es Streit untereinander. Mit mir geht es eigentlich ganz gut. Aber wenn ich eingreife, um zu schlichten oder Prügeleien zu verhindern, dann bekomme ich es ab. Ich werde plötzlich zum Ausländerfeind, als »Eselssohn einer Eselin« auf Türkisch beschimpft oder mit arabischen oder albanischen Schimpfwörtern bedacht. Das trifft mich ungemein. Ich bin dann eigentlich hilflos und innerlich wie gelähmt. Ich sehe ja das Elend dahinter. Und wenn ich dann noch mitkriege, dass mich die deutschen Kinder hinter vorgehaltener Hand als »Opfer« verhöhnen … dann bin ich richtig unglücklich und weiß nicht mehr ein noch aus. Zumindest innerlich. Auch wenn ich natürlich dabei bleibe, mich so gut es geht dazwischenzuwerfen.«

Unser Rat ist: Auch wenn Sie das Elend hinter den Äußerungen der Kinder sehen (und das ist gut so!), auch wenn Sie wissen, dass hinter deren Aggressivität die Not der Hilflosigkeit und der Entwürdigung stehen mag und die Kinder offensichtlich nichts anderes von ihrer erwachsenen Lebensumwelt gelernt haben, so geht es doch hier zuvorderst um Ihre Würde. Sie werden nicht nur sich selbst, sondern auch den Kindern nicht gerecht, wenn Sie sich erniedrigen lassen. Gegen deren Entwürdigung hilft es nicht, wenn Sie entwürdigt werden. Verteidigen Sie Ihre Würde. Seien Sie Vorbild. Zeigen Sie und sagen Sie, dass Sie sich von ihnen gekränkt fühlen, weil ihr Verhalten kränkend ist, und verbitten Sie sich das. Seien Sie in Worten und Haltung deutlich und aufrichtig, aber weder moralinsauer noch nachtragend. So gut es Ihnen möglich ist. Zeigen Sie den Kindern, dass Sie ihnen zutrauen, Respekt zu lernen. Nur mit einer solchen Haltung können Sie unserer Meinung nach einen Unterricht betreiben, in dem die Kinder etwas von Ihnen lernen, in dem die Kinder Sie als Respektsperson betrachten und in dem Sie in der Lage sind, nach und nach zumindest in kleinen Schritten den Kindern Respekt und Aufrichtigkeit zu vermitteln, nicht nur Ihnen gegenüber, sondern auch den anderen Kindern gegenüber. Zumindest solange Sie sie in Ihrer Obhut haben und die Atmosphäre des Zusammenseins wesentlich mitbestimmen können.

Mein Weg: Beruf und Berufung

Philipp D. arbeitete, als wir ihn kennenlernten, bereits als selbstständiger »freier Lehrer«, wie er sich selbst bezeichnete.

Früher hatte er an einer normalen Schule unterrichtet, doch es dort nicht ausgehalten. Er wurde krank, bekam Depressionen, Herzrhythmusstörungen, Magenschmerzen, Kreislaufprobleme …

»Ich kam mit dem Schulsystem nicht klar. Der Streit um die Noten, die Schüler, die nicht lernen wollten, die Lehrer und die Lehrerinnen, die nicht solidarisch waren, die Eltern, die Druck ausübten, all das machte mich fertig. Manchen Kolleginnen und Kollegen ging es gut, sie waren gerne Lehrer. Ich bewunderte sie, aber ich konnte mit ihnen nicht mithalten. Andere sagten, dass man doch unbedingt mal etwas anderes machen müsste. Doch keiner tat es. Ich befragte erfahrene Lehrkräfte und holte mir Rat, aber es half nichts. Mir ging es ans Herz. Ein Arzt sagte mir: ›Wenn Sie so weitermachen, dann brechen Sie in zwei Jahren zusammen.‹ Eigentlich lebte ich doch gesund. Sicherlich, ich machte keinen Sport, aber ich trank ganz wenig Alkohol, rauchte nicht und achtete auf gesundes Essen. Ich war damals 35, hatte aber das Herz eines 50-Jährigen.«

Philipp D. zog die Reißleine und kündigte. Dies rief in ihm schreckliche Ängste hervor. Doch die Angst, chronisch krank zu werden oder gar zu sterben, war noch größer. Er hatte ein wenig Geld zurückgelegt, das reichte eine Zeit lang. Er kam auch mit weniger Geld gut aus. Doch wie sollte es weitergehen, was sollte er tun? Promovieren? Er überlegte, sich mit einem wissenschaftlichen Thema zu beschäftigen. Das hatte er früher während des Studiums gern gemacht und vielleicht war das eine Chance, ein wenig zur Ruhe zu kommen? Er überlegte sich zwei, drei mögliche Themen und sprach mit Professoren. Doch er merkte, dass ihn das Klima an der Hochschule frösteln ließ. »Die Belanglosigkeiten, die Beziehungslosigkeit, das aufgeblasene Getue einiger« – damit kam er nicht klar.

Mit der Zeit verstärkten sich seine Geldsorgen und er begann an einer Privatschule wieder als Lehrer zu arbeiten. »Ich dachte, hier würde es besser sein, merkte aber nach kurzer Zeit, dass ich mich getäuscht hatte. Deshalb hörte ich nach einem halben Jahr dort auf.« Er war niedergeschlagen und überlegte hin und her, was er künftig beruflich anstreben sollte. Eine Freundin brachte die richtungsweisende Frage ins Gespräch ein: »Was hast du eigentlich in deinem Leben gerne gemacht?«

»Mir fielen zwei Sachen ein: Ich hab' mich gerne um einzelne Kinder gekümmert und ich hab' unglaublich gerne Theater gespielt. Früher war ich bei einer Amateurtheatergruppe. Wir improvisierten viel. Wir spielten keine Stücke, aber entwickelten aus den Probereaktionen kleinere zusammenhängende Darstellungen, die wir auch aufführten. Ich fühlte mich damals dabei immer besser, ich wurde immer freier.«

Seine Freundin bestärkte ihn darin, diesen beiden Spuren nachzugehen. Er bot einer Schule in der Nachbarschaft ein Theaterprojekt an. Er sagte der Schulleitung: »Ich kann mir das nicht lange leisten, aber ich biete Ihnen an, ein halbes Jahr umsonst mit einer Gruppe von Schülern zu arbeiten. Gerne auch mit schwierigen Kindern. Wir werden gemeinsam ein Theaterstück entwickeln. Schauen Sie selbst, was das bringt. Ich bin zuversichtlich, sonst würde ich das nicht tun.«

Die Schulleitung ging darauf ein, bemühte sich um die versicherungstechnische Abwicklung, das Einbeziehen des Hausmeisters, die Raumbeschaffung und das Einverständnis der Eltern und der Vertrauenslehrerin, und er leitete die Gruppe. Die Kinder, die von den Lehrern und Lehrerinnen der einzelnen Klassen »freiwillig zugewiesen« wurden, waren eine große Herausforderung, doch er hatte nun nicht mehr den Druck, die Kinder benoten zu müssen. Er hatte keinen Lehrplan zu erfüllen, konnte auf die Kinder eingehen, mit ihnen gemeinsam improvisieren und gestalten. Das, was die Kinder beunruhigte, was sie zu »schwierigen« Kindern machte, konnten sie auf die Bühne bringen und in Spiel umsetzen. Die Kinder hatten und machten auch Probleme und waren gelegentlich störrisch, aber ihre grundlegende Begeisterung und ihr Engagement für die gemeinsame Sache waren zu spüren. Jede Woche trafen sie sich und spielten Theater. Nach einem halben Jahr gab es eine kleine innerschulische Aufführung, die so großen Anklang fand, dass danach noch eine weitere, eine öffentliche stattfand, über die in der Zeitung berichtet wurde. Vor allem aber war die Rückmeldung des Kollegiums der Schule besonders wertvoll und wichtig für alle am Erfolg Beteiligten: Die Kinder hatten sich während des halben, nun fast ganzen Jahres verändert, waren selbstbewusster und gelassener geworden.

Philipp D. veröffentlichte seine Erfahrungen in einem Artikel in einer pädagogischen Zeitschrift. Dann kamen die Aufträge. Hieß es vorher oft, es gäbe für solche Angebote kein Geld, zeigte sich nun, dass Fördergelder zu beschaffen waren, wenn das Lehrerkollegium und vor allem die Schulleitung von der Wirksamkeit eines solchen Projektes überzeugt waren und sie sich darum bemühten, zum Beispiel den Förderverein der Schule oder öffentliche Stellen oder Stiftungen etc. anzusprechen. Er führte nun regelmäßig zwei bis drei Theaterprojekte parallel durch. Das war ihm genug an Aufregung und Intensität und zunächst reichte ihm auch die finanzielle Würdigung seiner Arbeit. Er fühlte sich durch seine Arbeit und durch das, was er lernen durfte und konnte, bereichert und hatte vor, in Zukunft seine Erfahrungen über Seminare an andere Menschen, die berufliches Interesse an einer solchen Arbeit hatten, weiterzugeben.

Und wie ging es weiter mit der Arbeit mit den einzelnen Kindern? Er erzählte: »Zuerst dachte ich daran, Nachhilfe zu geben. Damit fing ich auch an, das war gut, weil ich mit den Kindern einzeln arbeitete. Es brachte mir aber zu wenig Geld und ich fühlte mich doch etwas unterfordert.« Da half ihm wieder seine Freundin auf die Sprünge mit ihrer Frage: »Welche Kinder haben dich denn für dein Gefühl ausreichend gefordert? Welchen Kindern hast du am meisten geholfen?« Philipp D. spezialisierte sich folgendermaßen: »Ich besuchte noch zwei Fortbildungen und konzentrierte mich auf Kinder, die Lernblockaden hatten. Ich inserierte und es sprach sich schnell herum, dass ich grade mit diesen Kindern Erfolge hatte. Welche Gründe die Lernblockaden hatten, das war am Anfang nie klar. Oft fanden wir es schnell heraus, manchmal aber auch gar nicht. Die Lernblockaden waren nach meiner Beobachtung zum Beispiel entstanden, nachdem sich Eltern getrennt hatten und die Kinder eine wichtige Bezugsperson verloren hatten. Manche anderen Lernblockaden wurzelten, glaube ich, in traumatischen Erfahrungen, auch wenn ich darüber meistens nichts Genaueres weiß und nur eine Vermutung habe. Und andere sind durch Überforderungen, durch überzogene Leistungsansprüche oder Entwicklungsstörungen entstanden. In jedem Fall hatte und habe ich für diese Kinder anscheinend ein gutes Händchen. Jetzt bin ich ein Geheimtipp in meiner Region und Eltern und auch Lehrer und Lehrerinnen vermitteln mir Kinder, die unter diesen Schwierigkeiten leiden.«

Wenn der Beruf mit der Berufung übereinstimmt und sich damit der Sinn Ihres beruflichen Lebens erfüllt, dann ist dies wunderbar. Selbstverständlich verbindet nicht jede Person mit ihrer beruflichen Tätigkeit auch gleich die Sinnfrage. Vielleicht wehren Sie sich gegen diesen Anspruch und sagen: Meine Arbeit ist das eine und mein Privatleben das andere, und Erstere muss keinen anderen Sinn erfüllen, als zum Beispiel meinen Lebensunterhalt oder den meiner Familie zu sichern. Wer wären wir, daran rütteln zu wollen! Wenn Ihnen aber der Aspekt Ihrer Berufung zu sehr fehlt oder zu kurz kommt, dann ist der Zeitpunkt gekommen, innezuhalten, möglichst bevor Sie dieser Zustand krank macht, und über Veränderungen nachzudenken. Was unsere Berufung ist, was wir gerne machen, was für uns sinnvoll ist, können wir Einzelnen oft nicht sofort entdecken. Wir müssen uns erlauben, vieles auszuprobieren, Umwege, Irrwege, Schleichwege und dergleichen mehr zu gehen. Dass ein Mensch nach der Schulausbildung sofort »seinen« Beruf entdeckt, der ein Leben lang trägt, ist mittlerweile die große Ausnahme. Also bedarf es der Suche und dabei ist das Würde-Ich eine große Hilfe. Wenn wir Menschen begleitet haben, die ihren beruflichen Weg suchten, dann fielen uns vier Schritte auf, die auf diesem Wanderungsprozess entscheidend waren:

Erstens: Würdigen, was ist. Setzen Sie sich mit den Fragen auseinander: Bin ich zufrieden oder nicht? Was macht mich fertig, was tut mir gut? Wir empfehlen die Würde-Bilanz, die wir beschrieben haben. Möchte ich das, was ich tue, noch in 5, 10 oder 20 Jahren oder bis zur Rente tun?

Zweitens: Ihre Kostbarkeiten wertschätzen. Fragen Sie sich, was Sie besonders gut können. Wenn Sie das selbst nicht einschätzen können, fragen Sie andere Menschen. Fragen Sie sich, was Sie gerne machen, auch dies kann der Indikator für das sein, was in Ihren beruflichen Tätigkeiten kostbar ist. Wo zieht es Sie hin? Wonach sehnen Sie sich? Würdigen Sie die Antworten, gehen Sie ihnen nach.

Drittens: Ausprobieren. Sie werden nicht sofort Ihren Weg, Ihre Berufung finden. Sie müssen ausprobieren und die neuen Erfahrungen ernst nehmen und respektieren. Verwerfen Sie Ihre Ideen nicht gleich, weil abwertende Gedanken wie: »Brotlose Kunst«, »Geht doch nicht« oder »Bringt doch nichts« auftauchen. Diskutieren Sie darüber möglichst mit anderen Menschen, denen Sie vertrauen, lassen Sie sich nicht unterkriegen und bleiben Sie geduldig. Den eigenen Weg zu finden, ist ein Prozess mit Irrungen und Wirrungen. Über das Ausprobieren können Sie die notwendigen Erfahrungen machen und Ihren beruflichen Weg der Würdigung entdecken.

Viertens: Sich zeigen. Wenn Sie Erfahrungen machen, die Ihnen und den Menschen, mit denen Sie zu tun haben, guttun, dann müssen Sie das in die Öffentlichkeit bringen. Sie müssen darüber reden, Sie können darüber schreiben, in irgendeiner Weise sollten Sie sich zeigen. Wenn Sie das selbst nicht können oder zu scheu sind, bitten Sie andere Menschen um Unterstützung. Wenn Sie Ihre Kostbarkeiten nicht offenbaren, sind diese wahrscheinlich zwar von anderen gesucht, können aber nicht gefunden werden. Auch wenn Sie als Geheimtipp gelten wie Philipp D. dürfen Ihre Fähigkeiten und das, was Sie zu bieten haben, nicht geheim bleiben, wenn Sie wirksam werden wollen.

Wie können Eltern ihre Kinder bei der Berufswahl unterstützen?

Eltern wollen, dass ihre Kinder glücklich sind. Davon gehen wir aus. Dazu gehört für die meisten Eltern, dass die Kinder einen Beruf wählen, der ihnen Sicherheit und Erfolg verspricht. Dieser Wunsch ist gerechtfertigt. Doch bei der Umsetzung gibt es zahlreiche Probleme. Die Bedingungen, unter denen die Kinder erwachsen werden oder wie die erwachsenen Kinder an die Berufswahl herangehen, unterscheiden sich unter Umständen sehr von denen der Eltern oder noch früherer Generationen. Die veränderten Bedingungen müssen ernst genommen werden. Betrachten wir sie genauer.

Viele der Schulabgänger/-innen wissen nicht, welchen Berufsweg sie einschlagen wollen. Von vielen Seiten gibt es aber oft den Druck, es doch eigentlich wissen zu müssen: »Wie?! Du weißt immer noch nicht, welche Ausbildung oder welches Studium du möchtest? Mach doch dies …« Früher wurde die Berufswahl von den Eltern für ihre Kinder getroffen oder der Beruf war seit Generationen festgelegt. Manchmal wurde daraus ein Berufsweg, der erfüllte. Doch oft stimmten solche Vorgaben nicht mit den Fähigkeiten und Wünschen des Einzelnen überein. Es ist deshalb gut, wenn sich (hoffentlich) die meisten Jugendlichen heute weniger an den Vorgaben der Eltern orientieren müssen. Sie können sich so mehr den eigenen Interessen widmen. Doch was sind diese eigenen Interessen? Viele junge Menschen wissen es nicht, sind oft recht unglücklich drüber und reagieren mit Selbsthader. Die Vielfalt der Möglichkeiten, die den Jugendlichen heute in Form eines breiten Ausbildungsangebots offensteht, kommt hinzu. Das ist gut so UND das verwirrt und überfordert viele. Nicht nur die jungen Menschen und ihre Eltern, sondern offensichtlich und verständlicherweise auch die professionellen Berater/-innen.

Wir raten den an diesem Thema interessierten Eltern, den Weg der doppelten Würdigung zu beschreiten: Würdigen Sie Ihre eigenen Wünsche, dass die Kinder einen guten Weg der Berufsfindung wählen. Machen Sie Vorschläge. Sagen Sie Ihre Meinung. Teilen Sie Ihren Kindern auch mit, dass es Ihnen wichtig ist, dass sie ihr Elternhaus verlassen und auf eigenen Füßen stehen. UND vertrauen Sie Ihren Kindern. Die Kinder müssen entscheiden. Sie werden ihren Weg finden.

Die Zeiten, in denen man einen Beruf gelernt hat und diesen dann bis zur Rente ausübte, sind für die meisten Menschen vorbei. Dazu sind die gesellschaftlichen Umwälzungen zu gewaltig. Auch gilt es zu respektieren, dass und wie sich die Interessen und Neigungen der Menschen während ihres Lebensweges verändern. Es kann deswegen bei der Berufswahl nicht darum gehen, eine Entscheidung für das ganze Leben zu treffen, sondern für den Anfang des beruflichen Weges. Dies zu wissen und auch ernst zu nehmen, erleichtert.

Was unserer Meinung nach von viel mehr Eltern und ihren Kindern Druck nehmen könnte und sollte, als es das in unserer Gesellschaft tut, sind die vielfältigen Möglichkeiten, aufbauend und/oder als Quereinsteiger/-innen Schulabschlüsse nachzuholen, Schul- und Ausbildungskombinationen wahrzunehmen, zusätzliche Qualifikationen in Fort- und Weiterbildung zu erlangen, Umschulungen zu absolvieren und was sich sonst noch alles an unorthodoxen Wegen erschließt. Und auf der Grundlage dieses Wissens können wir ganz beruhigt der Schulkarriere unserer Kinder, wie auch immer sie sein mag, unser engagiertes, unterstützendes Zutrauen schenken.

Manchmal werden junge Menschen gefragt, wo sie in zwanzig Jahren stehen wollen, um danach die Berufswahl zu treffen. Manche jungen Menschen finden darauf eine Antwort, viele aber nicht. Wir raten deshalb eher, die Jugendlichen zu fragen: »Was möchtest du ausprobieren?« Es geht darum, die Interessen und Neigungen ernst zu nehmen. Auch die Leidenschaften. »Wovon träumst du? Was machst du gerne?« Wenn dann Ideen auftauchen, ist es wichtig, sie nicht gleich mit der Keule der (finanziellen) Zukunftsunsicherheit abzutun. Viele Arbeitsplätze, die man vor zwanzig Jahren für sicher hielt, sind heute extrem unsicher und werden im großen Umfang wegrationalisiert. Wir haben die Erfahrung gemacht, dass die Jugendlichen, die ihre eigenen Interessen und Leidenschaften würdigen, einen erfolgreicheren und für sie stimmigeren Weg einschlagen als diejenigen, die bei der Berufswahl schon gleich an die Pension oder Rente denken. Auch wir persönlich haben in unserer beruflichen Entwicklung immer wieder unser Würde-Ich befragt (auch wenn wir es da noch lange nicht so nannten) und uns entschieden, berufliche Wege zu verlassen und neue zu beschreiten.

DAS WÜRDE-ICH IN AKTION: ALTE MENSCHEN

Die Begriffe Würde und Alter scheinen in unserer Kultur sehr eng miteinander verbunden zu sein. Es gibt kein Konzept einer Altenheimeinrichtung, in dem nicht auf die Würde des Alters hingewiesen wird. Eine würdevolle Ausstrahlung wird häufig mit alten Menschen verbunden, hochbetagten Menschen wird ein »Lebensabend in Würde« gewünscht.

Warum besteht diese Verbindung? Wahrscheinlich beruht es auf der kulturellen Tradition, dass in früheren Zeiten alten Menschen Weisheit zugesprochen wurde. Das war natürlich auf den einzelnen Menschen bezogen nicht immer gerechtfertigt, würdigte aber generell ihre mannigfaltige Lebenserfahrung, die von den Jüngeren geachtet wurde. Mit den »alten Weisen« früherer Kulturen waren allerdings oft Menschen schon ab einem Alter von 40 Jahren gemeint, die Lebenserwartung war viel geringer als heute. Wer wird heute als »alt« bezeichnet? Was bedeutet »älter« sein? Wann beginnt der Lebensabend? Auf diese Fragen gibt es keine allgemeingültigen Antworten. Wie auch immer: Älteren und alten Menschen tut es gut, wenn die Erfahrungen ihres Lebens gewürdigt werden. Dass sie einen würdigen Lebensabend verdienen, steht außer Frage.

»Die Würde des Alters« und die Realität

Die Lebensqualität und die Lebensbedingungen alter Menschen haben sich in den letzten 50 Jahren in Deutschland sehr verbessert. Das sollte bei aller Kritik auch erwähnt und respektiert werden. Doch es gibt immer noch Gewalt gegen alte Menschen, laute und stille Gewalt. Es gibt immer noch sozial weitgehend akzeptierte verächtliche Blicke, wenn eine alte Frau an der Kasse langsam ihr Kleingeld zählt und die anderen Kunden in der Warteschlange aufhält. Es werden immer mehr Bahnhöfe ohne Personal betrieben und stattdessen finden sich dort Fahrkartenautomaten, vor denen alte Menschen oft hilflos stehen. Wenn sie sich beschweren, erhalten sie den Hinweis, sie könnten die Fahrkarten doch auch online bestellen … Ein Hohn! Sie werden in ihrer Selbstachtung und Würde beschämt und gekränkt. Die Würdigung des Alters ist für viele Menschen und Institutionen zwar Programm, doch noch lange nicht Realität.

Offensichtlich gibt es »die« alten Menschen in unserer Kultur nicht mehr. Die Lebensbedingungen, Interessen und Wünsche alter Menschen differenzieren sich. Und diese Differenzierung müssen wir beachten und respektieren. Da ist der Grafiker, der, solange es geht, in seinem Beruf wenigstens freiberuflich tätig sein möchte, weil er voller Freude arbeitet und das Renteneintrittsalter für ihn nur eine versicherungstechnische Bedeutung hat. Daneben steht die Verkäuferin mit Rückenschmerzen, die seit Jahren an der Kasse sitzt und froh wäre, wenn sie vor dem Erreichen des 60. Lebensjahrs in Rente gehen könnte. Ein Angestellter dagegen, der arbeitslos wird, weil sein Betrieb schließt, möchte gerne auch mit Mitte 50 weiterarbeiten und nicht zum »alten Eisen« gehören, findet aber keinen neuen Arbeitsplatz. Ein Ehepaar im Rentenalter widmet sich mit großer Freude den Enkeln, während die gleichaltrigen Nachbarn gerne auf Reisen gehen, ihre Freizeit genießen und eher aus Gefälligkeit und notgedrungen den eigenen Kindern bei der

Betreuung der Enkel ab und zu aushelfen. Da ist die alte Frau, die mit 80 Jahren beginnt, ihrem wissenschaftlichen Interesse nachzugehen – »endlich« –, und eine 77-Jährige, die nur noch ihre Ruhe haben möchte: »Das hab' ich mir verdient!« Viele weitere Beispiele ließen sich anführen. Sie zeigen alle, dass sich die herkömmlichen Bilder des Alterns aufgelöst haben oder wenigstens dabei sind, sich aufzulösen. Altern ist ein vielfältiger Prozess mit vielfältigen Interessen. Jede Pauschalierung, jede Verallgemeinerung tendiert dazu, dem einzelnen Menschen nicht gerecht zu werden.

Die Würdigung eines Alters beinhaltet die Würdigung aller Menschen – und das konkret. Jeder Mensch, ob jung oder alt, hat das Recht, respektiert und geachtet zu werden. Die Würdigung des Alters umfasst die Würdigung der Hochbetagten oder der Menschen mit demenziellen Erkrankungen ebenso wie die Würdigung der Menschen über 60 oder 65 mit all den vielfältigen Lebensformen und Interessen. Diese Vielfalt verdient Respekt.

Würde und Demenz

In den letzten Jahren hat sich die Haltung durchgesetzt: Wer an einer Alzheimer-Demenz oder einer anderen Demenzform erkrankt ist, sollte nicht nur durch die Erkrankung definiert werden, sondern vor allem dadurch, dass er oder sie ein Mensch ist, eine Person, die gewürdigt werden muss. Diese Haltung war und ist nicht selbstverständlich, doch immer mehr Menschen, Pflegende wie Angehörige, bemühen sich um diese Haltung. Dieser Prozess des Würdigens ist schwierig und deswegen wollen wir an dieser Stelle einige Hinweise geben.

Ein erster Hinweis besteht darin, dass wir nicht nur auf die Störungen und Verstörungen, die durch die demenzielle Erkrankung hervorgerufen wurden, schauen sollten, sondern auch und vor allem auf das, was die Menschen (noch) können und wollen. Bezug zu nehmen auf Fähigkeiten und Kostbarkeiten, das ist es, was zählt. Deswegen sollten Menschen mit demenziellen Erkrankungen durchaus so weit unterstützt werden, wie Hilfe notwendig ist, aber nicht darüber hinaus. Denn wer Gedächtnisstörungen hat, kann trotzdem sein Brötchen schmieren, und viele demenziell Erkrankte wissen nicht mehr ihren Namen, können aber beispielsweise noch perfekt Wäsche bügeln – und wissen die Achtung, die sie gewinnen, wenn davon auch andere profitieren, durchaus wahrzunehmen und zu schätzen.

Unser zweiter Hinweis: Wenn wir Menschen immer nur damit konfrontieren, welche Fähigkeiten sie verloren haben, dann beschämt sie das. Deswegen braucht es in der Würdigung von Menschen mit Demenzerkrankungen eine Haltung des radikalen Hier und Jetzt. Es ist schlicht und ergreifend falsch, da entwürdigend, diese Menschen zu fragen, was in der letzten Woche passiert ist, also zum Beispiel, ob der Besuch des Enkels schön war. Denn an diesen Besuch können sie sich nicht erinnern und sie suchen verzweifelt in ihrem Gedächtnis nach einer Antwort. Wenn Sie als Fragende/-r und Interessierte/-r bemerken, dass Sie gerade dabei sind, den an Demenz erkrankten alten Menschen mit seinen Schwächen zu konfrontieren, so wechseln Sie so schnell wie möglich in einen anderen Gesprächs- und Beziehungsmodus. Beschäftigen Sie sich und Ihr Gegenüber mit dem, was hier und jetzt, in der Gegenwart, zwischen Ihnen und in Ihrer gemeinsamen Lebensumwelt geschieht. Sie würdigen damit die Menschen in ihren Stärken und stärken ihren Lebensmut und ihre Lebensfreude.

Und ein dritter Hinweis: Die demenziellen Erkrankungen werden oft mit dem Verfall geistiger Fähigkeiten gleichgesetzt. Die Gedächtnis- und Orientierungsprobleme sind zweifellos wesentliche Faktoren, die das Leben von demenziell erkrankten Menschen und ihrer Umgebung beeinflussen und beeinträchtigen, doch sie machen nicht den ganzen Menschen, nicht seine ganze Persönlichkeit aus. Wir sagen: Das Herz wird nicht dement. Denn das Gefühlsleben bleibt in den Menschen weiter lebendig, auch wenn sie manchmal keine Worte mehr für den Ausdruck ihrer Gefühle haben. Wer den Hochzeitstag vergessen hat, kann seinen Partner oder seine Partnerin weiter lieben, wem der Name des Enkels entfallen ist, kann trotzdem stolz auf ihn sein und sich ihm gegenüber fürsorglich verhalten. Der Mensch ist mehr als Denken und das Gedächtnis umfasst viel mehr, als sich an Daten, Fakten und Namen zu erinnern. Wir Menschen haben auch ein Gedächtnis des Herzens.[4]

Dieses Gedächtnis ist vor allem ansprechbar als Gedächtnis der Sinne. Wer das Datum des heutigen Tages nicht mehr weiß, kann trotzdem »Hoch auf dem gelben Wagen« singen und sich über die Melodie an mehrere Strophen Text erinnern. Die Sinnlichkeit zu würdigen heißt, den Menschen mit demenziellen Erkrankungen Zugänge und Begegnungen über Sinneskontakte zu ermöglichen, über Blumen, über Düfte, über Farben, über Berührungen und Klänge. Das stärkt die Menschen und schafft Möglichkeiten der Begegnung. Und oft wirkt das Gedächtnis des Herzens zurück auf das Gedächtnis der Fakten, schafft Verbindungen zu ihnen.

Menschen mit demenziellen Erkrankungen brauchen würdigende Begegnungen. Wenn der Austausch der Worte eingeschränkt ist, dann entstehen solche Begegnungen durch einen Augenkontakt, über die Berührungen mit der Hand, den Austausch von Gefühlen oder den Gleichklang des Atems. Begegnung ist auch mit Menschen mit demenzieller Erkrankung möglich, notwendig und überraschend oft bereichernd.

Würde bedeutet für alte Menschen mit Demenzerkrankungen, sie konkret zu würdigen, im Hier und Jetzt, in ihren Stärken, in ihrem Herzgedächtnis, in Begegnungen über die Sinne und die Gefühle. Das Herz wird nicht dement. Das Herz ist das Würde-Ich der demenziell erkrankten Menschen.

Würdigende Begleitung braucht Würdigung der Pflegenden

Falls Sie zu den Menschen gehörten, die ihre Mutter, ihren Vater oder eine andere ältere Person pflegen oder falls Sie beruflich in der Pflege tätig sind, werden Sie wissen und spüren, dass Pflege eine anstrengende und belastende Arbeit ist. Pflege als Beruf bedeutet oft Schichtarbeit und ein ständiges Einstellen auf wechselnde Personen und Situationen. Gerade wer würdigend pflegen möchte, fühlt sich oft unter Zeitdruck und stößt dann an die Grenzen dessen, was unter den vorgegebenen Rahmenbedingungen in der Pflege möglich ist. Die meisten alten Menschen werden zu Hause gepflegt, auch diejenigen mit demenziellen Erkrankungen. Pflegende Angehörige erhalten wenig Anerkennung, wenig Unterstützung, wenig Beratung und Weiterbildung. Sie sind für uns die stillen Helden des Alltags. Wir wünschten uns, sie müssten weniger Helden sein. Sie brauchen als Gruppe und als Einzelne viel mehr gesellschaftliche, familiäre und nachbarschaftliche Solidarität. Sie selbst haben meist zu wenig Kraft und Zeit übrig, um auf ihre Bedürfnisse aufmerksam zu machen und in der Öffentlichkeit laut zu werden.

Pflegende brauchen also Würdigung und das heißt auch Solidarität und Anerkennung. Die Anerkennung betrifft die Bezahlung und den öffentlichen Raum, die Beachtung in Fernsehsendungen und vielem anderen mehr. Auch in privaten Begegnungen ist es oft mit der Würdigung der Pflegetätigkeiten nicht weit her. Antwortet eine Person auf einer Geburtstagsparty zum Beispiel auf die Frage nach ihrem Beruf mit der Aussage »Ich in der Pflege tätig«, muss sie oft abfällige Bemerkungen wie »Ach so, Popoabwischer!« hören. Auch pflegende Angehörige bekommen selten respektierendes oder unterstützendes Feedback. Wenn sie von der Pflege ihrer Angehörigen erzählen, hören sie oft den bitter-süßen Satz: »Oh, wie toll, aber ich könnte das nicht.« Und dann folgen, so berichten uns viele pflegende Angehörige, schnell Äußerungen, die die eigene Haltung des »Nicht-Könnens« verteidigen.

Wer pflegt, versucht den Menschen, die alt, gebrechlich und krank sind, Wärme und Trost zu geben. Doch wer tröstet die Tröstenden? Wer hält diejenigen, die halten? Wer wärmt die Menschen, die Wärme geben? Hier gibt es viel zu tun, um diese Menschen zu entlasten und vor allem um ihnen Respekt zu erweisen.

Wenn Menschen pflegen, gewichten sich die einzelnen Aspekte des Würde-Ichs anders: Die Fürsorglichkeit gilt eher dem anderen als sich selbst. Die Selbstachtung ist in Gefahr, unter dem Bemühen, das Leid der gepflegten Menschen zu achten und zu lindern, zu verschwinden oder sich zumindest abzuschwächen. Die pflegenden Menschen in ihrer Würde zu unterstützen, bedeutet meist, die Balance zwischen der Würdigung ihrer eigenen Person und der zu pflegenden, von ihnen abhängigen Menschen ständig neu zu auszurichten. Das Würde-Ich von Pflegenden, die sich beruflich oder familiär einer würdigen Beziehungspflege verpflichtet fühlen, braucht ein konsequentes Innehalten. Ohne Atempausen, die zulassen, sich selbst Achtsamkeit und dem eigenen Befinden Respekt zu erweisen, ist die Gefahr, von den An- und Überforderungen des Alltags überrollt zu werden, zu groß.

Gewalt, Aggressivität und herausforderndes Verhalten

Gewalt und Aggressivität widersprechen der Würde aller Menschen. Sowohl die Pflegenden als auch die Betreuten brauchen Schutz vor den Monstern der Entwürdigung. Betrachten wir zunächst die alten Menschen, die in der Pflege und anderen Begegnungen oft die Schwächeren sind, die häufig durch Gebrechlichkeit und Erkrankungen ausgeliefert sind oder sich ausgeliefert fühlen.

Dass alte Menschen geschlagen werden, geschieht immer noch,

allerdings – so sagen Untersuchungen – mehr in privaten und familiären Zusammenhängen als in Institutionen. Viele Einrichtungen beschäftigen sich intensiv damit, Gewalt entgegenzutreten und zum Beispiel Fixierungen auf das Notwendigste zu reduzieren.

Doch gibt es auch versteckte Formen von Gewalt gegen alte Menschen. Auf eine möchten wir hinweisen: die Medikamentenvergabe. Die Mehrzahl der alten Menschen nimmt täglich mindestens vier oder fünf Medikamente ein. Oft lassen sich die Wechselwirkungen zwischen diesen Medikamenten gar nicht bestimmen. Wir bewerten es als eine Gewaltausübung, wenn Medikamente nicht als Teil einer fürsorglichen Betreuung, sondern als Mittel der Beruhigung, ja des Stilllegens alter Menschen eingesetzt werden. Es ist in Ausnahmefällen notwendig, alte Menschen durch Medikamentenvergabe zu beruhigen. Leider ist es aber in vielen Institutionen und auch oft in Haushalten verbreitet, Medikamentengabe als Pflegeerleichterung zu nutzen. Das ist eine versteckte Form von Gewalttätigkeit.

Auch Menschen, die pflegen, sind Aggressivität und Gewalttätigkeit ausgesetzt. 70 bis 80 Prozent der Pflegenden haben Erfahrungen mit aggressiven Übergriffen oder Gewalttätigkeit gemacht, die von alten Menschen ausgehen.[5] Das umfasst verbale Beschimpfungen, Schläge, Bisse und sexuelle Übergriffe. Der Versuch, solche Übergriffe als »herausforderndes Verhalten« zu bezeichnen und nicht mehr als Gewalt zu benennen, ist Ausdruck des Bemühens, alte Menschen und insbesondere Menschen mit demenziellen Erkrankungen nicht mit Gewalttätern/Gewalttäterinnen gleichsetzen zu wollen. Doch aus der Sicht der Pflegenden, seien es Professionelle oder pflegende Angehörige, ist es eine Gewalterfahrung, wenn man beschimpft oder geschlagen wird. Das darf nicht beschönigt werden.

Wir sagen, dass kein Mensch entwürdigt werden darf, weder alte Menschen noch diejenigen, die alte Menschen pflegen. Bei Gewalt, gleich welcher Art, muss unsere Reaktion lauten: »Stopp!«

Das größte Problem in der Pflege alter Menschen besteht in dieser Hinsicht darin, dass Gewalt und verletzende Aggressivität tabuisiert werden. Über solche Vorfälle wird zumeist nicht geredet, und so können weder die betroffenen Menschen Unterstützung erhalten noch können die Quellen von Gewalttätigkeit und verletzender Aggressivität abgestellt werden. Denn gerade bei älteren Menschen gilt es zu differenzieren, woraus die Aggressivität entspringt. Sie kann Ausdruck einer hohen Erregung oder Überforderung sein. Hilflosigkeit kann in Gewalttätigkeit umschlagen. Es gibt auch verrohte Menschen, die nicht zu besseren Menschen werden, nur weil sie alt und krank werden. Und es gibt Pflegende, die nicht zu besseren Menschen werden, nur weil sie pflegen. Nur wenn die Gewalttätigkeit wie auch andere Formen der Entwürdigung seitens alter Menschen und gegenüber alten Menschen aus dem Bereich der Tabuisierung geholt werden, ist es möglich, sich damit zu beschäftigen und differenzierte Wege zu entwickeln, die ihnen Einhalt gebieten. Und nur dann können die Opfer von Entwürdigungen Solidarität, Trost und Unterstützung erhalten.

Die Leerstelle zwischen den Generationen

Wir hören oft von wunderbaren Beziehungen zwischen den Generationen. Diese Beziehungen sind voller Solidarität, Wärme und Freundschaftlichkeit. Die gegenseitige Unterstützung betrifft nicht nur materielle Aspekte, sondern – bei aller gebotenen Wahrung der Intimität – auch persönliche und Herzensangelegenheiten. UND wir hören oft von Leerstellen zwischen den Generationen. Diese findet ihren Ausdruck zum Beispiel in Äußerungen wie: »Ich verstehe meinen Sohn nicht mehr. Als er ein Kind war, waren wir so vertraut, aber jetzt ist er mir so fremd geworden. Ich sehe und höre ihn kaum noch, und wenn wir uns treffen, dann wissen wir gar nichts miteinander anzufangen.« Oder: »Zwischen mir und meinen Eltern ist eine unsichtbare Mauer. Ich habe zwar Schuldgefühle, dass ich mich zu wenig um sie kümmere, aber wenn ich mich kümmern will, dann fühle ich mich zurückgestoßen, als wäre ich ihnen zu viel.«

Solche Leerstellen zwischen den Generationen sind mehr als gelegentliche Konflikte und so, wie wir sie hier beschreiben, gleichzeitig weniger tragisch als die tiefen Gräben, die sich durch die Monster der Entwürdigung in manchen Familien gebildet haben. Sie sind jedoch in jedem Fall ernst zu nehmen. Wir meinen, dass man die Leerstellen zwischen den Generationen beachten muss, denn sie belasten die Beziehungen nachhaltig und oftmals unnötig. Wir fragen deshalb danach, woraus diese Leere entstanden sein könnte oder entsteht.

Ein erster Hinweis auf eine Antwort sind Schuldgefühle. Sie können starke und andauernde Auswirkungen haben. Da leiden Eltern unter Schuldgefühlen, weil sie sich früher zu wenig um die Kinder gekümmert haben. Da fühlt sich der Vater schuldig, weil er sich von der Mutter seiner Kinder scheiden ließ. Da denkt die Mutter mit Schuldgefühlen daran zurück, dass sie lange krank war, als ihre Kinder klein waren … Und auf der anderen Seite haben die Kinder Schuldgefühle, weil sie sich zu wenig kümmern können, weil sie zu wenig Zeit haben, weil sie zu wenig anrufen und dergleichen mehr, kurz: weil sie andere Prioritäten in ihrem Leben haben.

Unausgesprochene Vorwürfe können zu einer unsichtbaren Mauer werden. Da wirft die Tochter den Eltern vor, dass diese ihren Mann nicht mögen, ja sogar ablehnen. Doch dieser Vorwurf wird nicht zur Sprache gebracht, sondern vergiftet die Atmosphäre. Da leben die Eltern mit dem unausgesprochenen Vorwurf, dass der Sohn zu früh, bei der erstbesten Gelegenheit, das Elternhaus verlassen hat und in eine ferne Stadt zog, um zu studieren, wo sie ihn doch noch gerne viel länger in Reichweite gehabt hätten. Vorwürfe jeglicher Art können die Atmosphäre zwischen den Generationen vergiften, wenn nicht darüber gesprochen wird. Für Vorwürfe wie für Schuldgefühle gilt unsere Empfehlung: Reden Sie darüber. Wir wissen, dass das schwierig ist und dass das nicht nebenbei geschehen kann. Man muss sich dafür Zeit nehmen und braucht Mut. Oft stellt sich heraus, dass die Angehörigen der jeweils anderen Generation die Situation, die mit Vorwürfen oder Schuldgefühlen behaftet ist, ganz anders erlebt hat. Was auch immer Inhalt der Auseinandersetzung ist: Fragen hilft, Reden hilft.

Ein weiteres Element, das die Leere zwischen den Generationen fördern kann, besteht in unbewussten Traumafolgen, die an die nächste Generation weitergegeben werden. Zwei Drittel der Menschen, die als Erwachsene oder als Kinder den Zweiten Weltkrieg und die Jahre danach erlebt haben, wurden traumatisiert durch Schüsse, durch Bomben, durch Vertreibung und Flucht, durch Vergewaltigungen und andere Schrecken mehr. Das hatte oft zur Folge, dass viele der betroffenen Menschen in den Jahren danach ihre Gefühle betäubten und große Schwierigkeiten hatten, Liebe zu zeigen, Kinder zu trösten oder um Verluste zu trauern. Manchmal waren materielle Dinge dann der Ersatz für Zuneigung und Wärme. Zumindest waren viele Eltern dieser Generation kein gutes Vorbild für emotionalen Austausch und herzliche Begegnungen – und konnten es wohl auch nicht sein.[6]

Viele Kinder in der Nachfolge dieser Kriegsgeneration haben solche emotionale Zurückhaltung, ja manchmal sogar Betäubung übernommen. Wenn sich dann später, bisweilen Jahrzehnte später, diese Generationen begegnen und oft auch begegnen wollen, dann fehlt ihnen dazu das emotionale und sozial-verbindliche Handwerkszeug. Wenn früher nie oder kaum über Gefühle gesprochen wurde und Gefühle wenig gezeigt wurden, wie soll das dann mühelos gelingen, wenn die Eltern alt oder hochbetagt sind? Emotionaler Austausch ist für manche dieser Menschen zunächst wie eine Fremdsprache, die neu gelernt werden muss. Und kann.

Wir haben gute Erfahrungen damit gemacht, sich allein oder mithilfe anderer diesen transgenerativen Traumafolgen anzunähern, danach zu fragen, darüber zu sprechen, sie aus dem Bereich der Tabus, der Tabuisierung zu holen. Das gelingt allerdings miteinander und zwischen den Generationen nur dann, wenn sich alle Seiten dem Interesse, darüber zu sprechen, öffnen.

Ein weiterer Grund für die schwierige Kommunikation zwischen den Generationen kann einfach darin bestehen, dass sich Interessen und Erfahrungen auseinanderentwickelt haben. Das klingt banal, sollte aber nicht unterschätzt werden. Wenn der alte Vater gerne Biografien bedeutender Persönlichkeiten liest und seine Leseerfahrungen und Erkenntnisse mit seinem Sohn teilen möchte, dann kann es vorkommen, dass dieser gelangweilt ist. Merkt das der Vater, ist er gekränkt, fühlt sich abgelehnt und verstummt. Den Sohn wiederum interessiert als leidenschaftlicher Programmierer all das, was für den Vater böhmische Dörfer sind. Beide Seiten versuchen eine Zeit lang so zu tun, als würden sie dem anderen gerne zuhören. Das ist ein durchaus liebevoll gemeinter, aber leider schlechter Versuch, denn letzten Endes sind Unverständnis und Rückzug die Folge. Manchmal liegt dem der stille Vorwurf zugrunde, dass sich der andere für das Leben der eigenen Person nicht mehr interessiert. Dann schleicht sich ein Subtext ein, der beziehungsverstörend sein kann.

Sprachlosigkeit, Selbstverachtung und Respektlosigkeit sind auch dann Folge und zugleich Ursprung gestörter Kommunikation zwischen den Generationen, wenn die Tochter zum Beispiel einem engagierten Beruf nachgeht und davon erzählt, die Mutter aber abschaltet. Die Mutter versteht nicht, was die Tochter umtreibt. Sie ist blockiert von dem unausgesprochenen Gefühl, dass ihre Tochter sie als geistig minderbemittelt verachtet. Die Tochter wiederum kämpft gegen das schmerzliche Gefühl an, dass ihre Mutter sich nicht für sie interessiert. Ein Missverständnis, das, wenn es unausgesprochen bleibt, den eigentlichen Beziehungswünschen der beiden nicht würdig ist.

Unsere Empfehlung ist, zu würdigen, was ist. Gestehen Sie sich zu, wenn Sie in einer solchen Generationen-Falle verfangen sind, dass sich die Interessenfelder, die Persönlichkeiten und die Lebenssituationen weit auseinanderentwickelt haben. Vielleicht finden sich dann andere Felder, auf die sich ein gemeinsames Interesse beziehen kann und in denen es Berührungspunkte gibt: in Bereichen des Sports, der Kultur, des Films, des Kochens, des Handwerkelns oder … Wir haben die Erfahrung gemacht, dass solche Berührungspunkte oft übersehen oder unterschätzt werden, solange zu viel Unausgesprochenes in der Luft liegt.

Am wichtigsten aber ist, dass Sie nicht nur auf das achten, worüber gesprochen wird, sondern würdigen, dass die Generationen miteinander reden und sich füreinander interessieren. Überschätzen Sie nicht die Inhalte der Kommunikation, sondern beachten Sie die Beziehungsqualitäten der Würde: Sich auszutauschen, über das jeweilige Leben zu berichten und sich für die anderen zu interessieren, das macht den Respekt für das Leben und die Persönlichkeit der anderen aus.

DAS WÜRDE-ICH IN AKTION: MENSCHEN MIT BEHINDERUNG

Lara ist 15, ihre Schwester Beate elf Jahre alt. Beate ist ein Kind mit Down-Syndrom. Lara erzählt:

»Ich liebe Beate. Manchmal nervt sie mich, weil sie nicht gut mit etwas aufhören kann. Manchmal hängt sie so an mir dran, dass es mir zu viel wird. Doch ich liebe sie irgendwie. Die darf mich sogar nerven. Andere verstehen sie manchmal nicht, aber ich verstehe sie immer. Ich lache mit ihr und ich weine mit ihr. Ich kann ihr alles erzählen. Auch meinen Kummer, auch das, was ich anderen nicht erzählen kann. Sie versteht mich nicht immer, aber doch, glaube ich, ganz oft. Und wenn sie mich nicht versteht, dann versteht sie mich trotzdem. Irgendwie. Mit dem Herzen. Sie tröstet mich dann und streichelt mich und redet mir gut zu. Wenn ich alleine bin und Kummer habe oder Stress, dann höre ich ihre Stimme, die sagt: ›Alles wird wieder gut.‹«

Das Herz ist nicht behindert. Das Herz spricht, manchmal anders, als Menschen ohne Handicap es gewohnt sind. Manchmal verstehen wir es, manchmal nicht, aber es spricht. Das zu würdigen, ist entscheidend. Das Würde-Ich muss respektiert werden.

Gleich und anders: der doppelte Blick

Jeder Mensch hat irgendwelche Erkrankungen und Einschränkungen, die er als behindernd erlebt. Den idealen »normalen« Menschen gibt es nicht. Und doch unterscheidet sich die Gruppe der

Menschen mit Behinderungen, die sich ihr zugehörig fühlen und es sind, von der der Menschen ohne Behinderungen. Die meisten Behinderungen sind in unterschiedlichem Ausmaß sichtbar, hörbar, bemerkbar. Menschen mit Behinderungen bewegen sich anders, sehen irgendwie anders aus, verhalten sich fremd. Sie irritieren uns manchmal und wirken verstörend auf uns. Wir verstehen sie manchmal nicht und sie verstehen uns manchmal nicht. Das ist der eine Aspekt. Viele Menschen wollen das Anders-Sein von Menschen mit Behinderungen ignorieren. Doch das hat zur Folge, dass der behinderte Mensch entweder ignoriert wird und aus dem Blick gerät oder aber nicht als so eigen gewürdigt wird, wie er ist. Der Blick von uns Menschen fällt auf Auffälligkeiten, unser Ohr hört besonders auf laute Stimmen oder unartikulierte Laute und reagiert auf sie. Also, so ist unser Standpunkt, sollten wir würdigen: Menschen mit Behinderungen haben Besonderheiten und diese sind zu respektieren. Der Respekt erfordert eine besondere Unterstützung, eine besondere Ansprache, oft auch besondere Formen des Umgangs.

UND diese Menschen sind nicht nur anders, sie sind auch gleich mit allen anderen – und darin so unterschiedlich und eigen wie jeder Mensch. Jede Entwürdigung tut ihnen genauso weh wie jedem und jeder anderen. Sie begegnen wahrscheinlich jeden Tag den Monstern der Entwürdigung, den lauten wie den leisen, und sind ihnen schutzloser ausgeliefert als nicht behinderte Menschen. Und sie spüren wie alle Menschen, ob sie von anderen Menschen in ihrer Würde geachtet werden. Dem Respekt vor diesen beiden Aspekten – dem Anderssein und dem Gleichsein – geben wir Ausdruck, wenn wir vom »doppelten Blick« oder der »doppelten Haltung« reden. Beide Aspekte müssen gewürdigt werden. Wird nur die Gleichheit, das gemeinsame Menschsein anerkannt, dann kann man oft den besonderen Bedingungen und Bedürfnissen der Menschen mit Behinderungen nicht gerecht werden. Wird nur auf das Anderssein geschaut und es zur Grundlage der Haltung ihnen gegenüber gemacht, dann werden Menschen mit Behinderungen ausgegrenzt und stigmatisiert. Der doppelte Blick oder die doppelte Haltung sind notwendig und Kern einer würdigenden Haltung.

UND diese Haltung beinhaltet noch eine weitere Perspektive: Wie bei allen Menschen lebt die Selbstwürdigung behinderter Menschen, ihre Selbstwertschätzung und Selbstachtung, ihr Selbstbewusstsein – ihr Würde-Ich – von der Würdigung durch andere. Und das wiederum erfordert die Aufmerksamkeit und die Achtung für ihre Selbsteinschätzungen und ihr Selbstbild, als Gruppe und als einzelne Person: Wie sehen sich Menschen mit Behinderungen selbst? Wie bezeichnen sie sich selbst und wie wollen sie genannt werden? Wie fühlen sie sich und wie erleben sie sich und ihre Umwelt?

Nur wenn diese Fragen ernsthaft gestellt werden und wenn die Antworten gehört, ernst genommen und respektiert werden, kann die Selbstwürdigung, kann das Würde-Ich, gestärkt werden. Menschen mit Behinderungen brauchen in besonderem Maße unser Interesse daran, sie in Erfahrungen der Selbstwirksamkeit zu unterstützen.

Das Würde-Ich und der Raum der Begegnung

Wenn sich Menschen mit und ohne Behinderungen begegnen, entsteht ein Raum der Begegnung. Dies ist ein Raum des Erlebens, den man nicht in Zentimetern oder Metern ausmessen kann, den aber alle Beteiligten spüren. In diesem Raum schwingt vieles hin und her: Beobachtungen und Gefühle, Unterschiede und Gemeinsamkeiten, Urteile und Vorurteile und vieles mehr. Dieser Raum ist ein hochsensibles Feld. Er ist auf beiden Seiten sehr verletzungsanfällig.

»Ich möchte helfen«, denkt die eine Person – »Ich kann das doch selber«, die andere. Das sind Widersprüche, die ein feines Austarieren und einen ständigen Dialog benötigen, bei dem sich beide Personen immer wieder infrage stellen und neu aufeinander beziehen müssen.

Auch in den behinderten Menschen werden unterschiedliche Seiten lebendig. »Ich bin hilfebedürftig – ich kämpfe um meine Selbstachtung und will nicht auf andere angewiesen sein.« Auf solche inneren Äußerungen gibt es keine klaren Antworten, keine sicheren Entscheidungen. Hier die Unsicherheiten und inneren Widersprüchlichkeiten zuzulassen, ist die einzig würdigende Haltung. Sie gibt dem Würde-Ich Raum, das Kompass in den feinen Suchbewegungen sein kann und sein sollte.

Wir haben von Menschen mit Behinderungen gehört, dass es ihnen nicht leichtfällt, ihre inneren Zweifel, Unsicherheiten und widersprüchlichen Empfindungen zu akzeptieren und auszusprechen. Sie brauchen dafür, dass auch die Menschen ohne Behinderungen, mit denen sie im Alltag zu tun haben, bereit sind, ihre inneren Zweifel, Unsicherheiten und widersprüchlichen Empfindungen zu benennen. Das erleichtert beiden Seiten, sich zu verständigen und sich auf die Suchbewegung nach würdigendem Miteinander zu begeben.

Der Respekt der »anderen«

Sich im würdigen Miteinander zu begegnen: das bedeutet vonseiten der »anderen« – und hier sind damit jetzt die nicht behinderten Personen gemeint –, eine pulsierende Balance finden zu müssen, vor allem im Bereich der Fürsorglichkeit. Auf der einen Seite der Polarität steht die Zwangsversorgung, auf der anderen Seite die der körperlichen und seelischen Vernachlässigung. Und zwischen diesen gibt es – wie wir beobachten und erfahren – viel zu viele, die menschliche Würde verletzende Verhaltensweisen.

Menschen mit Behinderungen werden zu wenig gewürdigt. Der Grund liegt nicht immer darin, dass Menschen mit Behinderung bewusst miss- oder verachtet werden. Oft liegt die Quelle in Gedankenlosigkeit und Unkenntnis. Deswegen wollen wir hier den sogenannten anderen, den nicht behinderten Menschen, die an einer Beziehung interessiert sind, die auf der Wahrung der Selbstachtung beider Seiten basiert, einige Hinweise geben. (In der Mühe, die es uns macht, dafür angemessene Worte zu finden, die weder von übertriebener Vorsicht noch von überzogener Anklage geprägt sind, spiegelt sich, so vermuten wir, die gesellschaftliche Wirklichkeit wider. Würden wir uns an »die Gesellschaft« und »die Verantwortlichen« richten, so würden wir scharfe Töne anstimmen, um uns gegen die Würdelosigkeit einzusetzen, wie wir es auch in anderen Zusammenhängen unserer Öffentlichkeitsarbeit tun. Hier aber richten wir unsere Worte an Sie, die Sie dieses Buch lesen, und wir gehen davon aus, dass Sie sich für die Feinheiten von Würde achtenden Begegnungen, die unserem Konzept des Würde-Ichs zugrunde liegen, interessieren.)

In Einrichtungen und Ambulanzen, die Menschen mit Behinderungen betreuen und begleiten, finden sich viele Verhaltensweisen, die wir in der Bewertung zwischen Bevormundung und dem Eingriff in das Selbstbestimmungsrecht einordnen würden. Die Grenze zwischen unterstützen, erziehen, fördern, überfordern und beschämen, zwischen wachstumsfördernden und wachstumsverhindernden Interventionen ist zwar schmal, aber oft ein tiefer Graben. Wenn ein Mensch eine geistige Behinderung hat, muss er dennoch entscheiden dürfen, mit wem er zusammen am Esstisch sitzen und mit wem er seine Freizeit verbringen will, wen er anziehend findet und wie sein Zimmer aussehen soll, wie er sich ankleiden will, wessen Fan er ist … Menschen mit Behinderung haben das gleiche Recht auf Nähe, Zärtlichkeit und sexuelle Unversehrtheit wie andere Menschen. Sie tragen prinzipiell die Verantwortung für sich und ihr Leben und können diese Verantwortung, so gut es geht, übernehmen. Sie sind aber, um ihre Rechte wahren und verantworten zu können, prinzipiell mehr als nicht behinderte Menschen auf andere angewiesen, die sich mitverantwortlich fühlen und die Verantwortung für Schutz und Sicherheit dann übernehmen, wenn sie schutzlos den Entwürdigungen gleich welcher Art ausgesetzt sind. Und sie haben ein Recht darauf, dass man mit ihnen alles übt, was sie so selbstständig wie möglich macht: schreiben und lesen, kochen und Körperpflege, aufräumen und arbeiten …

Wenn wir Menschen mit Behinderungen begleiten, sind wir immer wieder darin gefordert, zu entscheiden, wo, wie und wann sie selbst Verantwortung übernehmen können und wo, wie und wann unsere Hilfe notwendig oder sinnvoll ist. Das zu entscheiden kann unserer Meinung nach nur dann gelingen, wenn wir nicht nur auf die Behinderung achten, sondern darüber hinaus die momentane Befindlichkeit und aktuelle Situation berücksichtigen – und bereit sind, uns und unsere Entscheidungen immer wieder zu korrigieren und anzupassen. Die Gefahr der Bevormundung oder Missachtung, die Kränkung des Würde-Ichs von behinderten Menschen, lauert oft bereits ganz unspektakulär darin, dass wir anderen nicht auf die ganz einfache Idee kommen, sie nach ihren Bedürfnissen zu fragen, sondern meinen, wir wüssten über sie Bescheid. Oft, wahrscheinlich viel öfter, als wir meinen, könnten sie uns diese benennen und wir könnten daraus Schlüsse ziehen, wenn wir ihnen zuhören würden. Manchmal hat ein behinderter Mensch nicht die Möglichkeit, in Worten auszudrücken, was er will und nicht will, was er braucht und nicht brauchen kann. Dann müssen wir seine Körpersprache beachten oder uns für einen Moment in diesen Menschen hineindenken: Was würde ich fühlen, wenn ich du wäre? Was könnte ich wollen? Nicht dass wir es damit wissen können, aber vielleicht ermöglicht uns diese kurze Identifikation, so anders zu denken und zu handeln, dass das Würde-Ich unseres Gegenübers Respekt erfährt.

Auch gesellschaftlich gesehen hilft es, zu fragen, wie sich Menschen mit Handicaps selbst sehen und in ihrer Würde gesehen werden wollen. Viele Menschen mit geistigen Behinderungen wollen zum Beispiel nicht als »geistig behinderte« Menschen bezeichnet werden. Manche fühlen sich mit der offizielleren Sprachregelung »Menschen mit kognitiven Einschränkungen« nicht wirklich angesprochen, sondern verstehen sich als »lernbehinderte« Menschen. Einige von ihnen engagieren sich, wenn sie unterstützt werden, gerne in sozialen Gruppen, um für ihre Anliegen der gesellschaftlichen Anerkennung zu streiten. Welche Zugehörigkeit und Zuschreibung die einzelne Person jeweils selbstwürdigend für sich in Anspruch nehmen mag, sollte sie selbst bestimmen dürfen. Fragen hilft. Hinhören, hinsehen und hinspüren hilft. Austausch hilft. Jeder ernst gemeinte Versuch hilft. So gut und so »eigenartig« und »eigensinnig« es geht. Entscheidend ist, in Beziehung zu gehen. Nur über Beziehung kommt man zum Würdigen.

Wenn wir anderen diese Haltung ernst nehmen und sie mit behinderten Menschen teilen, dann dürfen wir auch von behinderten Menschen erwarten, dass sie das Ihre dazu tun, würdige Begegnungen zu ermöglichen. Vorbildlich und beeindruckend war für uns die Aussage eines offensichtlich körperbehinderten Mannes, dessen Hände aufgrund einer Contergan-Schädigung an den Schultern angewachsen sind: »Viele Menschen haben Angst, mich zu begrüßen, weil sie einfach nicht wissen, wie sie das tun können. Zumindest haben sie große Scheu. Mich hat das früher sehr verletzt – bis ich dann irgendwann gemerkt habe, dass ich das nicht gleich als mangelnde Achtung oder Diskriminierung werten muss, nur weil es das oft ist und war. Ich wollte nicht länger akzeptieren, mich abgelehnt zu fühlen, nur wegen der Angst der Leute. Und ich habe den Entschluss gefasst, dass ich den Menschen, denen ich begegne, ohne Scheu und direkt heraus sage, wie sie mich begrüßen können. Und dass sie das bitte tun sollen. Dass sie meine Hand, wenn sie wollen, auch schütteln können, sie sitzt halt nur ein bisschen weiter oben. Oder dass sie mir auch gerne stattdessen auf den Rücken klopfen können. Ich bin der, der ich bin. Dafür übernehme ich Verantwortung. Und ich finde, das muss niemand bedauern. Mein Standpunkt ist, dass wir alle, wirklich alle, etwas dazu beitragen können, dass sich der Abstand zwischen uns verringert oder wenigstens normalisiert. Ich möchte an alle appellieren: Machen wir Schluss mit den

Tabus und gehen wir mit Fremdheit um, wie es immer gut ist: Begegnen wir einander. Übernehmen wir alle Verantwortung dafür, dass und wie Begegnungen gelingen können.«

Auch hier gilt, würdigen heißt Kommunikation und würdigen bedeutet, die Behinderung ernst zu nehmen, sie aber nicht überzubewerten oder zu verallgemeinern. Wenn Sie jemandem über die Straße helfen, weil er blind ist, müssen Sie ihm nicht die Tasche tragen. Wenn Sie einer behinderten Person im Rollstuhl mit ihrer Betreuerin begegnen, müssen Sie nicht die Betreuerin fragen, was der behinderte Mensch gerne trinken möchte. Und wenn Ihnen dennoch einmal ein solcher Fehler unterläuft, weil wir Menschen nun einmal dazu neigen, unsere Wahrnehmungen zu generalisieren, dann hilft nur: sich selbst verzeihen – und lernen. Fürs nächste Mal. Würde lernen. Das Würde-Ich in Aktion bringen. Das ist zumindest unser Anspruch an uns selbst.

DAS WÜRDE-ICH IN AKTION: KRANKHEIT UND GESUNDUNG

Unser Anliegen ist, dass Sie achtsam mit Ihrem Körpererleben umgehen und Hinweise auf krank machende, krankheitsgefährdende oder -verstärkende Faktoren würdigen. Dass Sie über das, was Sie gekränkt hat oder haben könnte, nachdenken, dass Sie in sich hineinspüren, Ihr Würde-Ich befragen und mit vertrauten Menschen darüber sprechen.

Wie Entwürdigung krank machen kann

»Ich habe falsch geheiratet«, sagte Karima L. Sie war in Bosnien geboren und als junges Mädchen nach Deutschland gekommen. Auf Druck der Eltern hatte sie einen jungen Mann geheiratet, als sie gerade 18 Jahre alt war. Sie mochte ihn, war in der Zeit um die Hochzeit herum manchmal sogar ein bisschen verliebt, aber sie kannte ihn kaum. Die Geschichte ihrer Ehe war eine Geschichte der Entwürdigung. Er kümmerte sich nicht um sie, außer dass er ihr ganz genau abgezähltes Haushaltsgeld gab, was er für Kümmern hielt. Sie musste alle Einkäufe mit Beleg abrechnen und er schimpfte, wenn sie einzelne Lebensmittel oder Haushaltsgegenstände vermeintlich zu teuer eingekauft hatte. Er zwang sie zum Sex, auch wenn sie nicht wollte. Ihre Wünsche waren nicht existent, ihr Nein galt nicht. Wenn er besonders unzufrieden oder gestresst war, schlug er sie. »Du bist eine Frau. Du hast nichts zu sagen und du hast nichts zu wollen!« Das waren seine Worte, die sie jeden Tag hörte.

Karima L. wurde krank. Zunächst seelisch. Sie wurde immer niedergeschlagener und trauerte ihrer Kindheit nach. Sie half sich anfangs, indem sie sich in ein besseres Leben träumte. Heimlich begann sie, Fernsehserien zu schauen, wenn ihr Mann arbeitete (er hatte ihr das verboten). Sie identifizierte sich mit den Frauen aus den Filmen, die geliebt und geachtet wurden. Ihre Sehnsucht wurde immer größer. Sie sehnte sich nach Freundlichkeit, Zuneigung, nach Zärtlichkeit und Liebe …

Ihre Träume hellten ihr Leben ein wenig auf, doch sie änderten nichts an ihrem Leid und an ihrer Entwürdigung. Zunächst bekam sie immer häufiger Kopfschmerzen, dann war es der Bauch, der zu schmerzen begann. Als es ganz schlimm wurde, durfte sie zur Frauenärztin gehen, weil ihr Mann vermutete, dass sie schwanger wäre. Die Ärztin untersuchte sie und stellte weder eine Schwangerschaft noch eine konkret diagnostizierbare Krankheit fest. Im Laufe des nächsten halben Jahres wurde es immer schlimmer: Schmerzen, Übelkeit, Krämpfe. Schließlich musste der Notarzt gerufen werden, denn Karima schrie eines Nachts vor Schmerzen. Der Notarzt brachte sie ins Krankenhaus. Dort stellte man ein Magengeschwür fest, das kurz vor einem Magendurchbruch stand. Karima L. wurde gerettet.

In der Klinik fielen die blauen Flecken an Karimas Armen, Hals und Rücken auf. Sie wurde gefragt, wo diese denn herkämen. Aber zunächst wagte sie nicht, eine ehrliche Antwort zu geben, sondern erzählte, sie wäre gefallen und hätte sich gestoßen. Einer sehr freundlichen Ärztin vertraute sie sich dann doch an und teilte ihr mit, dass sie geschlagen wurde. Damit hatte sie den ersten entscheidenden Schritt getan, sich aufzurichten. Mit, wenn auch verständlicherweise ängstlichem, Einverständnis von Karima L. schaltete die Ärztin den Sozialen Dienst der Klinik ein und es begann eine lange Odyssee durch die leidvollen Phasen des Hin und Her des Trennungsprozesses, wie sie alle misshandelten Frauen und Kinder, gleich welcher Nationalität und unabhängig von familiären Wurzeln, kennen, UND des Prozesses der Gesundung.

Ihnen mag diese Geschichte krass, vielleicht auch ein wenig plakativ vorkommen. Ja, das ist sie, doch leider kennen wir viele solcher Geschichten, in denen die Monster der Entwürdigung zuschlagen und sich in Erkrankungen zeigen. Seelische und körperliche Erkrankungen gehen oft miteinander einher. Entwürdigung macht krank. Einsamkeit macht krank. Doch nicht immer ist der Zusammenhang zwischen Entwürdigung, Einsamkeit und Erkrankung so deutlich erkennbar wie in dieser Geschichte. Oft sind die Verbindungen eher unsichtbar oder vernebelt, oft entstehen Erkrankungen erst nach langwierigen Prozessen von Entwürdigungen, schleichen sich ein oder verstecken sich lange Zeit hinter anderen Befindlichkeiten und Stimmungen.

Selbstverständlich können Erkrankungen auch andere Ursachen haben. Bei Erkrankungen spielen immer viele Faktoren eine Rolle. Erbliche Dispositionen, körperliche Veränderungs-, Reifungs- und Alterungsprozesse, seelische und soziale Verletzungen … – all das kann Erkrankungen wie Gesundungsprozesse begünstigen und beeinflussen. Einseitige Ursache-Wirkungs-Mechanismen verbieten sich in diesem Zusammenhang und schon gar die Zuordnung bestimmter Krankheiten zu bestimmten »Persönlichkeitstypen« (»Krebspersönlichkeit«) bzw. Charaktereigenschaften (»ängstlicher Charakter«). Solche verallgemeinernden Entstehungs- und Zuordnungsgeschichten sind nicht nur grob vereinfachend, sondern verletzen die menschliche Würde, gerade wenn sie von Experten gleich welcher Fachrichtung geäußert und vertreten werden und damit an Bedeutung gewinnen. Wir betonen den psychosomatischen Zusammenhang, streng in dem Sinne, dass es ganz umfassend gesehen einen psychischen und somatischen Zusammenhang gibt in der Krankheitsgeschichte eines jeden Menschen, dass Psyche und Soma gegenseitig aufeinander einwirken – und nicht, wie es oft gerne gebraucht wird, in dem Sinn, dass es eine psychische Ursache geben muss, wenn körperlich medizinisch »nichts« zu diagnostizieren ist. Leider sind einfache Erklärungen wie Ursache-Wirkungs-Zusammenhänge nun einmal verführerisch. Wir Menschen sehnen uns nach ihnen, doch die Realität ist komplex und kompliziert, und alle Faktoren müssen, individuell gewichtet, gewürdigt werden, will man Gesundungsprozessen eine Chance geben. *Einer* der Faktoren, die in Krankheitsprozessen eine Rolle spielen, sind die Erfahrungen der Entwürdigung.

Emma D. und der Krebs

Es geht uns in der folgenden Geschichte nicht um die Beantwortung der Frage, inwieweit entwürdigende Erfahrungen zur Entstehungsgeschichte der Krebserkrankung beigetragen haben. Das maßen wir uns nicht an. Wir halten die Frage nach möglichen Ursachen für Krebserkrankungen auch nicht für bedeutsam angesichts der Anforderungen, die ein Überlebens- und Gesundungsprozess an den erkrankten Menschen stellt. Was uns dagegen hier in unserem thematischen Zusammenhang am Herzen liegt, ist, aufzuzeigen, wie elementar wichtig ein würdevoller Umgang der Lebensumwelt mit dem Kranken für dessen Lebensqualität und die Stärkung seiner Gesundungskräfte ist.

In dem Moment, als Emma D. die Diagnose »Brustkrebs« erhielt, erschrak sie »zu Tode« – und wurde fast gleichzeitig innerlich ganz ruhig und still. Nun war die schlimmste Befürchtung eingetroffen und die hohe Anspannung der vergangenen Tage und Wochen fiel in sich zusammen.

Schon in den Jahren zuvor waren bei ihr Besonderheiten bei den Brustuntersuchungen festgestellt worden. Zwei Mal waren wegen des Verdachts auf Brustkrebs bereits Gewebeproben eingeschickt worden, jedes Mal hatte sie lange und angstvoll auf die Ergebnisse warten müssen … Dann kam die Entwarnung. So war es vor zwei Jahren und so war es vor einem Jahr gewesen. Doch diesmal war die Veränderung, wie die Ärztin festgestellt hatte, beunruhigender.

Dementsprechend heftig waren die Qual und die Angst, bis das Ergebnis vorlag.

Und dann, ein paar Momente später, nachdem »die Welt stillgestanden hatte«, krochen der Schrecken und die Erschütterung wieder in sie hinein und erfassten sie ganz. Sie dachte an ihre zwei Kinder im Alter von elf und 13 Jahren, die sie doch noch brauchten, und an ihren Mann.

Sie litt anfangs unter extrem heftigen Schuldgefühlen. Es musste doch so sein, dass sie etwas falsch gemacht hatte. Vielleicht hatte sie sich falsch ernährt oder zu wenig Sport getrieben, war zu konfliktscheu oder harmoniesüchtig gewesen, hatte mit ihrer Angst vor Krebs den Krebs erst ermöglicht … und was ihr und uns Menschen noch so alles einfällt, wenn wir uns auf die Suche nach der Schuld für eine Krankheit begeben. Im Internet fand sie weitere unzählige Hinweise auf mögliche Ursachen von Krebserkrankungen: baustoffliche Belastungen in der Wohnung oder Magnetfelder, deren Auswirkungen sie nicht beachtet hatte … Das alles machte sie verrückt vor Schuldgefühlen, wie sie später sagte. Sie konnte anfangs mit niemandem darüber reden, bis sie sich ein Herz fasste und sich ihrer Freundin anvertraute. Die Freundin wusch ihr den Kopf. Sie war selbst durch einen quälenden und sinnlosen Prozess der Selbstbeschuldigungen gegangen und hatte gemerkt, dass diese Art Selbsthader nichts zur Gesundung beitragen konnte, sondern im Gegenteil sie lediglich noch mehr gekränkt hatte. Sie hatte selbst im Austausch mit anderen Menschen gemerkt, dass es vielen, bei denen eine gefährliche Erkrankung festgestellt wird, genauso geht: Sie fragen sich, ob sie selbst dafür verantwortlich sind. Wahrscheinlich weil wir Menschen Erklärungen brauchen, um etwas so Unbegreifliches wie diese Krankheit und warum sie gerade die eine oder den anderen trifft, zu begreifen. Doch sie hatte auch gelernt, dass gerade bei einer existenziellen Erkrankung wie Krebs diese Schuldgefühle-Phase als Durchgangsphase ernst zu nehmen ist, dann aber auch eine Phase bleiben muss, die es hinter sich zu lassen gilt. Das alles erzählte sie ihrer Freundin. Beide Frauen umarmten sich ganz fest, weinten miteinander und trösteten sich. Die Freundin versicherte Emma D.: »Ich steh an deiner Seite, lass uns gemeinsam gegen den Krebs kämpfen.«

Ja, Emma D. wollte kämpfen, sie wollte leben, auch wenn sie nicht genau wusste, was »kämpfen« bedeuten würde. Sie sah zusammen mit ihrer Freundin der Tatsache ins Auge, dass sie den Ausgang des Kampfes nicht allein in der Hand hatte, sie versuchte, das so gut es ging zu akzeptieren – doch sie wollte alles, was sie vermochte, unternehmen, um wieder zu gesunden oder zumindest so lange wie möglich so gut wie möglich zu leben. Sie vertraute sich ihren beiden Töchtern und ihrem Mann an und sie beschlossen, bei allem Leid und aller Unsicherheit das Päckchen, das jede und jeder Einzelne von ihnen auch auf die eigene Art bewältigen musste, gemeinsam zu tragen. Dieser Weg war nicht leicht. Emma D. machte sich manchmal sehr große Hoffnungen, dann wieder neigte sie zur Resignation und jede ihrer Stimmungen hatte Auswirkungen auf die anderen, so wie auch deren Stimmungen auf sie. Doch die Gespräche mit ihrer Familie und ihrer Freundin halfen allen.

Was sie vor ihrer Erkrankung nicht geahnt hatte, war, wie schlimm manche Erfahrungen waren und sich auf sie auswirkten, die sie mit anderen Menschen machen musste.

Im Gesundheitswesen waren die Erfahrungen sehr gemischt. Es gab nette, freundliche und fürsorgliche Menschen und dann wieder medizinische und pflegerische Kräfte, von denen sie sich wie ein »Fall«, wie »die Krankheit« behandelt fühlte. Sie hatte selten die Kraft, sich zu wehren, dafür war sie viel zu verunsichert und durch die Krankheit geschwächt. Einmal, als man sie während einer Behandlung im Krankenhaus zwei Stunden lang im Flur unbeachtet stehen ließ, rief sie in ihrer Not ihren Mann an, obwohl es im Krankenhaus verboten war, mit dem Handy zu telefonieren. Sie schilderte ihm flüsternd ihre Lage und bat ihn, ihr zuliebe zu kommen und bitte etwas dafür zu tun, dass sie wenigstens informiert würde, was los sei, und man sie nicht ignorierte und vergaß. Sie wusste nicht genau, was sie eigentlich wollte – aber sie war sicher, dass sie nicht so verächtlich behandelt werden wollte. Ihr Mann verließ sofort seine Arbeitsstelle, fuhr ins Krankenhaus und redete deutliche Worte mit den dortigen Mitarbeitern und Mitarbeiterinnen, in denen er Respekt für seine Frau einforderte.

Sehr schlimm waren für Emma D. auch manche Reaktionen aus ihrem Umfeld. Es herrschte, so empfand sie, plötzlich eine merkwürdige Sprachlosigkeit um sie herum. Viele Menschen zogen sich mehr oder weniger offensichtlich zurück und vermieden das direkte Gespräch mit ihr. Die Lehrerin ihres älteren Kindes verstummte, ganz gegen frühere Gewohnheiten, direkt nach einer kurzen Begrüßung. In der Nachbarschaft schauten manche Menschen weg oder tauschten untereinander wissend-unwissende Blicke, während sie selbst mitleidige Blicke erntete. Sie wusste zwar, dass die meisten dieser Menschen ihr ganz sicher nichts Böses wollten, hatte auch Sorge, ungerecht und paranoid zu sein, aber die Erfahrung, zu Luft gemacht zu werden, aus welchen Gründen auch immer, blieb schmerzhaft und kränkte und schwächte sie in ihrem Selbstwertgefühl. »Bin ich nichts mehr wert? Bin ich es nicht mehr wert, dass man mir guten Tag sagt, mich anschaut, ganz normal mit mir redet?«, beklagte sie sich. »Ich bin doch nicht nur der Krebs, ich bin doch weiter Emma D.!«

Solche Erfahrungen, wie Emma D. sie machen musste, sind leider nicht selten. Viele Menschen tragen die Angst vor onkologischen Erkrankungen in sich, zum einen vielleicht, weil die statistische Wahrscheinlichkeit, selbst zu erkranken, relativ groß ist, zum anderen, weil viele durch die Krankheit bei ihnen nahestehenden Menschen betroffen sind oder waren. Die Gefahr ist groß, dass sie diese Angst vor der Krankheit auf die Menschen, die an Krebs erkrankt sind, ausweiten und deswegen einen Bogen um sie machen. Das ist zwar im Einzelfall verständlich, ist aber keine Entschuldigung, die wir akzeptieren wollen, dafür sind die Konsequenzen, die dieses Verhalten für erkrankte Menschen wie Emma D. hat, zu folgenschwer.

Manche Menschen haben Scheu, sich an Krebs erkrankten Personen zu nähern, weil sie nicht wissen, wie sie sich ihnen gegenüber verhalten sollen. Kann ich einfach so fragen: Wie geht es dir/Ihnen? Soll ich nach der Erkrankung fragen und darüber sprechen? Oder soll ich eher etwas Positives tun, ablenken und schöne Aktivitäten vorschlagen? Diese Scheu kennen wir auch und sie ist, unserer Meinung nach, nicht nur verständlich, sondern auch angebracht, wenn sie, wie gesagt, nicht als Abstandhalter dient. Der würdige Weg führt durch diese Scheu hindurch, und das bedeutet, die erkrankte Person zu fragen. Ihr die Frage zu stellen, ob wir sie fragen dürfen, wie es ihr geht, beziehungsweise ob sie uns auf diese Frage eine Antwort geben mag. Oder sie zu fragen, was ihr guttut. Ob wir dafür etwas tun können, etwas anbieten dürfen? Und was der Fragen mehr sein könnten, die ein beide Seiten würdigendes Gespräch möglich machen. Antworten auf diese Fragen können wir uns nicht selber geben. Jeder Mensch mit einer Erkrankung reagiert anders; auch kann heute ein Gespräch über die Erkrankung und ihre Folgen angemessen sein, während am nächsten Tag vielleicht eine Aktion zur Ablenkung hilft, den Lebensmut zu stärken.

Außerdem sollten wir uns und den erkrankten Menschen davon entlasten, nur noch die Krankheit in den Mittelpunkt unseres gegenseitigen Interesses zu stellen. Emma D. hat uns den Hinweis gegeben: Krankheit – gleich welcher Art – ist kein Makel. Menschen, die erkrankt sind, sind nicht nur »die Krankheit«, sondern sie sind Menschen mit allem, was zum Menschsein und zu ihrem Leben und Erleben gehört – einschließlich des Interesses an anderen, einschließlich der Erkrankung.

Wenn Sie sich für die Person interessieren, wenn Sie fragen, machen Sie nichts falsch. Das Einzige, was Sie falsch machen können, ist, die Erkrankten allein und im Stich zu lassen.

Der neue Stolz

Pascal I. traf der Schlag. Im buchstäblichen Sinne. Der Schlaganfall war relativ leicht und kam aus heiterem Himmel. Nein, dachte er später, nicht ganz aus heiterem Himmel. Er hatte vorher schon viel Druck und Stress wahrgenommen, aber mit solchen Folgen hatte er nicht gerechnet. Er litt unmittelbar danach an leichten Sprachstörungen, auch konnte er sich nicht mehr so gut fortbewegen, weil an seinem linken Bein leichte Lähmungserscheinungen auftraten. Sein Gleichgewichtssinn war gestört, ihm wurde oft schwindelig. Vor allem bei Drehungen schwankte er. In den ersten Tagen und Wochen nach dem Schlaganfall war er innerlich wie gelähmt. Sollte das alles gewesen sein? War sein Leben, so wie er es gelebt hatte, vorbei? Er spürte, dass diese Erfahrung ein Einschnitt in seinem Leben war, ein gravierender Einschnitt. Was das bedeutete, erschloss sich ihm zunächst nicht, er war anfangs innerlich erstarrt.

Ihm half es, dass er sich in seiner Umgebung getragen und getröstet fühlte. Die anderen Menschen in der Familie und auch im Freundeskreis waren ebenfalls erschrocken und geschockt, wie er auch. Sie taten alle ihr Bestes, ihn zu unterstützen. Das half. Und dann begann er, auf seine Art zu kämpfen. Er kämpfte darum, seine körperliche Konstitution zu verbessern, um die Folgen des Schlaganfalls zu verringern. Es gelang ihm schrittweise, auch wenn der Zustand wie vor dem Schlaganfall nicht wieder voll herstellbar war. Er musste weiter mit Gleichgewichtsschwankungen leben und auch das Taubheitsgefühl im linken Bein verließ ihn nicht ganz. Dieser Kampf war relativ einfach, weil er wusste, was zu tun war. Er machte seine Übungen, stellte seine Ernährung um und kämpfte für seine Gesundung.

Doch dies war nicht die einzige Ebene seines Kampfes. Es gab andere, und deswegen erzählen wir Ihnen die Geschichte von Pascal I., weil sie auch für andere Menschen beispielhaft sein kann. Das zweite Kampffeld betraf seine Angst. Natürlich hatte er Angst vor einem erneuten Schlaganfall. Die Menschen, die ihm nahestanden, ängstigten sich noch mehr als er selbst. Er verließ sich auf seine inneren Warnsignale, vor allem auf sein Gefühl von Anspannung und Stress. Das waren für ihn die Zeichen, dass er sofort Pause machen oder Situationen verlassen musste, die ihm nicht guttaten. Er musste und wollte diese Signale respektieren und würdigen. Er wusste, dass damit seine Angst nicht verschwand, doch das war der Weg, wie er mit ihr leben konnte. Seine Familienangehörigen und Freunde hatten es da schwerer. Sie spürten nicht die gleichen Signale wie er, sie mussten ihm vertrauen, dass er sich ernst nahm. Dies gelang von Woche zu Woche, von Monat zu Monat zunehmend besser.

Und es gab noch eine dritte Ebene des Kampfes. Pascal I. musste sich auf seine neue Lebenssituation einstellen. Am schwierigsten war der Umgang mit der Traurigkeit darüber, dass manches nicht mehr ging, was ihm vorher möglich gewesen war. Er konnte manches nicht mehr angehen, wovon er noch geträumt hatte und das er in seinem Leben noch verwirklichen wollte. Er musste der Erkrankung Tribut zollen, indem er von Aspekten seines Lebens losließ, des gelebten wie des ungelebten Lebens, das er noch leben wollte. (Diese Begriffe werden im späteren Kapitel »Das ungelebte und das ungeliebte Leben« erklärt.) Das war traurig. Ihm fiel es nicht leicht, diese Traurigkeit zuzulassen, doch zusammen mit denen, die ihm nahe waren, vor allem mit seiner Frau, gelang es ihm immer mehr. Und dann galt es zu unterscheiden zwischen dem, was er loslassen musste, und dem, was er weiter angehen und anpacken konnte. Und da gab es noch vieles. Er konnte wegen seines geschädigten Gleichgewichtssinns nicht mehr Fahrrad fahren, aber er konnte lange Spaziergänge machen. Er musste sich beruflich umstellen (er war selbstständig) und viel Verantwortung abgeben, doch es gab Arbeitsfelder, die er gerne anging und die er voller Tatkraft sogar vertiefen und erweitern konnte. Immer wieder war es notwendig, zu unterscheiden: Was macht Stress, was macht zu viel Stress und was passt? Dieser Prozess gelang nicht in wenigen Wochen. Es brauchte Zeit und einiges an Windungen und Wendungen, um sich darauf einzustellen. Doch es gelang ihm.

Ein Jahr nach dem Schlaganfall feierte er einen kleinen »zweiten Geburtstag«. Als er auf das Jahr zurückblickte, war er stolz. Und sein Würde-Ich gewachsen.

Demütigung, Demut und der Kampf um Gesundung

Sowohl Emma D. und ihre Freundin als auch Pascal I., deren Krankheitsgeschichte wir Ihnen auf den letzten Seiten vorgestellt haben, sprachen davon, »kämpfen« zu wollen. Gerade im Zusammenhang mit onkologischen Erkrankungen ist im öffentlichen Sprachgebrauch immer wieder von Kampf die Rede. Das hört sich oft sehr kriegerisch an, als gegen den »Feind Krankheit« gerichtet, den man besiegen muss. Dies unterstellt: Wenn man nur tapfer genug kämpft, wird man gewinnen. Das halten wir für unerträglich. Denn das unterstellt auch: Wenn man die Krankheit nicht besiegt, hat man nicht gut genug gekämpft. Dann kommen zur Erkrankung noch die Selbstvorwürfe und Schuldgefühle hinzu.

Wir möchten »Kampf« so verstanden und gelebt wissen, dass der Mensch, der ihn führt, ihn für Gesundung, für Lebensqualität, für sich und seine Lieben einsetzt. Dieser Kampf beinhaltet die Demut gegenüber den begrenzten Möglichkeiten des Menschen, Krankheit und Gesundheit zu beeinflussen.

Wenn Sie das Wort »Demut« hören, werden Sie vielleicht zurückschrecken, denn Demut verbinden die meisten Menschen mit Demütigung. Aber genau diese beiden Begriffe unterscheiden sich diametral. Demut ist eine innere, persönliche Entscheidung grundsätzlich freiwilliger Natur, während Demütigung als ein Angriff, eine Entwürdigung von außen geschieht und erlebt wird, die den Menschen kleinmacht und unterwirft.

Wenn Menschen ihre Erkrankung wie eine Demütigung erleben, dann ist das mehr als verständlich, aber wir plädieren dafür, Demütigung als eine menschliche Beziehungserfahrung einzuordnen. Demut dagegen gehört in diesem Zusammenhang – und wir betonen: in diesem Zusammenhang der Krankheits- und Gesundungsprozesse – zu dem Weg der Aufrichtung aus dem Schicksal der Erkrankung.

Zitieren wir noch einmal Emma D., die sich bezüglich ihres Kampfeswillens so äußerte: »Ich tue so viel, um die Krankheit zu besiegen, und ich weiß, dass ich vielleicht diesen Kampf nicht gewinne. Ich bin in dieser Hinsicht demütig geworden. Ich weiß, dass die Erkrankung vielleicht größer ist als ich. Ich kann nur hoffen und mein Schicksal annehmen. Wichtig ist mir, dass ich mit mir und meiner Familie, solange ich kann, ein möglichst gutes Leben führe.«

Demut zu leben beinhaltet, das, was geschieht, zu würdigen und zu respektieren. Wir Menschen können vieles verändern. Wir können gegen vieles ankämpfen, doch nicht gegen alles. Nennen wir es Schicksal oder wie auch immer. Wir sollten demütig sein gegenüber dem, was wir nicht ändern können.

So können wir das Leben würdigen. Demut und Demütigung enthalten einen gemeinsamen Wortstamm: Mut. Mut bedeutet nicht nur Tapferkeit, »muot« bedeutete im Althochdeutschen »Seele«. Das Gemüt ist der Zustand unserer Seele, unser Befinden, unser spürendes Erleben. In dem Wort »Zumutung« wenden wir uns mit unserer Seele anderen Menschen zu, sind im positiven Sinne eine Zu-mut-ung. »Demut« bedeutet, mit seiner Seele etwas zu akzeptieren, was nicht zu ändern ist, sich ihm zu unterwerfen. Demut zielt ab auf Frieden und innere Ruhe. Demut kann einen wichtigen Bestandteil eines Lebens in Würde bilden.

Ein kleines Wunder

Als Sina O. aus der Praxis des Arztes trat, war sie glücklich und gleichzeitig stark verunsichert. Ihr Glück bestand darin, dass der Arzt bei ihr bis auf einen schwachen Tinnitus keine Anzeichen mehr von der Erkrankung Morbus Menière hatte feststellen können. In ihrem Selbstbewusstsein und ihrer Selbstsicherheit erschüttert hatte sie, dass der ihr durchaus zugewandte und gründlich untersuchende Arzt meinte: »Es kann nicht sein, dass Sie an Morbus Menière erkrankt waren. Das muss vor eineinhalb Jahren eine Fehldiagnose gewesen sein. Das gibt es nicht, dass sich Ihr Zustand so gebessert haben kann, wie es unsere Tests jetzt ausweisen.« Und er bot ihr andere Erklärungen an: einen Panikanfall oder eine besondere Form der Migräne … Zunächst hatte sie sich noch ein klein wenig, fast schüchtern gegen seine Aussage aufgelehnt, brach aber ab, als sie merkte, dass er nicht beabsichtigte, ihr in dieser Hinsicht zuzuhören. Sie nahm seine Therapievorschläge für ihre in den Tests diagnostizierte Schwerhörigkeit aufmerksam entgegen und war ihm dankbar, dass sie sich in dieser Hinsicht gut von ihm gehört und behandelt fühlen konnte.

In der Zeit nachdem sie das Urteil »Fehldiagnose« erhalten hatte, kämpfte sie mit ihrem Schamgefühl, das sich mit dem altbekannten Lied meldete: »Ah, da hast du dich mal wieder angestellt. Musstest mal wieder Theater machen und viel dramatischer tun, als es war.« Doch dann besann sie sich und nahm die Erinnerungen an ihr damaliges Körpererleben ernst. Die Welt hatte Kopf gestanden, sie hatte vollkommen die Orientierung verloren und gar nicht mehr gewusst, was los war. Es war schlimm gewesen vor 18 Monaten, anders und noch viel schlimmer als die Ohnmachts- und Migräneanfälle, die sie schon kannte. Sie vertraute der HNO-Ärztin, die sie lange und gründlich untersucht, vor allem aber nach ihren Symptomen befragt und Schlüsse daraus gezogen hatte. Als Sina O. mit ihrem Mann darüber sprach, konnte sie sich ihrer Selbstwahrnehmung noch sicherer werden. Ihr Mann hatte ihren Hörsturz und Morbus-Menière-Anfall hautnah und erschüttert miterlebt und kannte sie gut genug, um zu wissen, dass sie eher zu Unter- als Übertreibungen neigte.

Lange saß sie mit ihrem Mann zusammen und nahm die Erfahrung des Arztbesuchs zum Anlass, noch einmal über den Schrecken der Erkrankung und den Weg der Gesundung zu reden. Es gab immer noch durchgängig Ohrgeräusche, die stressanfällig waren und sich gelegentlich verstärkten, doch der grundlegende Schwindel und die anderen Symptome des Morbus Menière waren verschwunden. Was hatte geholfen? Sie überlegte und sagte dann zu ihrem Mann: »Da war von Anfang an entscheidend, dass ich nicht alleine war. Schon bei meinem Zusammenbruch und auch danach wusste ich lange nicht, was mit mir los war. Ich verstand nichts und war hilflos, doch ich war immer zusammen mit dir und irgendwie hast du und haben wir beide immer gemeinsam gespürt, was richtig war und was der nächste Schritt sein sollte. Mir haben auch die Ärztin und ein anderer Arzt geholfen, die mich untersuchten, gute Fragen stellten und die dem vertrauten, was ich erzählte, auch wenn ich manchmal gar nicht wusste, wie ich mein Erleben schildern sollte. Sie stellten mir ihre Kompetenz zur Verfügung und ließen keinen Zweifel daran, dass ich nicht spinne. Das war Respekt.«

Sina O. hatte damals nach der Diagnose eine Erklärung für ihr Erleben im Internet gefunden. Aus der Fülle der Aussagen fielen ihr zwei besonders auf: Sie beschrieben die Krankheit als kleinen Infarkt im Ohr und als Entladung eines Druckstaus. Damit fand sie einen Zusammenhang zu ihrem Leben. Sie hatte viel Druck, zu viel Druck. Das zu akzeptieren und zu würdigen, fiel ihr nicht leicht. Sie musste die Notwendigkeit anerkennen, dass sie ihr Leben ändern musste, vor allem die Haltung zu ihrem Leben. Das hatte schmerzliche und identitätsverunsichernde Konsequenzen, die sie nicht alleine ziehen konnte, sondern für deren Umsetzung sie Hilfe brauchte. Sie brauchte einen Partner, der ihr beistand in ihren Versagensängsten und ihrem Zweifel an sich selbst. Der ihre Ängste und Erschütterungen teilte und gleichzeitig Wünsche und Forderungen an sie stellte. Eine Freundin half ihr mit der Aufforderung, sich immer wieder so zu respektieren, wie sie war. Sie musste mit der nun notwendigen Verlangsamung ihres Handelns und der Umstellung ihres Lebens- und Arbeitsrhythmus fertigwerden und akzeptieren, dass sie sich schnell überforderte und nun eins nach dem anderen angehen musste, all die kleinen Schritte des Wandels. Das ging nicht allein, dazu brauchte sie Begleitung. Und der Rückblick auf die Zeit nach der Erkrankung, auf ihren Weg der Gesundung, ließ sie friedlich und einverstanden mit sich selbst sein.

Und noch etwas anderes war, wie sie feststellte, für ihren Gesundungsprozess entscheidend, nämlich dass ihr niemand sagte: »Du hast nicht genug auf dich aufgepasst! Wie konnte dir das passieren? Du weißt doch, dass …« Die Krankheit zu würdigen und dabei nicht alleine zu sein, den Prozess der Veränderung mit all den Unsicherheiten zu würdigen und dabei nicht alleine zu sein, das war der Weg, der ihr half. Und auf diesem Boden hatte, wie sie dankbar feststellte, das kleine Wunder ihrer Genesung geschehen können.

Psychodruck: Zwangsgesundheit, Zwangsentspannen …

Eine Zeit lang wuchs der Ärger von Elsa N. immer mehr: Jede ihrer Freundinnen, jede Bekannte kam mit einem neuen Tipp. Die eine schwärmte für Pilates-Training, die andere meinte, Pilates sei out, sie müsse stattdessen ein sanftes Work-out machen, wie es in dem neuen Fitnessstudio angeboten würde. Die neue Kollegin mit der tollen Figur schwor auf grünen Saft, am besten jeden Tag frisch zubereitet mit dem neuen Mixer für 280 Euro. Die andere war gerade auf Low-Carb-Diät und versuchte, sie zu überreden, sich daran zu beteiligen. Ihre Friseurin erzählte ihr von einem super Yoga-Kurs, ihre Nachbarin empfahl den neuen Beziehungsratgeber per Fernkurs und so weiter …

Irgendwann hatte Elsa N. dann die Nase so voll, dass sie aus Protest zu McDonalds ging und sich anschließend an der Bude Schokolade kaufte.

Diese Protestform ist sicherlich auf Dauer weder gesund noch erhöht sie die Selbstachtung, aber sie ist eine der unorthodoxeren Reaktionen auf Psychodruck. Jeder einzelne Rat kann gut gemeint sein, doch die Fülle solcher Ratschläge kann erdrücken, ja erniedrigen. Denn sie halten einem immer wieder den vergleichenden Spiegel vor und sagen unterschwellig: »Du bist unvollkommen! Du schaffst es nicht so wie wir anderen.«

Wir raten, sich von dieser Art Wettbewerb, so gut es geht, frei zu machen. Was für die eine Person gut ist, muss noch lange nicht für die andere passen. Klar, wer etwas Positives für sich entdeckt, neigt dazu, dies als allein seligmachende Erkenntnis zu verbreiten. Erwischt einen selbst solch missionarischer Eifer, ist es wichtig, einen Schritt beiseitezutreten. Und auch die vielfältigen Werbekampagnen, die uns sagen, wie gesund und fit und glücklich wir doch sein könnten, wenn, ja wenn wir nur diesen Saft trinken oder jene Diät machen würden, sollten wir aus sehr kritischer Distanz betrachten.

Nur Sie selbst können herausfinden und prüfen, was für Sie gesund und angemessen ist, was Sie ausprobieren und wozu Sie sich entscheiden wollen. Sie sind Ihr Maßstab. Ihr Würde-Ich ist Ihr Kompass.

(Dieses kleine Pamphlet zum Abschluss unseres Kapitels »Krankheit und Gesundung« haben wir unserem ärgerlichen Würde-Ich in Aktion gewidmet.)

DAS WÜRDE-ICH IN AKTION: ENTSCHEIDUNGEN

Wir haben uns in den bisherigen Kapiteln dieses Buches schon oft damit beschäftigt, wie das Würde-Ich bei der Entscheidungsfindung helfen kann, und werden dies im weiteren Verlauf des Buches fortsetzen. Ein eigenes Kapitel über Entscheidungsfindung erübrigt sich dadurch fast, doch wir wollen in den folgenden Ausführungen einige Aspekte beleuchten, die sonst zu kurz kommen könnten.

Wie wir bei Entscheidungen blockiert werden

Um das Würde-Ich als Kompass bei den vielfältigen Entscheidungen auf dem Lebensweg nutzen zu können, ist es sinnvoll, danach zu fragen, wie wir Menschen uns selbst bei der Entscheidungsfindung blockieren und wie wir von anderen blockiert werden. Dies umfasst mehrere Faktoren, die bei jedem und jeder Einzelnen eine mehr oder weniger große Rolle spielen.

Ein gewichtiger Faktor sind die Selbstzweifel. Sein eigenes Handeln kritisch zu hinterfragen und vor Entscheidungen dem Zweifel Raum zu geben, ist grundsätzlich positiv. Zu zweifeln bedeutet, Alternativen abzuwägen und sich selbst zurate zu ziehen, was die richtige Entscheidung sein könnte. Insofern sind Zweifel und Selbstzweifel kein Hindernis dafür, Entscheidungen zu treffen, sondern eine notwendige Durchgangsphase, die der Entscheidungsfindung vorhergehen kann und sollte.

Das Problem besteht bei vielen darin, dass sie in dieser Phase stecken bleiben. Sie wälzen Gedanken und Argumente, die für die eine oder andere Alternative sprechen, hin und her und kommen nicht voran. Wenn Menschen in ihren Zweifeln beharren und darunter leiden, dann wurzelt dies zumeist in einem grundlegenden Problem des Selbstbewusstseins und des Selbstwertgefühls. Wer sich selbst für einen Versager hält, kann schwerlich Ja oder Nein sagen, oder wer meint, immer wieder falsche Entscheidungen getroffen zu haben, wird vor neuen Entscheidungen wahrscheinlich zurückschrecken. Solche Selbstzweifel können eine Folge von früheren Fehlentscheidungen sein, die das Zweifeln an die eigenen Fähigkeiten befördert haben. Sie können aber auch aus Erfahrungen mit den Monstern der Entwürdigung resultieren, vor allem mit Beschämungen und Erniedrigungen. Wer von anderen Menschen immer wieder hört, dass er nichts tauge, dass er nichts könne, dass er sowieso nichts richtig mache, der wird nicht mit Mut und Selbstbewusstsein an Entscheidungsfindungen herangehen. Selbstbewusstsein und Selbstwertgefühl brauchen Rückmeldungen von anderen Menschen, wahrhaftige und bestärkende Rückmeldungen. Bleiben diese aus oder werden dadurch ersetzt, dass man ins Leere geht oder verächtlich gemacht und bespöttelt wird, ist dies ein Nährboden für chronische Selbstzweifel. Hier wird wohl kein anderer Weg nachhaltig erfolgreich sein, als sich mit den Quellen der Entwürdigung auseinanderzusetzen. So kann man den Selbstzweifeln den Boden entziehen und mehr Kraft und Zuversicht in der Entscheidungsfindung entwickeln.

Eine Hemmung, Entscheidungen zu treffen, kann auch darin wurzeln, dass Menschen sich mit dem, was sie eigentlich für richtig halten, überfordern. Wenn Sie zu der Entscheidung kommen, dass Sie Ihren Arbeitsplatz verlassen sollten, aber die Angst vor den sozialen und finanziellen Konsequenzen Sie überwältigt, dann mag Ihre Entscheidung sich zwar richtig anfühlen, überfordert Sie aber zumindest im gegenwärtigen Moment. Sicherlich ist es manchmal notwendig, Handlungen durchzuführen, für die man sich noch nicht hinreichend fähig oder reif hält. Doch ist der Widerstand so groß, sind die Befürchtungen so massiv, ist die Überforderung so gewaltig, dass sie die für richtig erachtete Entscheidung überlagern, dann wird jede Entscheidungsfindung und jedes entsprechende Handeln blockiert. Wir meinen, dass das gewürdigt und akzeptiert werden muss, um möglichst mit Unterstützung anderer nach Zwischenschritten oder Alternativen zu suchen.

Die Angst zu versagen kann ebenfalls Entscheidungsprozesse behindern und blockieren. Sie speist sich aus abwertenden Rückmeldungen anderer Menschen oder sie ist das Resultat früherer Erfahrungen des Scheiterns. Wer in seiner Ehe, Liebes- und Freundschaftsbeziehung oder anderen Partnerbeziehungen gescheitert ist, sich getäuscht hat beziehungsweise getäuscht wurde, wird bei der nächsten Entscheidung für eine neue Partnerschaft Befürchtungen haben. Dies mag dazu führen, dass besonders genau geprüft und hin und her überlegt wird. Das ist nachvollziehbar und verständlich. Wenn allerdings die Angst vor einem erneuten Scheitern so stark wird, dass sie jede Entscheidung blockiert, dann ist es notwendig, sich mit den früheren Erfahrungen zu beschäftigen.

Die Angst zu versagen kann auch darin ihre Quelle haben, dass zum Beispiel der Versuch, sich beruflich eine selbstständige Existenz aufzubauen, nicht gelungen ist. Hier kann man zwar die Ursachen analysieren und intellektuell Wege erarbeiten, wie es besser zu machen ist. Doch die Angst, erneut zu versagen, kann tief sitzen. Hier ist der Zuspruch anderer notwendig, um diese Angst zu überwinden. Der Zuspruch darf nicht nur in einem »Du wirst das schon schaffen« bestehen, sondern muss tiefer gehen und vor allem konkret die Fähigkeiten der betreffenden Person herausarbeiten und bestärken.

Manche Menschen sagen sich: »Ich darf keine Fehler machen!« Diesen Satz hören sie immer wieder, laut und drängend. Sie haben diese Botschaft nicht erfunden, meist ist sie aus entwürdigenden, identitätsverstörenden Erfahrungen erwachsen. Diese Botschaft, dieser Satz kann fast jede Entscheidungsfindung blockieren. Dabei ist meistens unklar, was überhaupt Fehler sind. Wenn wir zum Beispiel einem Menschen, der von der Angst, Fehler zu machen, blockiert ist, den therapeutischen Auftrag geben: »Machen Sie jeden Tag vier Fehler!«, dann sind die Menschen damit oft überfordert, weil sie gar nicht wissen, was Fehler sind. Und das ist meist eine, wenn auch kurz verwirrende, dann aber erhellende und erleichternde Erkenntnis, ein erster Schritt aus der Blockade. Wer grundsätzlich vermeiden will, Fehler zu machen, hört in sich wahrscheinlich die ihm altbekannte entwürdigende Grundmelodie: »Du machst sowieso alles falsch! Du bist falsch!« Hier gilt es, darauf zu hören, woher diese Botschaft kommt, und einen Weg zu finden, diesen Satz durch andere Sätze zu ersetzen, zum Beispiel durch: »Ich mache vieles richtig und ich darf auch Fehler machen. Wie jeder Mensch.«

Ratschläge anderer können positiv wirken oder auch die Blockaden im Prozess der Entscheidungsfindung verstärken. Negativ sind alle Allgemeinplätze wie »das wird schon«, »mach dir doch keine Sorgen« und so weiter. Ratschläge, die mit »Du musst dies, du musst jenes …« beginnen, sind kontraproduktiv, weil sie nur den Druck erhöhen, ohne als Hilfen bei der Entscheidungsfindung zu wirken. Besser sind Vorschläge. Die Unterstützung anderer muss möglichst konkret sein und die vorhandenen Kompetenzen und Erfahrungen würdigen. Dann kann durch solche Rückmeldungen das Selbstwertgefühl gestärkt werden und ein Boden für die Überwindung von Entscheidungsblockaden bereitet werden.

Harte und weiche Entscheidungen

Wir meinen, dass es unbedingt notwendig ist, genauer zwischen unterschiedlichen Arten von Entscheidungen zu differenzieren. Sie werden von sich kennen, dass Sie manchmal ganz klar darin sind, was Sie wollen und wie Sie entscheiden. Und ein andermal zögern Sie, sind unentschlossen und unsicher. Das mag mit den Themen zu tun haben, um die es geht, und damit, wie Ihr Befinden gerade ist. Doch es kann auch Ausdruck zweier grundsätzlich unterschiedlicher Qualitäten von Entscheidungen sein.

Es gibt Entscheidungen, bei denen geht es eindeutig um die Alternative: Verteidigung der Würde oder Zulassen von Entwürdigung. Also um eine Entweder-oder-Entscheidung. Ducken Sie sich weg und lassen Sie zu, dass Ihr Kind von einem älteren Mitschüler geschlagen wird? Oder entscheiden Sie sich dafür, dagegen vorzugehen? Ihre Haltung ist wahrscheinlich eindeutig: Sie werden es nicht zulassen, sondern eingreifen. Das sind Entscheidungen, die wir »harte« Entscheidungen nennen.

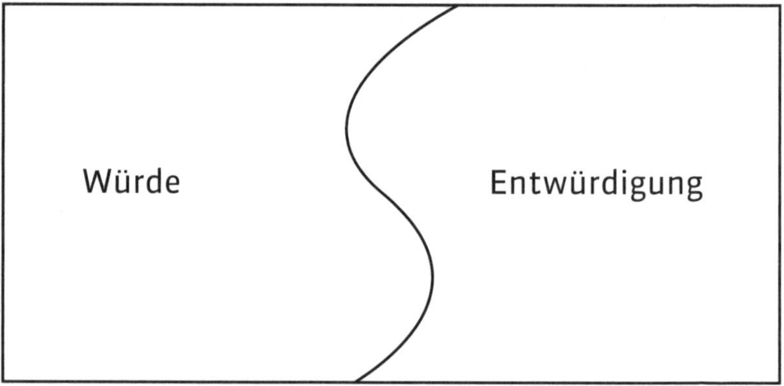

Wie Sie diese Entscheidungen umsetzen, ist eine ganz andere Frage. Da sind Uneindeutigkeiten erlaubt. Sollen Sie mit dem Lehrer sprechen? Mit den Eltern des Mitschülers? Soll Ihr Kind die Klasse oder die Schule wechseln? … Vieles ist zu bedenken.

Auch wir wünschen uns, dass wir immer in der Lage sind, hart und klar zu entscheiden, wenn es um die Alternative Würde oder Entwürdigung geht. Zu einer Haltung zu finden, die unserem Würde-Ich gerecht wird, erscheint uns hingegen oft viel einfacher als die differenzierte Umsetzung dieser Haltung in Taten. Welches konkrete Verhalten wird in dieser spezifischen Situation der Entscheidung, für die Würde einzutreten, gerecht? Manchmal sind wir konsequent und schnell oder entscheiden ganz selbstverständlich, manchmal suchen wir nach geeigneten Wegen, unsere Haltung im Leben umzusetzen, in der Diskussion miteinander oder mit anderen. Die Haltung der Würde bildet den Boden, auf dem man in Suchbewegungen zu einer angemessenen Handlungsweise findet.

Eine wichtige Differenzierung besteht also in der Unterscheidung zwischen der Haltung, die wir einnehmen, und der Art und Weise, wie wir sie umsetzen. Die zweite Differenzierung besteht darin, dass es neben den »harten« Entscheidungen auch »weiche« gibt. Wenn Sie zum Beispiel spüren, dass es in einer Freundschaft nicht stimmt, dass Sie ins Leere gehen und vielleicht sogar beschämt werden – was tun, wenn Ihnen die Freundschaft wichtig ist? Hier geht es nicht um harte Entscheidungen wie: die Freundschaft weiterführen oder sie beenden. Vielleicht läuft es irgendwann auf eine solche Entscheidung hinaus, doch nicht jetzt. Jetzt ist Ihre Haltung offener und durch ein großes UND bestimmt: Sie wollen die Freundschaft UND Sie wollen sie nicht so, wie Sie sie gerade erleben. Also geht es darum, Möglichkeiten zu erkunden, Schattierungen auszuloten und Wege der Veränderung zu suchen. Hier ist Ihr Würde-Ich nicht Ent-

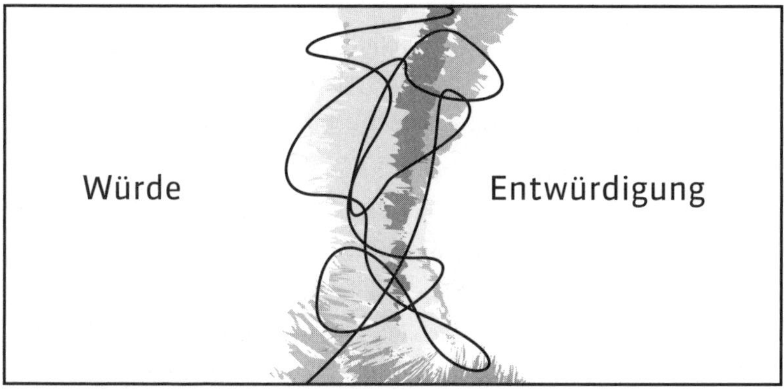

scheidungshilfe des Entweder-oder, sondern Kompass in der Suchbewegung: Wie spreche ich über mein Unbehagen? Wie fühlt sich die Reaktion an? Wie kann es weitergehen?

Zwischen Würde und Entwürdigung existiert hier ein zwischen schwarz und weiß changierendes Feld, ein Raum unterschiedlicher Graustufen. Dieses Feld, dieser Raum verändert sich und führt mal hierhin und mal dorthin. Er pulsiert.

Während unserer Beschäftigung mit dem Würde-Ich haben wir uns immer wieder in diesem Raum wiedergefunden, und wir hoffen, diese Zwischenzone für Sie geöffnet oder geweitet zu haben, damit Sie sie selbstbewusst und eigensinnig für Ihre Entscheidungsprozesse nutzen können. Das ist uns ein Anliegen. Hier geht es um die feinen Unterschiede, hier sind die Differenzierungen und kleinschrittigen Suchbewegungen gefragt. In diesem Raum ist Ihr Würde-Ich von besonderer Wichtigkeit. Es kann Sie gegen alle Vereinfachungen und Plattheiten schützen, die Sie in Ihrer Selbstachtung kränken würden. Wir möchten Sie dazu anregen, sich selbst zu erlauben, mithilfe Ihres Würde-Ichs weich durch diese Zwischenzonen zu navigieren, gerade dann, wenn Sie in Entscheidungsnöten sind.

Ein Lob den Zwischenschritten

Wichtige Entscheidungen zu treffen, ist zumeist keine einmalige Angelegenheit, sondern ein Prozess. Dieser Prozess besteht aus mehreren kleinen Schritten, bei denen Sie die Achtsamkeit für das Würde-Ich als Ihren Kompass nutzen können. Wenn Sie zum Beispiel ein ersehntes Job-Angebot erhalten, Sie dafür aber die vertraute Umgebung, in der Sie mit Ihrem Kind leben, aufgeben müssten, dann will das wohlüberlegt sein. Vielleicht sind Sie hin- und hergerissen, vielleicht schwanken Sie zwischen »Ja, endlich diese Chance!« und der Befürchtung, dass der Verlust der vertrauten Umgebung ein zu großer Schritt sein könnte, der Sie und Ihre kleine Familie belasten würde. Es ist immer schwer oder besonders schwer, wenn man nicht nur für sich, sondern auch für andere, für die man (Mit-)Verantwortung trägt, mitentscheiden muss. Gestehen Sie sich das ein.

Ein kleiner Zwischenschritt könnte also darin bestehen, dass Sie zunächst akzeptieren: Ja, das ist eine schwierige Entscheidung, vor der ich stehe, und ich brauche dafür etwas Zeit. Sich in seinen Problemen und in seinem Zögern zu akzeptieren, bedeutet, zu würdigen, was ist. Damit respektieren Sie sich und Ihr Befinden, es ist ein Moment der Selbstachtung. Vielleicht können Sie mit der Entscheidung ein wenig warten, sie zumindest einige Male überschlafen. Manchmal fällt es leichter, eine Entscheidung zu treffen, wenn man sich ein wenig aus dem Druck des Entscheidungszwangs entlässt und den zeitlichen Entscheidungsraum wieder öffnet bzw. erweitert.

Ein weiterer Zwischenschritt kann darin bestehen, mit anderen über die Entscheidungsproblematik zu reden, vielleicht mit Freunden und Freundinnen. Sie können und Sie müssen nicht alles selbst wissen, Sie können sich Hilfe und Unterstützung holen. Entscheiden müssen Sie selbst, aber beim Abwägen und auf dem Weg zur Entscheidung hilft oft das Gehör, das Sie bei anderen finden.

Vielleicht gibt es weitere Zwischenschritte: Sie schauen sich den neuen Arbeitsplatz und die Umgebung an. Sie prüfen, ob Sie umziehen müssen oder noch eine Weile hin- und herpendeln können. Sie suchen eine Schule oder einen Kindergarten für Ihr Kind, in der oder dem es sich wohlfühlen könnte …

Ob Zwischenschritte wie in diesem Beispiel in Ihrem konkreten Fall möglich sind, wissen wir nicht. Unzweifelhaft gibt es Situationen, in denen es keine oder nur wenige Zwischenschritte und -räume geben kann, in denen Ihr Würde-Ich zu schnellen Konsequenzen drängt und eindeutige Entscheidungen Ihrerseits fordert. In Situationen, die weniger eindeutig sind und mehr Spielräume ermöglichen, können wir Ihnen nur raten, Ihre Zweifel und Ihre Unsicherheit ernst zu nehmen und sich zu erlauben, Zwischenschritte zu gehen und Zwischenräume zu begehen. Wenn Sie bei der Entscheidung aus dem Beispiel oben Ihr Würde-Ich befragen, wird es sicherlich Ihre Sehnsucht würdigen und Ihnen raten, ihr nachzugehen. Es wird aber auch Ihre Fürsorge für Ihr Kind und Ihre Traurigkeit, die vertraute Umgebung zu verlassen, respektieren. Auch das Würde-Ich braucht manchmal Zeit und Zwischenschritte, um als Kompass zu dienen. Wir betonen so sehr die Notwendigkeit von Zwischenschritten und Übergängen, weil wir oft die Erfahrung gemacht haben, dass der extreme Druck, sofort Entscheidungen treffen zu müssen, behindern und blockieren kann.

Wie Sie andere Menschen unterstützen, ihr Würde-Ich zu finden und zu nutzen

Wenn Sie Freundschaften pflegen, werden Sie sicherlich immer mal wieder um Rat und Entscheidungshilfe bei wichtigen oder problematischen Angelegenheiten gebeten. Wir möchten Ihnen für diese Situation, in der nicht ein schneller Ratschlag, sondern Ihre Unterstützung gefragt ist, hier den einen oder anderen Hinweis anbieten.

Der erste lautet: Seien Sie nicht zu schnell! Wenn jemand anderes zwischen zwei Entscheidungsmöglichkeiten hin- und hergerissen ist, sollten Sie sich nicht sofort für die eine oder andere Entscheidung aussprechen. Zunächst sollten Sie möglichst konkret nachfragen: Was würde Entscheidung A bedeuten? Was Entscheidung B? Wie geht es dir, wenn du dir vorstellst, die Entscheidung in diese Richtung oder in die andere Richtung zu fällen? … Solche Überlegungen laut werden zu lassen, hilft Ihnen und der Person, die Sie unterstützen wollen. Also: erst zuhören, später raten.

Der zweite Tipp: Geben Sie zunächst der anderen Person die Rückmeldung, dass Sie verstehen, was sie umtreibt (wenn es wahrhaftig so stimmt), und dass Sie die Schwierigkeit ernst nehmen und achten: »Wenn es für dich leicht zu entscheiden wäre, dann gäbe es kein Problem und dann bräuchten wir wahrscheinlich nicht darüber zu reden.« Akzeptieren Sie die Not, in der sich Ihr Gegenüber befindet, und melden Sie ihr oder ihm dies zurück. Das reduziert den Druck und schafft einen gemeinsamen Boden der Verständigung und des Verständnisses.

Der dritte Hinweis: Fragen Sie: »Was sagt dein Herz dazu?« Oft wird diese Frage überraschen, manche Menschen belächeln sie als unvernünftig. Stellen Sie diese Frage trotzdem, sie ist wichtig, denn sie würdigt die Gefühle.

Die meisten Menschen können die Frage, was ihr Herz dazu sagt, spontan beantworten, manche brauchen etwas länger. Wenn jemand keine Antwort weiß, dann bitten Sie ihn, eine Hand oder beide Hände auf sein Herz zu legen und dort einige Atemzüge lang hinzuspüren. Wir haben die Erfahrung gemacht, dass dadurch fast immer eine Antwort entsteht. Manchmal tauchen in solchen Situationen Antworten auf, die als spinnert oder unsinnig abgetan werden. Doch auch solche Impulse sind ernst zu nehmen. Ermutigen Sie dazu, denn aus ihnen kann das Würde-Ich sprechen. Wenn jemand den Hinweis auf das Herz als kitschig abtun möchte, können Sie der Person anbieten, ihr »vernünftiges Herz« oder ihre »herzliche Vernunft« zu befragen …

Und nehmen Sie als innere Stärkung Ihrer Haltung die folgende Aussage dazu, die wir einem Roman entnommen haben und die uns sehr gefallen hat:

» … deine Probleme (können) meiner Meinung nach nicht allein, ja nicht einmal partiell, durch Vernunft gelöst werden. Jeder weiß im Innersten seines Herzens, wenn nicht sogar seiner Vernunft, dass die Vernunft, wenn sich die Seele im Belagerungszustand befindet, dem Kampf nicht gewachsen ist.«[7]

Und damit sind wir beim vierten Tipp, dem wichtigsten Hinweis: Ermutigen Sie Ihr Gegenüber dazu, sich das eigene Würde-Ich als Instanz seiner Würde und Würdigung vorzustellen und es auf dem Weg der Entscheidungsfindung zu befragen. Dazu müssen Sie sich wahrscheinlich die Mühe machen, zu erklären, was das Würde-Ich ist, welche Erfahrungen Sie damit gemacht haben und welchem Aspekt des Würde-Ichs Sie angesichts des konkreten Themas Bedeutung geben. Nach unserer Beobachtung können fast alle Menschen mit dem Würde-Ich eine Vorstellung für ihren Würde-Kompass entwickeln und diesen dann auf dem Weg der Entscheidungsfindung nutzen. Vielleicht gibt es nicht immer sofort klare Ergebnisse, aber im Zuge des weiteren Prozesses werden Hinweise auf Antworten entstehen.

Wir bitten Sie, in diesem Prozess immer wieder darauf hinzuweisen, dass es um Momentaufnahmen geht. Das ist der fünfte Tipp. Wenn eine Entscheidung für die Zukunft getroffen werden muss, dann ist es notwendig, sich immer wieder zu vergegenwärtigen: »*Jetzt* weiß ich, dass ich dies und jenes möchte«, »*Jetzt* weiß ich, dass ich diesen oder jenen Zweifel habe«, »*Jetzt* fühle ich dieses oder jenes«. Auch wenn sich aus dem Gespräch mit Ihnen eine Entscheidung ergeben sollte, ist dies dennoch nicht mehr und nicht weniger als eine gewichtige und ernst zu nehmende Momentaufnahme. Erlauben Sie der oder dem Ratsuchenden, diese Entscheidung wieder umzustoßen oder zu revidieren, wenn in der Zeit nach Ihrem Gespräch diese Entscheidung nicht mehr schmeckt oder gar ungenießbar wurde.

Gerade schwierige Entscheidungen sind solche für den Moment und es bedarf der Achtsamkeit für den Nachklang. Den Nachklang zu achten, ist der sechste Tipp. Das gilt nicht nur für den Ratsuchenden, sondern auch für den Unterstützer. Wir haben viele solcher unterstützenden Gespräche geführt und gelernt, auch auf unseren Nachklang zu horchen. Manchmal fällt uns am Tag nach dem Gespräch etwas ein, das unsere Sicht der Dinge verändert oder erweitert, das Zweifel an unseren Bemerkungen oder Vorschlägen hervorruft, etwas, das wir noch klären oder »absichern« wollen … Wir bieten dann der Person, mit der wir auf die Suche nach ihrer Entscheidungsfindung gegangen sind, an, darüber zu sprechen, wenn sie das mag.

Wie gesagt, hier geht es um schwierige Entscheidungen, die Menschen zu treffen haben und mit denen sie sich Ihnen anvertrauen. Die leichteren brauchen solche Prozesse in der Regel nicht. Diese Schwierigkeit zu würdigen, beinhaltet auch, den gesamten Prozess der Entscheidungsfindung mit all den kleinen, aber bedeutsamen Schritten ernst zu nehmen.

DAS WÜRDE-ICH IN AKTION: DRUCK

Jorgi W. ging es schlecht. Er wusste nicht mehr ein noch aus. Er schlief schlecht, er konnte sich immer weniger konzentrieren, zog sich zurück und litt oft unter Kopfschmerzen. Er stand unter Dauerdruck. Er arbeitete als selbstständiger Programmierer, bekam Aufträge, die er erfüllen wollte, und musste sich gleichzeitig ständig um neue Projekte bemühen. Wenn er zu wenige Aufträge hatte, hatte er Angst, sich und seine Familie nicht ernähren zu können. Er akquirierte und bemühte sich um neue Kunden und dann – viele Selbstständige kennen das – kamen mehrere neue Kunden gleichzeitig auf ihn zu und überschütteten ihn mit so vielen Aufträgen, dass er sie kaum abarbeiten konnte.

Seine Familie kam darüber zu kurz, seine Frau sah er kaum noch, zumindest nicht allein. Die Gespräche mit ihr beschränkten sich darauf, sich gegenseitig über den Familienalltag grob zu informieren und organisatorische Absprachen zu treffen, an die er sich tapfer hielt. Jorgi W. liebte seine vier Kinder und er wollte gerne mit ihnen zusammen sein. Er wollte mit ihnen spielen, sie zu ihren Freizeitaktivitäten fahren und begleiten, teilhaben an ihren Erfolgen und Kümmernissen, ihnen bei den Hausaufgaben helfen und bei vielem anderem mehr. Aber er kam immer weniger dazu. So entwickelten sich Schuldgefühle. Sein schlechtes Gewissen war sein 24-stündiger Dauerbegleiter. Dass seine Freunde zu kurz kamen, auch der Kontakt mit seinen Eltern, das hatte er schon hingenommen. Körperlich ging es ihm immer schlechter. Früher hatte er wenigstens einmal in der Woche Sport getrieben, jetzt kam er nicht mehr dazu.

Jorgi W. fühlte sich als Versager. Er strengte sich immer mehr an, aber nichts half. Sein Selbstwertgefühl sank immer mehr, weil er die Probleme seiner Überforderung und des Drucks nicht in den Griff bekam. Er respektierte sich nicht mehr in seinem So-Sein. Er konnte seine Leistungen und sich nicht mehr würdigen, sondern fühlte sich so sehr getrieben, gedrückt und erdrückt, dass er den Maßstab für sein Handeln zunehmend verlor und den Boden unter sich nicht mehr spürte.

Er stand kurz vor dem Zusammenbruch, als seine älteste, 13-jährige Tochter ihn ansprach, dass sie sich Sorgen um ihn mache, er sei kaum noch zu erkennen. Er folgte ihrem Rat, alles aufzuschreiben, was ihm Druck bereitete. Die Liste wurde lang und immer länger. Er schlug danach die Hände über dem Kopf zusammen. So wollte er nicht weitermachen, so wollte er nicht leben.

Alles auf einmal zu ändern, das ging nicht. Es brauchte, und das ist unser Rat, kleine Schritte. Falls Sie sich in einer ähnlichen Situation befinden, dann besteht der erste Schritt tatsächlich darin: Schreiben Sie alles auf, was Ihnen Druck macht. Sie werden sehen, dass es nicht gelingen kann, alles auf einmal zu verändern. Das würde einen neuen Druck erzeugen, unter dem Sie zusammenbrechen könnten. Deswegen besteht der zweite Schritt zunächst einmal darin, dass Sie mit einer anderen Person darüber reden. Viele Menschen unter Druck neigen dazu, ständig Selbstgespräche zu führen, alles alleine »hinbekommen« zu müssen, ohne die Sorgen und Nöte mit einer anderen Person zu teilen. Jorgi W. entschloss sich zu dem Schritt, das Gespräch mit seiner Frau zu suchen: »Ich brauche dich. Ich muss mal mit dir sprechen, so geht das nicht weiter. *Ich* kann so nicht weiter. Bitte hilf mir.« Sie setzten sich abends, als die Kinder sich in ihre Zimmer zurückgezogen hatten, trotz großer Müdigkeit zusammen und kümmerten sich umeinander. Seine Frau empfand ähnlich, auch sie hatte den Druck gespürt und gemerkt, dass es ihrem Mann immer schlechter ging. Auch sie wollte so nicht leben, hatte sich das Familienleben so nicht vorgestellt.

Mit diesem Austausch war für beide viel gewonnen: Sie fühlten sich nicht mehr so alleine mit ihrem Druck und ihren Schuldgefühlen. Denn ein solcher Austausch würdigt auch die Tatsache und die Auswirkungen, die der Druck auf die nahestehenden und sich sorgenden Menschen hat, und birgt für alle Beteiligten die Chance der Erleichterung. Geteilter Druck ist halber Druck. Auch wenn diese Rechnung physikalisch gesehen nicht aufgehen sollte, so sagt sie etwas aus über unsere Überzeugung: Wenn Sie Ihren Druck anderen mitteilen, wenn Sie sich mit Ihrem Druck anderen anvertrauen, dann schaffen Sie den Boden dafür, gemeinsam Wege zu finden, ihn zu verringern.

Und damit kommen wir zum dritten Schritt: Wählen Sie – ob allein oder mit einer Partnerin oder einem Partner – einen Aspekt aus, der Ihnen Druck macht, und versuchen Sie, daran etwas zu ändern. Nicht mehr, aber auch nicht weniger. *Eine* Änderung eines Druckfaktors ist realistisch, das ist machbar. Sie können Ihre Auswahl danach treffen, was Ihnen am meisten Druck macht, aber auch danach, was vielleicht leichter oder sogar am leichtesten zu verändern ist. Es kommt nicht so sehr darauf an, was Sie auswählen, sondern hauptsächlich darauf, dass Sie sich zunächst mit einem Druckelement beschäftigen, das Sie verändern wollen und können.

Jorgi W. und seine Frau beschlossen als ersten Schritt der Veränderung, dass sie einen gemeinsamen kinderfreien Abend einrichteten. Dieser Abend sollte nicht erst um 21 Uhr beginnen, sondern um 19 Uhr. Das war der Zeitpunkt, zu dem sie die Tochter einer Nachbarin als Hilfe engagierten, die während dieser Zeit die Kinder beköstigte und beaufsichtigte und die kleineren ins Bett brachte. An diesem freien Abend konnten sie tun, was immer sie wollten. Sie gingen ins Kino, sie gingen Essen, manchmal sperrten sie das Wohnzimmer für alle anderen und setzten sich einfach vor den Fernseher und schliefen früh ein. Wichtig war, dass sie freie Zeit hatten, die nicht verplant war, also druckfreie Zeit.

Ein nächster Schritt bestand dann darin, dass Jorgi W. und seine Frau beschlossen, jeweils einen Abend für sich alleine haben zu wollen. Sie sprachen mit den Kindern darüber und die waren sehr einverstanden, dass am Dienstagabend der Papa wieder regelmäßig zum Sport ging und am Donnerstagabend die Mama mit ihren Freundinnen in die Wellness-Oase oder ins Kino.

Weitere Schritte folgten: Sie versuchten, das Wochenende von Arbeit frei zu halten, und vor allem redeten sie darüber, wie viel Familieneinkommen sie hatten, wie viel Geld sie wirklich brauchten, wie viel Reserven sie hätten, mit denen sie auch schlechtere Auftragszeiten durchstehen könnten. So schufen sie nach und nach ein System, das Jorgi W. genug Sicherheit gab, um Aufträge zeitlich verschieben oder auch mal ablehnen zu können, wenn sie ihn zu überfordern drohten.

Die wichtigste Erkenntnis besteht darin, dass Dauerdruck Leiden schafft und das Selbstwertgefühl und die Selbstachtung oft massiv schädigt. Die Reaktion darauf, sich noch mehr anzustrengen und sich so noch mehr Druck zu machen, ist zwar verbreitet und verständlich, erweist sich aber als Teufelskreis. Aus diesem Prozess auszusteigen, geht unserer Erfahrung nach nur, indem man sich mit anderen Menschen zusammenschließt und kleine einzelne Schritte unternimmt. Alles auf einmal, das geht nicht.

Der Perfektionsdruck und das Würde-Ich

Nora E. war Perfektionistin. Wenn ihre Frisur nicht ordentlich war, konnte sie nicht ausgehen, außer zum Friseur. Ihre Küche musste immer perfekt aufgeräumt sein, geputzt sowieso, es könnte ja unangemeldeter Besuch kommen. Wenn Gäste angemeldet waren, dann wurde alles noch einmal, so sauber es bereits war, geputzt und geräumt. Nora war Anfang 30 und meisterte ihr Leben mit ihrem Perfektionsanspruch so gut es irgendwie ging. Manchmal begann sie leise zu stöhnen, aber das durfte niemand wissen, darüber ging sie hinweg.

Nora E. hatte von ihren Eltern immer wieder gehört, dass sie unordentlich sei und es zu nichts bringen würde. Die Mutter sprach diese Botschaft aus, der Vater schickte sie ihr mit seinem strafenden und abwertenden Blick. Ihr Perfektionsdruck war ihre Antwort darauf.

Wie bei Nora E. entspringt der Perfektionsdruck bei den meisten Menschen entwürdigenden Beziehungserfahrungen. Er kommt von außen, manchmal auch von Vorgesetzten, von Freunden, von der Partnerin oder dem Partner, und er wirkt dann schließlich von innen. Manche Menschen wie Nora geben sich selbst ständig Noten und streben immer und überall ein »Sehr gut« an. Der ursprünglich von außen stammende Anspruch wird schließlich zur inneren Stimme. Unterhalb der Perfektion bedeutet alles: versagen.

Ein solcher Druck entwürdigt. Warum? Perfektionsdruck kann nur zum Gefühl des Versagens führen, denn wir Menschen sind unvollkommen. Unsere Unvollkommenheit bekämpfen zu wollen, ja auch nur zu versuchen, sie auszuschalten, produziert tägliche Niederlagen und ständige innere Kämpfe. Der Perfektionsdruck produziert das Monster der Erniedrigung nicht nur als Erfahrung von außen, sondern zusätzlich als innere Instanz. So machen sich Perfektionisten also selbst ständig klein und erlauben sich keine Selbstwürdigung.

Statt in diesem aussichtslosen Kampf weiter Lebensfreude und -kraft zu verlieren, brauchen »perfekte« Menschen eine Alternative, die aussichtsreicher ist. Sie brauchen die (Re-)Aktivierung ihres Würde-Ichs, um aus dieser Situation herauszufinden. Die wichtigsten Stichworte oder Aspekte, die wir in diesem Zusammenhang aufgreifen wollen, sind: Selbstwertgefühl und Maß.

Zur Selbstwertschätzung: Wer den Hang zum Perfektionismus in selbstverstörender Art und Weise lebt, sucht in einem solchen Maß die Wertschätzung anderer, dass die Selbstachtung darunter leidet. Viele Menschen mit Perfektionsdruck empfinden sich als so extrem auf das Lob und die Bewunderung anderer angewiesen, dass sie positive Rückmeldungen durch perfektes Handeln zu erzwingen versuchen. Das geschieht oft aus Not, eine Not, die aber für andere nicht als solche sichtbar ist. Oft fühlen sich andere Menschen durch den Perfektionsdruck unter Druck gesetzt, auch »perfekt« sein zu müssen, oder sehen sich ständig aufgefordert, Anerkennung spenden zu müssen, und wenden sich ab. Das ist dann das Gegenteil dessen, was die betroffenen Personen wünschen und brauchen.

Wenn bei Ihnen die Wertschätzung der eigenen Person zu kurz kommt, dann raten wir: Suchen Sie Menschen, mit denen Sie über Ihre inneren Unsicherheiten sprechen können und die Sie ernst nehmen. Wenden Sie sich an Menschen, die Sie wertschätzen und Sie mögen, mit Ihrem Perfektionsdrang, aber auch mit Ihren (kleinen) Macken und Unvollkommenheiten. Wer mag Sie so, wie Sie sind? Wer ist Ihnen ein ehrlicher Spiegel und achtet und schätzt Sie, von wem erhalten Sie und von wem wünschen Sie sich ehrliche Rückmeldungen, ehrliche Komplimente? Wenn Sie konsequent danach Ausschau halten, wer Sie würdigt, dann kann Ihre Selbstwürdigung langsam, aber sicher wachsen und sich entfalten.

Und dann ist da noch das Maß. Perfektionismus hat kein Maß, nie ist es genug, nie ist es richtig. Perfektionismus ist aus sich heraus maßlos. Also brauchen Sie, wenn Sie sich zu diesen Menschen zählen, ein anderes Maß. Das Maß kann und sollte Ihr Würde-Ich sein. Nehmen Sie Ihr Würde-Ich als Ratgeber, wann es mit Ihren Bemühungen genug ist. Beeinträchtigt es wirklich Ihre Würde, so würden wir Nora E. fragen, wenn Ihre Küche nicht perfekt geputzt ist und blinkt? Müssen Sie sich immer die Note 1 geben, reicht nicht auch mal die Bewertung gut oder genügend? Wir würden ihr raten, ihr Würde-Ich zu befragen, nicht einmal, sondern immer wieder. Am wichtigsten wäre uns nicht, dass sich an der Sauberkeit der Küche oder der Notengebung etwas ändern würde, sondern an ihrem Druck. Sollten Sie sich mit Nora E. in ihrem Druck ein wenig identifizieren können, dann werden Sie wahrscheinlich an ganz anderen Stellen, in ganz anderen Situationen mit Ihrem Perfektionismus konfrontiert sein. Es bleibt bei dem Rat: Befragen Sie Ihr Würde-ich. Lassen Sie zu, dass es Ihnen dabei hilft, Ihr Maß zu finden. Wenn Sie dann, um bei unserem Beispiel zu bleiben, eine blitzsaubere Küche haben, sich selbst die Note 1 geben – sich aber daran erfreuen und sich wertschätzen können –, dann können wir nur sagen: warum nicht. Das wäre dann auch eine würdige Lösung.

Nein-Sagen richtet auf!

Wenn sich im Selbstbild eines Menschen die Gewissheit festsetzt, immer nur zum Ja-Sagen fähig zu sein, dann liegt die Selbstabwertung nahe. Man macht sich klein und weicht damit dem Druck der Auseinandersetzung aus. Die Wahrscheinlichkeit ist groß, dass frühere, vor allem kindliche Erfahrungen das Würde-Ich nachhaltig gestört bzw. erdrückt haben, wenn es darum ging, eigene Entscheidungen zu fällen und sie gegenüber und gegen andere leben zu können. Was wahrscheinlich in diesen früheren Zeiten notwendig war, nämlich das »Lieb-Kind«-Sein angesichts der Macht Erwachsener, besorgt so im späteren Leben das Ja-Sagen als scheinbarer Garant für Sympathien und »Freunde«. Man verscherzt es sich mit niemandem. Doch der Preis ist hoch: Man wird auch nicht ernst genommen, ordnet sich letzten Endes unter und fühlt sich irgendwann und irgendwie ohnmächtig, ausgeliefert, benutzt und missbraucht.

Bei Recep S. führte seine Disposition zum Immer-Ja-Sagen dazu, dass er sich an seinem Arbeitsplatz als »Gedankenleser« etablierte. Er versuchte schon zu erahnen, was seine Kollegin und sein Vorgesetzter von ihm wollten, und er sagte zu allem Ja: erledige dieses, schreib bitte diesen Bericht, sei so nett und hole den Kaffee, kannst du mich morgen bei der Sitzung vertreten … Er sprang hierhin und dorthin, aber nie fühlte er sich wirklich zufrieden. Er versuchte, die Anerkennung der anderen durch seine Hilfsbereitschaft zu erringen, doch er erntete sie nicht. Wer sich wie er mit ständigem Ja-Sagen unterordnet, wird die Erfahrung machen müssen, wie ein Untergebener behandelt zu werden. Sein Ansehen sank, insbesondere sein Ansehen vor sich selbst.

Recep S. wollte diesen Zustand ändern. Und seine Partnerin auch. Sie litt unter der mangelnden Achtung und Selbstachtung und fand, dass er das gar nicht nötig hatte, auch wenn sie die Gründe und seine Geschichte dazu kannte. Sie verabredeten, dass er üben sollte, Nein zu sagen. Sie wollte ihn dazu herausfordern. Obwohl er wusste, dass er ihre Unterstützung hatte, war die Angst, sie zu verlieren, wenn er »stacheliger« wurde, groß. Aber irgendwann war er bereit, zu versuchen, den immer maßloseren Anforderungen seines Vorgesetzten ein Nein entgegenzusetzen, aber er schaffte es einfach nicht. Das »große Nein« war zu schwierig. Also begann er, mit dem »kleinen Nein« zu üben. Das erste Nein, das ihm gelang, war die Ablehnung einer Aufforderung seiner Kollegin, wieder einmal Kaffee zu holen. Ein schlichtes Nein reichte ihm zunächst nicht, er musste immer eine Begründung hinterherschicken. Er sagte zum Beispiel: »Nein, tut mir leid, ich muss erst noch diesen Text fertig schreiben«, oder: »Nein, das geht jetzt nicht, ich muss noch einige Anrufe erledigen …« Mit der Zeit wurde ihm dieses kleine Nein so geläufig, dass er manchmal keine Begründungen mehr aufführen musste.

Er hatte zuvor befürchtet, dass ihm mit jedem Nein nur Ablehnung entgegenschlagen würde, doch die erwartete Katastrophe blieb aus. Dadurch verringerten sich seine Befürchtungen, er wurde selbstbewusster. Das kleine Nein begann ihn aufzurichten. Nach und nach wagte er sich an größere. Mit jedem »Erfolg« richtete er sich mehr auf und wurde selbstsicherer. Von seiner Kollegin hörte er schließlich: »Na, du warst früher aber netter.« Er musste lächeln, sie konnte nicht ahnen, dass sie ihm damit ein Kompliment gemacht hatte.

Notlügen

Eine Frau bittet ihren Partner, ihr eine bestimmte Sorte Joghurt mitzubringen, die sie so gerne mag. Er kommt ohne Joghurt zurück, weil er vergessen hat, danach zu schauen. Er versucht sich herauszureden: »Die hatten im Laden deine Sorte nicht. Ich wollte dich noch anrufen, um zu fragen, ob du ein anderes willst. Aber im Laden hatte das Handy keinen Empfang.« Der Mann schämt sich, dass er den Wunsch seiner Partnerin vergessen hat. Er ist geübt in Notlügen und erfindet noch den versuchten Anruf, weil er weiß, je konkreter eine Lügengeschichte verpackt wird, desto glaubhafter wird sie.

Im Alltag gibt es solche Lügen zuhauf. Da kommt zum Beispiel jemand zu spät zu einer Verabredung oder zur Arbeit. Er schiebt es nicht auf seine Trödelei, sondern auf die Straßenbahn/den Stau/das Auto, das nicht anspringt/den kaputten Wecker … Solche Lügen werden umgangssprachlich meist Notlügen genannt. Sie mögen durchaus manchmal nicht nur eine Ausrede sein, sondern einer gefühlten Not-Situation entspringen. Ob das obige Beispiel eine Ausrede oder eine Lüge ist, wagen wir nicht zu beurteilen. Doch darauf kommen wir später noch einmal zurück.

Wir sind der Meinung, wir sollten Lügen nur dann als Notlügen bezeichnen, wenn hinter ihnen die Not eines Menschen lauert. Not herrscht nach unseren Erfahrungen vor allem dort, wo Gefühle der Scham, der Schuld und der Angst einen Menschen einzunehmen drohen. Die Lüge hilft ihm dann subjektiv dabei, dieses Erleben abzumildern. Die tieferen Quellen solcher Notlügen liegen zumeist in früheren prägenden Erfahrungen der Entwürdigung, vor allem der Beschämung. Notlügen wohnt dann der hilflose und zugleich hilfreiche »rettende« Charakterzug inne, die lügende Person in ihrer inneren Not-Situation zu würdigen.

Wenn eine Lüge nicht not-wendig ist, sondern zum Beispiel eher der Bequemlichkeit oder der prinzipiellen Nachlässigkeit mit der Wahrheit entspringt, dann würden wir sie eher als Ausrede bezeichnen wollen. Der Kern der Notlüge besteht dagegen zumeist aus Scham. Die Person schämt sich ihrer Unzulänglichkeiten und Fehler und sagt deswegen die Unwahrheit. Oft geht die Scham auch einher mit Schuldgefühlen und Angst, mit Erfahrungen oder Erwartungen, vor den Augen der anderen nicht zu bestehen, sich lächerlich zu machen, für Fehler bestraft zu werden … Fast immer entspringen solche Notlügen dem Druck, Beschämungen vorbeugen zu wollen. Ob das einleitende Beispiel eher der Kategorie »Notlüge« oder »Ausrede« zuzuordnen ist, können wir nicht entscheiden. Wir kennen nicht das Ausmaß der Beschämungs- oder Entwürdigungserfahrungen, die dieser Mann gemacht hat. Auch wenn seine Partnerin vielleicht der Meinung ist, dass er das ihr gegenüber nicht nötig hat – was wir einmal zu beider Gunsten annehmen wollen –, heißt das noch nicht, dass das nur eine billige Ausrede ist. Den Druck zu erkennen, unter dem er steht, wäre die erste Voraussetzung, um daranzugehen, ihn zu vermindern. Wenn Sie den Druck, auf Notlügen zurückzugreifen, kennen und ihn abbauen möchten, werden Sie nicht umhinkönnen, sich mit Ihren Beschämungserfahrungen auseinanderzusetzen. Versuchen Sie, mithilfe Ihres Würde-Ichs wachsam gegenüber jeder neuen Beschämung zu sein und in Situationen, in denen Sie zu einer Notlüge greifen wollen, zu überprüfen, ob dies not-wendig ist, um die Not zu wenden. Vielleicht ist Ihr Gegenüber gar keine Gefahr, kein Mensch, der Sie beschämt. Probieren Sie es aus, riskieren Sie neue Erfahrungen, die Sie in Ihrer Selbstachtung wachsen lassen.

Gelegentlich sind Notlügen auch ein Versuch, die eigene Würde zu bewahren. Sie unterhalten sich zum Beispiel mit einem Freund. Dieser sieht schlecht aus und hat offensichtlich Schlimmes erlebt. Sie fragen besorgt nach und hören Antworten wie: »Mir geht es gut!«, »Gar nichts ist los!«, »Alles bestens!«. Vielleicht verbirgt sich hinter solchen Äußerungen die Scham, in irgendeiner Weise versagt zu haben, vielleicht fehlen die Worte für »Unsagbares«, vielleicht sind solche Sätze Abstandhalter, weil Ihr Freund darum ringt, die eigene Intimität zu bewahren und damit ein Stück seiner Würde. Wenn dem so ist, dann sollten wir – und Sie – solche Notlügen akzeptieren.

Ein Lob des Scheiterns

Eine Klientin beginnt in der Therapie davon zu erzählen, wie müde und gestresst sie sei: »Ich bin fix und fertig. Ich kann nicht mehr. Aber ich muss mich ja zusammenreißen.« Die Therapeutin fragt nach, die Klientin redet weiter und schildert, dass sie nicht mehr schlafen kann, so durcheinander und erschöpft ist, dass sie nicht mehr weiß, wer sie ist. »Alles ist zu viel …« Und dann berichtet sie, dass der Umzug in die neue Wohnung bevorsteht und sie als Journalistin gleichzeitig noch einen längeren Artikel in den nächsten zwei Tagen fertig schreiben muss. Sie hat ihrer Mutter versprochen, ihr beim Packen für den Urlaub zu helfen, außerdem ist die Tochter krank und der Sohn braucht dringend eine neue Hose, der Hund ein neues Halsband. Ach ja, und der Kühlschrank ist kaputt und sie muss prüfen, ob sie ihn reparieren kann oder besser gleich einen neuen kauft. Und so weiter. Sie sagt, dass sie all das in den nächsten drei Tagen erledigen muss.

Die Therapeutin spürt die Atemlosigkeit und den Druck ihrer Klientin bei dieser Schilderung am eigenen Leib und zeigt ihr Mitgefühl: »Puh, das hört sich in meinen Ohren nach großer Überforderung an. Ich bin mir ziemlich sicher, dass mich das überfordern würde, das alles erledigen zu wollen. Ich würde daran scheitern. Und ich kann mir, ehrlich gesagt, nicht vorstellen, dass das alles zu leisten ist. Ich vermute, dass Sie sich und wir uns hier mit der Wahrscheinlichkeit auseinandersetzen müssen, dass Sie scheitern werden …« Die Klientin hört das verständlicherweise zunächst gar nicht gerne, aber irgendwann kommt die Erkenntnis an und wirkt erleichternd. Sie weint und kann nun ein wenig von ihrem Prinzip, alles kontrollieren und unbedingt durchhalten zu müssen, loslassen. Der Dauerdruck, zu müssen, zu müssen, zu müssen, bricht zusammen. Sie spürt sich wieder. Nach einiger Zeit können Therapeutin und Klientin darüber reden, dass der Klientin durch die Überforderung das Bewusstsein für ihren inneren Kern und ihr Würde-Ich abhandengekommen ist. Sie wusste nicht mehr, was ihr am wichtigsten war und was weniger Bedeutung hatte. Sie kennen das vielleicht auch: Wenn alles gleich wichtig ist, kommt immer mehr hinzu und wird zu einer überfordernden und Sie überschwemmenden Flut.

Scheitern heißt loslassen. Loslassen von Widrigkeiten, von unmöglichen Anforderungen, die von außen herangetragen werden, aber auch loslassen von dem Druck, der von innen entsteht. Von der Schwierigkeit, loszulassen, können wir persönlich ein Lied singen. Dass es oft nötig ist, wissen wir. Aber wie geht das konkret? »Loslassen« und »Loslassen-Müssen« sind eigentlich ein Widerspruch. Je größer der Druck, loszulassen, ist, desto schwieriger wird es. Dies zu akzeptieren und sich nicht auch noch mit diesem Anspruch zu überfordern und selbst abzuwerten, hilft (wenigstens ein bisschen). Was wir damit sagen wollen: Würdigen Sie sich als überfordert, akzeptieren Sie, dass Sie an den Forderungen »im Ganzen« scheitern werden, und versuchen Sie, konkrete Entscheidungen zu treffen, was wirklich wichtig ist und was nicht. Ohne Prioritäten zu setzen, geht es nicht! Ihr Würde-Ich und andere Menschen helfen Ihnen bestimmt dabei, wenn Sie sie darum bitten.

DAS UNGELEBTE UND DAS UNGELIEBTE LEBEN

Wir Menschen leben in der Gegenwart, beschäftigen uns mit den Problemen der Gegenwart und treffen Entscheidungen in der Gegenwart, die unser Leben in der Zukunft beeinflussen. Dabei spielen Erfahrungen der Vergangenheit, zum Beispiel Erfahrungen der Entwürdigung, wie wir immer wieder festgestellt haben, eine gewichtige Rolle: »Denn gerade die frühere Situation, so, wie sie eben war, kann zu dem Zustand geführt haben, der nun bedauerlicherweise eingetreten ist."[8]

Hier nun wollen wir unseren Blick und Ihre Aufmerksamkeit noch auf einen anderen Aspekt des Lebens in der Gegenwart richten, der uns würdig erscheint, beachtet zu werden. Wollen wir der Selbstwürdigung auf der Spur bleiben, gilt es nicht nur das Leben, das wir lebend verwirklichen, sondern auch unser ungelebtes Leben wahrzunehmen.

Das ungelebte Leben, das leben will

Der Begriff des ungelebten Lebens wurde von Viktor von Weizsäcker[9] in die Medizin und Psychologie eingeführt. Mit diesem Begriff würdigte er unter anderem die Tatsache, dass wir Menschen mit jeder Entscheidung, die wir treffen, eine andere Möglichkeit verwerfen, die ungelebt bleibt. Wenn Sie zum Beispiel einen bestimmten Beruf ergriffen haben, haben Sie sich damit gegen andere Berufsmöglichkeiten entschieden. Diese anderen gelangen in den Bereich des ungelebten Lebens. Auch andere Entscheidungen, wie beispielsweise die für einen Partner oder eine Partnerin, platzieren das Single-Dasein in den Bereich des ungelebten Lebens. Ein Kind zu bekommen, eröffnet wunderbare Möglichkeiten neuer Lebenserfahrung, ist aber auch eine Entscheidung dafür, dass die täglichen Partys dann in den Bereich des ungelebten Lebens fallen.

Doch auch weniger gewichtige Bereiche des ungelebten Lebens werden Ihnen begegnet sein. Schon allein die Tatsache, dass Sie jetzt dieses Buch lesen, bedeutet, dass Sie stattdessen gerade nicht schwimmen gehen oder ein Kino besuchen. Jede Entscheidung für etwas ist auch eine Entscheidung gegen etwas. Jeder Schritt im weiteren Leben ist ein Schritt, der den Bereich des ungelebten Lebens erweitert.

Manchen Episoden ungelebten Lebens mögen Sie vielleicht nachtrauern. Andere werden Sie abgehakt haben und sich nicht mehr mit ihnen beschäftigen. Spannend wird es für Sie, wenn bestimmte Bereiche Ihres ungelebten Lebens leben möchten und in Ihr Leben drängen.

Armin S. zum Beispiel war »irgendwie nicht glücklich«, genauer konnte er seinen Zustand auch vor sich selbst nicht benennen. Eigentlich war alles gut. Er war ein offensichtlich erfolgreicher, in seinem Beruf zufriedener Arzt, glücklich verheiratet, hatte zwei Kinder, war angesehen und im Tennisklub aktiv … Doch er spürte, dass ihm etwas fehlte, auch wenn er nicht wusste, was. Zufällig sah er einen Film im Fernsehen, in dem ein Jugendlicher seine Eltern verließ, sich ein Motorrad stahl und in die Welt hinausfuhr. Der Film war in seinen Augen ziemlich kitschig und die Schauspieler überzeugten ihn nicht. Doch er versetzte ihn in große Aufregung. Der Film erinnerte ihn an seinen Jugendtraum, Motorrad zu fahren. Diesen Traum hatte er nicht gelebt. Er war zu vernünftig gewesen und hatte alles seiner schulischen und studentischen Ausbildung untergeordnet.

Der Wunsch, Motorrad zu fahren, ließ ihn in den folgenden Wochen nicht los. Er vermisste das Gefühl von Freiheit, Unabhängigkeit und »einsamer« Stärke, das er damit verband. Schließlich fasste er den Entschluss: »Ich will es versuchen!« Er erwarb den Motorradführerschein, kaufte sich ein Motorrad und begann, erste Touren in seiner Umgebung zu unternehmen. Anfangs dachte er, das würde seiner Familie und vor allem seiner Frau missfallen. Doch diese war zu seinem Erstaunen und Glück nicht nur einverstanden, sondern sogar froh über seinen Entschluss, weil sie gespürt hatte, dass ihr Mann irgendwie unglücklich war und jetzt auflebte. Und sie war, wie sie sich eingestand, erleichtert, dass nicht sie die Quelle der Unzufriedenheit ihres Mannes war. Schließlich wagte Armin S. eine dreiwöchige Reise mit dem Motorrad alleine quer durch Europa …

Nicht immer tritt ungelebtes Leben, das leben möchte, so klar hervor und ist so einfach zu identifizieren. Doch es lohnt sich, danach zu suchen, und es ist in jedem Fall ernst zu nehmen. Vielleicht spüren auch Sie Ihre Sehnsucht nach dem Ungelebten, das leben möchte, wenigstens eine Spur davon. Wenn das ungelebte Leben nicht gewürdigt wird, dann wird ein Teil der Persönlichkeit missachtet, und das kann Krankheiten begünstigen, körperliche wie seelische. Wenn Sie Ihrem ungelebten Leben nachgehen, dann kann das natürlich auch, anders als in unserem Beispiel, zu ernsten Konflikten führen. Doch wir wagen nach unseren Erfahrungen zu behaupten: Für die meisten Menschen ist es gesünder, von einer Sehnsucht zu wissen, selbst von einer unerfüllbaren, und selbstbestimmt Entscheidungen zu treffen, als über die Sehnsucht hinwegzugehen. Und unsere Erfahrung zeigt: Ein klitzekleines bisschen Sehnsucht leben, einen kleinen Schritt der Annäherung wagen, geht immer!

Dem ungelebten Leben auf der Spur

»Die Fülle ungelebten Lebens übertrifft in unvorstellbarem Maße das kleine Stück des wirklich Gelebten und Erlebten«, sagte Viktor von Weizsäcker.[10]

Wenn Sie Entscheidungen für Ihre Gegenwart und über Ihre Zukunft treffen wollen, Entscheidungen, wie Sie leben wollen, wie Sie sich selbst würdigen, sich selbst ernst nehmen und wertschätzen wollen, dann mag es sinnvoll sein, sich mit Ihrem ungelebten Leben zu beschäftigen. Wir möchten Ihnen dafür einige Hinweise geben.

Der erste betrifft positive wie negative Wendepunkte in Ihrem Leben. Wendepunkte können Entscheidungen sein, die Sie in Sackgassen geführt haben, zum Beispiel der Verzicht auf eine Liebe oder einen beruflichen Traum. Auch wegweisende berufliche und persönliche Entscheidungen können Wendepunkte bedeuten für Ihren jetzigen Beruf, für Ihre jetzige Liebesbeziehung. An Wendepunkten kann Altes über Bord geworfen werden, können überraschende neue Wege beschritten werden.

Überlegen Sie, welche Wendepunkte es in Ihrem Leben gab. Spüren Sie ihnen nach und nehmen Sie ernst, was Ihnen dabei in den Sinn kommt.

Vielleicht mögen Sie Ihrer inneren Spur weiter folgen und sich mit der Art und Weise beschäftigen, in denen Ihr Leben ungelebt blieb oder bleibt. Vier Begriffe können Ihnen helfen, dem weiter nachzugehen.

Verzichten

Menschen verzichten, wenn sie etwas unterlassen, was sie tun könnten. Oft ist es eine bewusste Entscheidung, die den meisten Menschen schwerfällt, zum Beispiel eine Diät einzuhalten, auf Zigaretten und Alkohol zu verzichten oder auf den Kinobesuch zugunsten der Pflege des kranken Kindes. Eine solche Art des bewussten Verzichtens kann durchaus dazu angetan sein, die Selbstachtung zu erhöhen. Manchmal ist der Verzicht aber auch so selbstverständlich »in Fleisch und Blut« übergegangen, dass er zum Lebensprinzip geworden ist und ein gutes Leben im selbstbewussten Sinne verhindert. Vielleicht liegt es an der Erziehung, dass diese Menschen die

Haltung entwickelt haben, dass Verzicht eine Tugend ist, Genuss dagegen nur Luxus und sich zu verwöhnen eine Sünde. Damit Sie uns nicht missverstehen: Solange sich eine Person bewusst dazu entscheidet, nach dem Wert »Verzicht« zu leben, und dies in ihrem Würde-Ich verankert, zählen wir dies zum »Würde-Ich in Aktion«. Verzicht kann für jeden Menschen eine andere Bedeutung im Gefüge des gelebten Lebens haben.

Wir möchten Sie hier dazu anregen, sich damit zu beschäftigen, worauf Sie in Ihrem Leben verzichtet haben. Vielleicht bewerten Sie Ihren Verzicht positiv. Vielleicht haben Sie auf etwas verzichtet, was zum Ballast geworden war. Vielleicht würden Sie wieder verzichten. Vielleicht aber auch gehört das, worauf Sie verzichtet haben, zum Feld des ungelebten Lebens, das gerne (wieder auf-)leben möchte. Wenn Sie feststellen, dass sich der Verzicht in Ihr Selbstkonzept eingeschlichen hat und zur Leitlinie Ihres Lebens geworden ist, dann sollten Sie diese Orientierung zumindest einmal infrage stellen und überdenken.

Verwerfen

Das Verwerfen ist eine aktive Handlung. Man verwirft Möglichkeiten, die unattraktiv sind. Die man zwar erwägt, die man aber aufgrund persönlicher, möglicherweise auch finanzieller oder anderer Gegebenheiten als ungeeignet für das weitere Leben betrachtet. Solche Entscheidungen können sich als richtig erweisen. Manche davon werden Sie aber vielleicht auch nachträglich bedauern oder sich sogar zum Vorwurf machen. Denken Sie darüber nach und überprüfen Sie, was Sie verworfen haben. Würdigen Sie Ihre Entscheidungen in dem, was sie sind und waren. Auf diesem Boden können sich vielleicht Um-Entscheidungen für eine andere Lebensrichtung in der Gegenwart ergeben.

Versäumen

Wenn Sie etwas versäumt haben, dann ging eine Gelegenheit vorbei. Ein Beispiel: Eine Frau und ein Mann, beide gereiften Alters, unterhielten sich angeregt über »Gott und die Welt«, während sie im Zug die lange Zeit der Verzögerungen und Verspätungen kurzweilig miteinander verbrachten. Das Interesse aneinander war deutlich spürbar, ebenso wie der Wunsch und die Scheu, sich gegenseitig zu gestehen, dass man sich wiedersehen wollte. Beide versäumten es, sich zu verabreden. Die Selbstunsicherheit war offensichtlich stärker als der Mut, sich »zu zeigen«, als sei der nächste Schritt bereits zu viel Eingeständnis des Wunsches nach einer Liebes- und Lebensbeziehung. Sie versäumten beide die Chance auf Lebensglück – nicht mehr und nicht weniger.

Hätten Sie, liebe Leserin und lieber Leser, die Chance einer angebotenen Berufstätigkeit ergriffen und sich beworben, hätte sich Ihr Leben wahrscheinlich zumindest in einigen Bereichen anders gestaltet. Vielleicht haben Sie zu lange gezögert, zu lange überlegt und dann war die Gelegenheit vorbei. Fallen Ihnen solche Gelegenheiten ein? Was haben Sie versäumt?

Verpassen

Das Verpassen ähnelt dem Versäumen, weil es auch beim Verpassen darum geht, dass Gelegenheiten vorbeigegangen sind. Im Unterschied zum Versäumen geschieht das Verpassen in der Regel aber eher passiv. Man kann den Zug verpassen, weil das Auto auf dem Weg zum Bahnhof im Stau stecken geblieben ist. Das war keine Folge der inneren Entscheidung, sondern eine durch äußere Umstände verpasste Gelegenheit. Versäumtes kann man nachholen, verpasste Gelegenheiten in der Regel nicht. Haben Sie etwas verpasst? Was?

Das ungelebte Leben würdigen

Ihr ungelebtes Leben zu würdigen, ist ein wesentlicher Bestandteil, um Ihr Selbstbewusstsein zu erweitern und Ihre Selbstwertschätzung zu erhöhen, ja sogar, um inneren Frieden zu finden. Denn ungelebtes Leben, das leben möchte, kann beunruhigen und quälen. Wir schlagen Ihnen deshalb vor, den Fragen, die wir in den letzten beiden Kapiteln gestellt haben, in Ruhe nachzugehen. Schreiben Sie sich Antworten auf. Reden Sie mit anderen Menschen, denen Sie vertrauen, darüber. Nehmen Sie sich Zeit. Sich mit dem ungelebten Leben zu beschäftigen, ist keine einmalige Angelegenheit von einigen Minuten oder einer Stunde, sondern ein Prozess, der durchaus eine Weile dauern kann.

Eine andere Möglichkeit ist, Ihr ungelebtes Leben mit einem kreativen Zugang zu würdigen. Diesen zunächst einmal nonverbalen Annäherungsprozess können Sie alleine angehen, noch erfolgreicher ist es allerdings, wenn Sie sich dabei von einer anderen Person begleiten lassen bzw. wenn Sie sich gegenseitig begleiten und sich miteinander austauschen.

Nehmen Sie ein großes Blatt Papier und malen Sie mit Stiften oder flüssigen Farben, was immer Sie zur Verfügung haben, das, was Ihnen zu Ihrem jetzigen Leben einfällt. Denken Sie nicht darüber nach, vor allem planen Sie nicht, sondern vertrauen Sie auf Ihre Einfälle und Ihr »aktives Sinnieren«.

Nach einer Weile betrachten Sie das Bild mit etwas Abstand oder von verschiedenen Seiten, links, rechts, oben, unten. Lassen Sie die Einfälle zu, die sich Ihnen aus dieser veränderten Perspektive »aufdrängen«. Lassen Sie sich überraschen, überraschen Sie sich selbst. Sprechen Sie darüber, was Sie sehen und was Sie beim Malen empfunden haben und was Sie jetzt beim Betrachten empfinden …

Dann bitten wir Sie, das Bild umzudrehen, sodass Sie die Rückseite des Papierbogens vor sich haben. Was sehen Sie nun? Was spüren Sie, wenn Sie mit den Fingern über die Rückseite tasten? Stellen

Sie sich vor, dass das, was Sie jetzt sehen und spüren, die Rückseite Ihres Lebens ist. Möglicherweise das, was in Ihrem Leben (bisher) ungelebt blieb. Geben Sie dem Raum, was Ihnen in den Sinn kommt, und malen Sie dies möglichst unzensiert auf diese Rückseite des Papiers, auf diese Seite Ihres Lebens …

Auch hier betrachten Sie das Bild nach einer Weile. Auch hier nehmen Sie ernst, was Sie beim Gestalten empfunden haben oder nun beim Betrachten empfinden, und tauschen Sie sich, wenn irgend möglich, mit einer interessierten Person darüber aus. Ihnen werden Aspekte des ungelebten Lebens in den Sinn kommen, die Ihnen wahrscheinlich vorher noch nicht bekannt waren.

Nun kommt es darauf an, wie Sie mit dem, was Ihnen über die Beantwortung der Fragen oder durch die Gestaltung an ungelebtem Leben bewusst geworden ist, umgehen. Bei manchem werden Sie froh sein, dass Sie es nicht gelebt haben. Bei anderem werden Sie traurig werden, dass Sie Möglichkeiten fälschlicherweise verworfen, versäumt oder verpasst haben. Wieder andere Aspekte Ihres ungelebten Lebens drängen auf Beachtung. Und Sie können sich nun damit beschäftigen, was Sie davon wie leben möchten.

Unsere Erfahrung zeigt, dass dieser Prozess, das ungelebte Leben zu würdigen, zu innerem Frieden beiträgt. Das, was leben möchte und anklopft, kann Raum bekommen. Das, was Sie nicht mehr leben möchten, kann betrauert und so abgeschlossen werden. Schuldgefühle können weniger werden. Die Unruhe kann sich legen und manchmal kann nicht nur der innere Frieden, sondern auch der soziale Frieden mit Ihnen nahestehenden Menschen wachsen.

Die »leere Möglichkeit«

Alfred Zacher[11], von dem wir den Hinweis auf die Möglichkeiten des Verwerfens, Versäumens, Verpassens und Verzichtens übernommen und für unsere Arbeit übersetzt haben, weist noch auf eine weitere Möglichkeit hin, in der sich ungelebtes Leben entfalten kann: die »leere Möglichkeit«. Betrachten wir sie an einem Beispiel:

Bevor Georg F. geboren wurde, ist sein Vater verschwunden. Er war Soldat der amerikanischen Armee, Ende der 40er-Jahre in Deutschland stationiert und hatte zum damaligen Zeitpunkt kein Interesse an einem Kind. Er entzog sich der kurzen Beziehung mit Georg F.s Mutter und verschwand in die USA. Georg F. wuchs alleine mit der Mutter auf. Ihm fehlte vielleicht nicht einmal *der*, aber ganz sicher *ein* Vater. Ihm fehlten Erfahrungen des Schutzes, der Fürsorge, der Reibung und des Spielens mit einem Vater. Solche Erfahrungswelten gehörten zum ungelebten Leben. Er hatte weder selbst auf solche Erfahrungen verzichtet noch sie verworfen, weder versäumt noch es verpasst, einen Vater zu haben. Für ihn blieb die Erfahrung mit einem Vater oder mit einem männlichen Elternpart (die Mutter hatte nie wieder eine längere Beziehung gelebt) eine »leere Möglichkeit«.

Solche »leeren Möglichkeiten« beeinflussen und beeinträchtigen das Leben vieler Menschen. Georg F. war einerseits immer wieder darauf aus, väterlichen Figuren zu begegnen. Er wollte ihnen gefallen, suchte ihre Nähe in der Schule wie im Sport. Auf der anderen Seite richtete er sich in der Vaterlosigkeit ein. Er sagte sich: »Mein Vater war ein Drecksack: Er hat mich und meine Mutter verlassen. Ich will gar nichts mit ihm zu tun haben. Es ist gut, dass er weg ist und dass ich ohne ihn aufgewachsen bin.«

Diese Ambivalenz zwischen Sehnsucht nach einem Vater und der Ablehnung seines Vaters beschäftigte ihn sein Leben lang. Die »leere Möglichkeit« übte Macht aus. Der Vater, der nicht da war, nahm wirksam Einfluss auf Georg F.s Leben. Georg F. träumte von einer intakten Familie und gleichzeitig gelang es ihm nicht, eine solche Familie zu gründen bzw. Teil einer solchen Familie zu werden. Immer wieder schreckte er davor zurück und er wusste nicht, warum.

Als er schließlich nach langer Zeit Hilfe suchte, begegnete er neuen Wegen, sich mit dem abwesenden Vater auseinanderzusetzen.

Er spürte seinen unbändigen Zorn auf diesen Mann und gleichzeitig seine große Trauer. In diesem vielfältigen und für ihn aufwühlenden Prozess konnte die Wunde, die diese »leere Möglichkeit« ihm zugefügt hatte, nicht verschwinden, aber so weit heilen, dass er nun das Wagnis eingehen konnte, einer Frau mit zwei erwachsenen Kindern zu begegnen, deren neuer Vater er gerne werden wollte. Eine späte, aber große Bereicherung für alle Beteiligten.

Das ungeliebte Leben

Der Psychiater und Philosoph Thomas Fuchs gab einen Hinweis, den wir Ihnen nicht vorenthalten möchten: »Doch es gibt noch eine andere, schwer erkennbare Form des Ungelebten. Vielen Menschen wird erst spät klar, dass sie große Teile ihres Lebens gelebt haben, ohne sie wirklich zu erleben – dass sie einfach an ihnen vorbeigegangen waren ohne Achtsamkeit und tiefere Anteilnahme, so als wäre eine Glasscheibe zwischen ihnen und dem Leben.«[12] Wir nennen diese Art des ungelebten Lebens das ungeliebte Leben.

Lucia W. erlebte ein ungeliebtes Leben. Sie war 38, hatte einen festen Freund. Sie arbeitete in einer Werbeagentur als Webgrafikerin. Oft ging sie mit Kolleginnen oder Kollegen feiern. Mit ihrem Freund unternahm sie Touren und zahlreiche Kinobesuche. Doch ihr Leben lief wie in einem Film vor ihr ab. Sie war beteiligt und stand gleichzeitig außerhalb. »Ist es das Leben, das ich leben will?« Diese Frage konnte sie nicht beantworten. Deswegen vermied sie, sich mit der Frage auseinanderzusetzen. Sie lebte dahin. Sie wusste irgendwie, wie der Film ihres Lebens weitergehen würde: Heirat, vielleicht ein Kind, Karriere usw. Die Glasscheibe zwischen ihrem Selbst und ihrem Leben spürte sie. Doch sie wagte nicht, an ihr anzuklopfen.

Solchen Menschen sind wir oft begegnet. Für die meisten Menschen, wie auch bei Lucia W., eröffnen sich Möglichkeiten, aus dem ungelebten Leben herauszukommen und sich auf den Weg zu machen, ein liebenswertes und lebbares Leben zu leben, über die Entdeckung und Entfaltung eigener kreativer Ausdrucksformen. Bei manchen führt der Weg über das Theater oder den Tanz. Andere musizieren oder malen. Wie auch immer, der kreative Ausdruck, die kreative Begegnung mit sich und mit anderen öffnet neue Wege.

Lucia W. begann, angeregt durch eine Freundin, zu tanzen. Ohne ihren Freund. Er mochte das nicht, er ging lieber ins Fitnessstudio. Lucia W. lernte, Salsa zu tanzen, und ging regelmäßig zu einem Tanztreff. Die Musik, der Rhythmus begeisterten sie. In ihrer eigenen Art, sich zu bewegen, entdeckte sie ganz neue Seiten an sich selbst. Unbekanntes, Ungelebtes, bisher Ungeliebtes. Sie spürte sich als erotisches Wesen. Sie konnte im Tanz mit anderen die Führung übernehmen und/oder sich hingeben. Sie erlebte mit anderen gemeinsam Gefühle. Sie wurde eins mit der Musik und die Musik eins mit ihr …

Dieses neue Lebensgefühl war ihr anfangs fremd, doch es wurde ihr immer vertrauter. Sie lebte auf und sie lebte anders. Sie begann, dieses neue Lebensgefühl zu lieben. Sie sehnte sich nach den Salsa-Abenden. Allmählich ödete sie die Arbeit in der Werbeagentur an. Sie fand vieles aufgesetzt und falsch; und es kam, wie es anscheinend kommen musste. Sie begann, andere Ansprüche an ihren Partner zu stellen, der sich verweigerte und sie nicht mehr verstand: »Du bist plötzlich so anders!« Sie riskierte die Trennung, tanzte sich durch den Trennungsschmerz und lernte jemand anderen kennen. Und auch als sich herausstellte, dass dieser wieder nicht der Richtige war, so erlebte sie dies doch als neuen Anfang, als Aufbruch zu einem neuen Leben.

Die Glasscheibe zwischen Lucia W. und dem Leben verschwand. Nicht mit einem abrupten Knall, sondern sie löste sich nach und nach auf. Der Weg ins geliebte Leben, ins erlebbare Leben war offen.

DIE WÜRDE UND DIE GEFÜHLE

Gefühle kommen und gehen, ob wir wollen oder nicht. Sie entziehen sich der Vernunft und sie entziehen sich weitgehend unserer Kontrolle. Warum ist das so? Weil sie einen bestimmten Sinn haben. Der Sinn der Gefühle besteht darin, unser spontanes Handeln zu leiten und zu lenken. Wir können mit unseren Gefühlen nicht die Statik einer Brücke berechnen. Aber aus dem Gefühl der Sehnsucht, den Fluss zu überqueren, kann der Impuls entstehen, eine Brücke zu planen und zu bauen. Gefühle und vernünftiges Denken stehen nebeneinander und sind miteinander verbunden. Wenn wir Menschen uns würdigen und wertschätzen wollen, sollten wir deshalb auch unser Gefühlsleben beachten und würdigen.

Gefühle können unterdrückt, aber nicht kontrolliert werden

Ja, Menschen können Gefühle unterdrücken, können ihr ganzes Gefühlsleben auf Sparflamme herunterfahren oder ein Gefühl (oder mehrere) fast vollständig so einsperren, dass sie es nicht mehr spüren. Das ist manchmal nach traumatischen Erfahrungen der Fall, wenn Gefühle so viel Leiden hervorrufen, dass dies nicht aushaltbar ist. Dann tritt ein Mechanismus des Selbstschutzes in Kraft, der viele Gefühle betäubt und unterdrückt. Die Unterdrückung ist nie vollständig und hält selten lebenslang. Wir haben beobachtet, dass bei diesen Menschen immer wieder Licht durch einen Spalt der

Mauer um die Gefühle scheint. Und wir beobachten gerade bei alten Menschen, dass zum Beispiel der Schrecken der Kriegs- und Nachkriegserfahrungen 70 bis 80 Jahre lang eingesperrt und verdrängt werden konnte, aber sich im hohen Alter wieder bemerkbar macht. Gefühle können über lange Zeit eingesperrt werden, doch irgendwann brechen sie sich Bahn.

Nicht jedes Gefühl ist angenehm. Manche Menschen, vielleicht kennen Sie das auch, hadern mit bestimmten Gefühlen und versuchen, diese zu kontrollieren. Doch dies gelingt selten, allenfalls nur für einen kurzen Moment. Zum Beispiel hatte Leander C. einen Arbeitskollegen und dessen Frau zu einem Essen eingeladen. Er freute sich darauf und wollte selbst kochen. Zwei Tage vor dem Termin sagte der Arbeitskollege ab. Leander C. empfand den Absagegrund als Vorwand, war sich aber nicht sicher. Eigentlich meinte er, sollte es ihm nichts ausmachen, ob sein Kollege absagt oder nicht. Was hing denn davon ab? Nichts, sagte er sich. Man konnte sich ja für ein anderes Mal verabreden. Doch es wurmte ihn. Er war enttäuscht und fühlte sich durch die Absage verletzt. Dieses Gefühl der Enttäuschung wollte er nicht. Er wollte lieber darüberstehen und versuchte, dieses Gefühl irgendwie zu entfernen, zumindest aber zu kontrollieren.

Doch das gelang ihm nicht. Dauerhafte Kontrolle von Gefühlen braucht ein sehr großes Maß an Energie und hat häufig zwei Folgen. Die eine Folge ist, dass sich Gefühle gerne umtauschen, so auch bei Leander C. Seine Enttäuschung ließ nach, aber wandelte sich in Aggressivität. Diese aggressiven Gefühle zeigte er gegenüber seinem Kollegen, der die Einladung abgesagt hatte, aber auch gegenüber anderen Menschen. Auch hier staunte er über sich und wunderte sich, dass er so aggressiv geworden war. So war er doch eigentlich gar nicht und so wollte er gar nicht sein.

Die andere Folge der Kontrollversuche bestand darin, dass er nicht nur die Enttäuschung kontrollierte, sondern – unbewusst und ungewollt – auch andere Gefühle. Ein Gefühl tritt selten alleine auf.

Es ist immer mit anderen Gefühlen verbunden. Wenn wir es zu kontrollieren versuchen, dann hat das Folgen für einen ganzen Bereich von Gefühlen oder für das Gefühlsleben insgesamt. Leander C.s Lust auf Sport und Musik wurde immer geringer. Er wurde lustlos und wieder einmal wunderte er sich …

Vielleicht kennen Sie andere Versuche, Ihr Gefühlsleben zu unterwerfen oder unter Kontrolle zu bringen. Vermutlich sind Sie damit nicht sehr erfolgreich gewesen oder mussten einen relativ hohen Preis dafür bezahlen. Wir raten deshalb, Ihr Gefühlsleben zu respektieren. Die Gefühle zu würdigen, ist ein wichtiger Aspekt des Selbstwertgefühls und der Selbstachtung. Akzeptieren Sie Ihre Gefühle, betrachten Sie, aus welchen Quellen sie kommen, und beobachten Sie, wie Sie emotional reagieren. Wenn zum Beispiel Leander C. seine Enttäuschung hätte akzeptieren können, hätte vielleicht ein Gespräch mit dem Arbeitskollegen angestanden, in dem er seine Unsicherheit angesprochen und zu klären versucht hätte, ob er sich in seiner Beziehung zu dem Kollegen oder in seinem Zweifel an dem Absagegrund getäuscht hatte. Diese Klärung hätte ihm wahrscheinlich weitere Enttäuschungen erspart und Selbstsicherheit gewinnen lassen.

Kontrolle von Gefühlen muss nicht immer falsch sein. Wer zum Beispiel zu Jähzorn-Attacken neigt, wird sich zu Recht um eine Kontrolle der emotionalen Ausbrüche bemühen, damit nicht andere und er selbst geschädigt werden. Doch selbst hier hilft die Kontrolle nur zeitweilig. Es ist auf Dauer erfolgreicher, dem Jähzorn die Quelle abzugraben und sich mit dem oft darunterliegenden »ungelebten Leben« zu beschäftigen, dem wir uns im vorigen Kapitel gewidmet haben.

Der heilige Zorn und die Würde

Die meisten Menschen mögen keine aggressiven Gefühle. Wer möchte sich schon gerne der Wut und dem Zorn anderer Menschen ausgesetzt sehen? Viele Menschen waren Opfer aggressiver Gefühle und haben unter ihnen gelitten.

Und doch haben aggressive Gefühle einen Sinn. Sie zielen auf Veränderung. Wer sich darüber ärgert, dass er zu einem Termin zu spät kommt, möchte dies verändern. Wer wütend darauf ist, dass sein Partner oder seine Partnerin fremdgegangen ist, wehrt sich dagegen. Aggressive Gefühle, nennen wir sie nun Ärger, Wut oder Zorn, zielen darauf ab, etwas zu verändern, bei sich oder bei anderen. Das ist ihr Sinn.

Viele Veränderungswünsche und Veränderungshandlungen nehmen ihren Anfang, wenn Menschen sich über etwas ärgern, was ihnen nicht passt. Deswegen halten wir es für unangemessen, alle aggressiven Gefühle zu verdammen und zu versuchen, ihnen auszuweichen oder sie zu unterdrücken. Wir raten Ihnen, ernst zu nehmen, worüber Sie sich ärgern und was Sie erzürnt. Vielleicht ist es sinnvoll, zu überlegen, dass es nicht bei der Wut bleiben sollte, sondern dass Handlungen folgen sollten, die Veränderungen bewirken. Wenn Sie sich am Arbeitsplatz ständig über eine Kollegin ärgern, dann suchen Sie das Gespräch oder wechseln Sie den Arbeitsplatz oder unternehmen Sie etwas anderes, damit Sie Distanz zu der Kollegin schaffen und der Ärger nicht zu einem Dauerzustand wird, der Ihre Lebensqualität behindert. Sehr hilfreich ist es, wenn man sich an den großen Ärger, die bedeutungsvollen Auseinandersetzungen nicht herantraut, mit dem »kleinen Ärger« zu beginnen.[13] Wenn Ärger, Wut und Zorn unausgesprochen bleiben und nicht in Handeln münden, dann werden sie leicht zu dauerhaften Lebenspartnern.

Wenn Sie Ihren Ärger oder Zorn würdigen wollen, dann versuchen Sie, ihn möglichst konkret zu identifizieren. Worüber ärgern Sie sich genau? Wann fing das an? Was könnte eine Änderung bewirken? Was können Sie tun, um den Ärger auszusprechen und den Konflikt auszutragen? Mit wem müssen Sie reden? Brauchen Sie dafür Unterstützung? … Je konkreter aggressive Gefühle betrachtet und angegangen werden, desto nachhaltiger können sie Veränderungen bewirken und verlieren damit ihre Kraft. Der hilflose Ärger, die hilflose Wut sind gefährlich, weil sie Sie auffressen. Wir empfehlen Ihnen: Wenn Sie hilflose aggressive Gefühle verspüren, suchen Sie Hilfe von anderen, mit denen Sie sich darüber austauschen und Wege der Veränderung entwickeln.

Besonders gewürdigt werden sollte der heilige Zorn. Wenn wir, Autorin und Autor, mitbekommen, was Menschen anderen Menschen antun, wie viel Gewalt ausgeübt wird und wie viele andere Monster der Entwürdigung sich austoben, dann packt uns manchmal heiliger Zorn. Dieser Zorn enthält oft Hilflosigkeit, weil wir, gemessen an unserem Anliegen, viel zu wenig den Entwürdigungen entgegentreten können. Doch wir nehmen den heiligen Zorn ernst und wollen ihn würdigen. Nur dann können wir gegen die Entwürdigung handeln, nur dann können wir den Monstern der Entwürdigung etwas entgegensetzen. Dem haben wir viele Aktivitäten unseres Lebens gewidmet, auch das Schreiben dieses Buches.

Nun hören wir von manchen Menschen den Einwand: »Ich habe unter Wut und Zorn gelitten. Die waren maßlos und schlimm.« Ja, Gefühle können maßlos sein. Ihnen wohnt die Tendenz zur Maßlosigkeit inne, weil sie so spontan und anarchisch sind. Das gilt auch für aggressive Gefühle. Wir fragen dann: »Wenn Sie unter starkem Zorn und starker Wut gelitten haben, dann hatten diese aggressiven Gefühle kein Maß. Wenn Sie zornig oder wütend sind, wenn Sie sich ärgern, was könnte für Sie ein Maß sein?« Und dann reden wir über die Würde. Wir Menschen können uns ärgern und wütend sein, wenn wir dabei die Würde anderer Menschen respektieren. Ich kann mich über ein Kind ärgern und mit ihm streiten. Ich kann zornig sein über meinen Nachbarn. Ich kann vor Wut über das Handeln eines Vorgesetzten entbrennen. Doch dabei zeige ich meinen Zorn über das Verhalten des anderen Menschen, ohne ihn in seiner Persönlichkeit anzugreifen. Der Unterschied besteht darin, dass ich sage: »Ich ärgere mich darüber, dass Sie meine Anfragen nicht beantworten.« Oder ich kann meinen Zorn entwürdigend äußern: »Sie sind ein Versager!« Wir wissen, dass diese Unterscheidung nicht einfach ist und die Grenzlinien nicht immer eindeutig. Doch wir sind sicher, dass Sie den Unterschied spüren. Wenn Sie das ernst nehmen, können Sie streiten und Konflikte austragen, ohne die Menschen als Menschen zu verachten, zu beschämen oder ihnen Gewalt anzutun.

Das ist der Unterschied zwischen entwürdigenden aggressiven Gefühlen und Handlungen und solchen, die die eigenen aggressiven Gefühle würdigen und dabei die Würde anderer Menschen respektieren. Die Würde ist das Maß. Sie werden dabei auch merken, dass Sie bestimmten Menschen nicht mit einer grundsätzlich würdigenden Haltung gegenübertreten können und auch nicht wollen. Wir auch nicht. Bei uns sind das die Menschen, die uns oder uns nahestehende Menschen entwürdigen.

Der Sinn der Sehnsucht

Auch die Sehnsucht ist ein Gefühl, das von vielen Menschen wenig respektiert wird. Sie wird oft als romantische Verklärung abgetan, als unproduktiv und nutzlos. Und doch klopft diese Sehnsucht immer wieder an. Wenn wir sie ignorieren, statt sie zu respektieren, wenn wir versuchen, sie abzutöten, statt zu würdigen, dann mündet sie oft in Bitterkeit, manchmal auch in Krankheiten. Es gibt Menschen, die versuchen, sie durch übermäßige Arbeit, durch Alkohol oder andere Drogen zu bekämpfen.

Was ist der Sinn der Sehnsucht? Sie führt uns unsere Wünsche vor Augen. Vielleicht zeigt Sehnsucht uns auch eine Richtung hin zu einem erfüllteren, zu einem glücklicheren Leben?

Wie können wir also mit unserer Sehnsucht umgehen? Wir können sie gewiss lebendig erhalten, indem wir Filme schauen oder Bücher lesen, in denen unsere Sehnsüchte stellvertretend erfüllt werden. Dies bereichert das Innenleben und ist keineswegs abzuwerten. Doch für manche Menschen reicht das nicht. Sie wollen, dass ihre Sehnsucht auch das Handeln und somit ihr Leben bestimmt, dass sie sich erfüllt. Der entscheidende Ansatz besteht in der Haltung, die Sehnsucht zunächst einmal zu akzeptieren und dadurch zu würdigen. Und dann gilt es, sie in möglichst konkrete Wünsche umzuwandeln.[14]

Was heißt das? Betrachten wir es an einem Beispiel. Jenny S. sehnte sich nach Ruhe. Oft meinte sie, dass alles um sie herum, was auf sie einströmte, ihr zu viel war. Sie versuchte, sich Pausen zu verschaffen. Das half ein wenig, doch sie empfand auch in Phasen, in denen sie äußerlich relativ viel Ruhe hatte, zum Beispiel im Urlaub, eine starke Unruhe. Also kam sie zu der Einsicht, dass ihre Sehnsucht nach Ruhe vor allem in der Sehnsucht nach innerer Ruhe, nach innerem Frieden bestand. Das war ihr wichtig, ihre Aufmerksamkeit wurde in eine neue Richtung gelenkt.

Nun fragte sie sich, was sie eigentlich beunruhigte. Dafür beobachtete sie sich und redete viel mit einem guten Freund darüber. Wann begann ihr Herz lauter zu klopfen? Wann stockte ihr der Atem oder wann beschleunigte er sich? Sie schenkte ihrem Körpererleben Aufmerksamkeit und merkte, dass besonders zwei Situationen sie unruhig machten. Die eine bestand darin, dass sie besonders dann den Stress der Überforderung spürte, wenn es ihr nicht gelang, sich den Anforderungen von außen, den ausgesprochenen wie den unausgesprochenen, zu erwehren. Sie nahm sich vor, in diesen Situationen wenigstens einen Moment kurz innezuhalten und zu entscheiden, ob es »klüger« wäre im Sinne ihrer Gesundheit und ihres Würde-Ichs, mit einem »Nein, nicht mit mir« oder einem »Vielleicht, mal sehen« zu reagieren. Solche Situationen entstanden oft und ihr Würde-Ich leistete ihr gute Dienste dabei, diese

Unruhe, die durch Überforderung und Reizüberflutungen entstand, zu verringern. Einen Weg im Umgang mit den anderen Situationen zu finden, fiel ihr schwerer: Es beunruhigte sie, wenn Menschen, die sie nicht kannte oder die sie nicht eindeutig mochte, ihr zu nahe kamen. Und noch mehr, wenn sie sich durch das Zusammensein mit Menschen, die ihr nahestanden und ihr lieb und teuer waren, überfordert fühlte. Hier einfach einen Schritt beiseitezutreten, den Abstand zwischen sich und den anderen zu vergrößern oder sich aus der Situation herauszuziehen, ging nicht immer, denn sie wollte die Menschen nicht verletzen. Zusammen mit ihrem Freund differenzierte sie ihre Reaktionsmöglichkeiten schließlich nach zwei Kriterien: Bei entfernteren oder unbekannteren Menschen wollte sie lernen, gegebenenfalls einfach auf Abstand zu gehen und es sich egal sein zu lassen, wenn diese irritiert sein würden. Den ihr nahestehenden Menschen wollte sie signalisieren bzw. offen sagen, dass sie oft ihren Rückzug brauchte. Dass *sie* so gestrickt war und es nicht an dem Verhalten der anderen lag, wenn sie anhaltende Kontakte über die Maßen anstrengten und überforderten. Sie merkte, dass sie bereits bei dem Gedanken an diesen Ausweg allmählich ruhiger wurde. Es überfiel sie nicht gleich der große innere Frieden, aber sie kam ihrer Sehnsucht nach Ruhe allmählich näher. Wenn es in der Folgezeit Rückschläge gab, dann überlegte und spürte sie sorgfältig nach, was der auslösende Faktor war. Sie fand ihn nicht immer, aber doch häufig, und war dann wieder um eine Einsicht reicher. Der Weg, der sie der Erfüllung ihrer Sehnsucht näher brachte, war nicht gradlinig. Vielleicht war er dadurch erfolgreich.

So kann auch Ihre Sehnsucht eine Kraft werden, die Ihr Leben bereichert.

Macht Liebe blind?

Ja, Liebe kann blind machen und das ist wunderbar. Liebe ist ein Rausch. Liebe fokussiert auf die geliebte Person. Liebe überdeckt vieles andere. Liebe lässt treiben und zielt gleichzeitig auf die ersehnte Nähe mit der geliebten Person. Manchmal kommt die Liebe leise und unscheinbar daher und entwickelt sich dann zu einer kraftvollen Flut. Manchmal überfällt sie einen und überwältigt. All das ist gut so und deswegen lieben wir die Liebe.

Ja, Liebe kann blind machen und das kann eben auch eine Falle sein. Der vernebelte Blick kann dazu führen, dass Fehler und Schwächen ausgeblendet werden, dass entwürdigende Verhaltensweisen verniedlicht oder entschuldigt werden.

Die Liebe ist eines der tiefsten und existenziellsten Gefühle der Menschen – und das wahrscheinlich am häufigsten missbrauchte. Liebe zählt zu den wunderschönen Grundlagen unseres Lebens. Sie schafft Verbindungen und Bindungen, nach denen wir Menschen uns sehnen, UND, wir betonen wieder das große UND, macht abhängig. Liebe ohne Abhängigkeit gibt es nicht. Wenn wir lieben, sind wir abhängig von anderen Menschen, davon, ob sie unsere Liebe erwidern, wie sie uns lieben und auch wie sie geliebt werden wollen.

Das Würde-Ich kann deshalb unter dem Missbrauch, Verrat und anderen Kränkungen beim Ende von Liebesbeziehungen leiden und geschädigt werden. Eine Untersuchung hat einmal bestätigt, was nach unseren Erfahrungen stimmig ist: Die meisten Menschen leiden nach einer langen Ehe-, Partner-, Liebesbeziehung mehr darunter, wenn sie vom Partner oder der Partnerin verlassen werden, als wenn dieser Mensch stirbt. Zu erklären ist dies damit, dass durch das Verlassen-Werden das Selbstwertgefühl existenziellen Schaden erleidet oder sogar in sich zusammenbricht, wenn man sich so tief abgewertet fühlt. Das Würde-Ich kann dann seine Funktion als Kompass verlieren.

Meistens beginnen nach einem entwürdigenden Ende einer Liebesbeziehung die Selbstvorwürfe: »Das hätte ich doch vorhersehen müssen! Wie kann ich denn nur so blind gewesen sein!« Viele Menschen können sich das Scheitern einer Liebesbeziehung nicht verzeihen, ganz gleich, wie groß bzw. klein ihr eigener Anteil daran war.

Solche Selbstvorwürfe nach dem Scheitern einer Liebesbeziehung sind normal. Im Rückblick sieht man vieles anders. Viele Menschen, Männer wie Frauen, merken, dass die Liebe sie teilweise blind gemacht hat. Wer liebt, möchte die Liebesbeziehung erhalten, verharmlost dieses und jenes, sieht über manches hinweg oder nimmt irritierende Aspekte des Verhaltens des Partners oder der Partnerin gar nicht wahr. Zumindest nicht ernst. Wir sagen, dass dies zur Liebe gehört und dass es deswegen wichtig und notwendig ist, dass Sie, falls Sie davon betroffen sind, sich dies verzeihen. Es mag den Schmerz nicht mindern, aber vielleicht in eine Traurigkeit überleiten, durch die Sie nach und nach loslassen können.

Viele Menschen fühlen sich nach dem Bruch einer Liebesbeziehung entwürdigt, wertlos und »weggeworfen« und brauchen das wertschätzende Verständnis anderer Menschen, um sich wieder aufzurichten. Wir wissen, dass es oft schwieriger ist, sich selbst zu verzeihen als anderen Menschen. Ob Sie einem Ex-Partner oder einer Ex-Partnerin verzeihen, ist allein Ihre Sache. Dass Sie versuchen, sich selbst zu verzeihen, wollen wir hiermit unterstützen. Denn sich selbst immer wieder Vorwürfe zu machen, bedeutet nur, in der Wunde der Entwürdigung immer weiter herumzuwühlen. Dann kann sie nicht heilen.

Die Angst und das Würde-Ich

Auch die Angst ist ein nützliches Gefühl, denn sie bewahrt uns davor, zu große Risiken einzugehen und die Gefahren, denen wir begegnen, zu unterschätzen. Doch Angst kann wie jedes Gefühl maßlos werden und dazu führen, dass alles Sinnen und Streben, das ganze Erleben eines Menschen von Angst geprägt wird. Wenn Menschen vor Angst erstarren und sich aus Angst zurückziehen, dann hat dies Auswirkungen auf das Selbstbewusstsein und das Selbstwertgefühl. Wer die Welt und sich nur durch die Brille von Ängsten betrachtet, dessen Selbstwertgefühl wird sich nach unseren Erfahrungen massiv verringern. Deswegen ist es für ein Leben in Würde notwendig, eine Balance zwischen dem Aufgehen in der Angst und dem Ignorieren von Ängsten zu finden, die eigenen Ängste ernst zu nehmen und deren maßloses Ausufern zu verhindern. Wer dies nicht alleine oder mit Freunden und Freundinnen kann, sollte stolz auf das Wagnis seiner Entscheidung sein, professionelle Hilfe in Anspruch zu nehmen.

Auf die vielfältigen Aspekte der Angst und deren Wechselbeziehung zu anderen Gefühle können wir hier nicht eingehen.[15] Doch einen Zusammenhang zwischen der Angst und dem Würde-Ich, dem wir häufig begegnen, möchten wir Ihnen vorstellen.

Wir Menschen haben eine besondere Fähigkeit: Wir können Geschehnisse in unserer Vorstellung vorwegnehmen. Bevor Sie zum Beispiel ein Vorstellungsgespräch führen, können Sie sich ungefähr vorstellen, wie es verlaufen wird. Diese Vorstellung entspringt nicht allein Ihrer Fantasie, sondern beruht auch auf Vorerfahrungen, die Sie durch frühere Vorstellungsgespräche haben. Besteht Ihre Vorerfahrung zum Beispiel nun darin, dass die letzten Vorstellungsgespräche mit einem negativen Ergebnis endeten, ja dass Sie sich in diesen Gesprächen erniedrigt gefühlt haben, so wird diese Erfahrung auch Ihre Vorstellung für das künftige Vorstellungsgespräch prägen. Und hier betritt die Angst die Bühne Ihres Lebens. Nach entwürdigenden Erfahrungen führen Ängste oft dazu, dass weitere entwürdigende Erfahrungen erwartet werden. Gehen Sie dann mit einer solchen ängstlichen Erwartung in das nächste Vorstellungsgespräch, sind Sie wahrscheinlich gehemmt und zumindest angespannt. So kann eine sich selbsterfüllende Prophezeiung entstehen. Die Angst vor dem Scheitern produziert das Scheitern, sie trägt zumindest dazu bei.

Ernest N. war in einer solchen Kettenreaktion gefangen. Jede negative Erfahrung eines Vorstellungsgespräches führte dazu, dass er umso verkrampfter in das nächste Gespräch hineinging – mit dem zu erwartenden Ergebnis. Er hatte in einem anderen Zusammenhang das Würde-Ich für sich entdeckt und sein Symbol dafür gefunden. Es war eine winzige Muschel, die seine kleine Tochter einmal aus dem riesigen Angebot an gesammelten Muscheln sorgfältig und mit konzentriertem Blick ausgewählt und ihm mit den Worten geschenkt hatte: »Papa, die ist für dich!« Das hatte ihn so berührt, dass er die Muschel fortan in Ehren hielt. Er ergriff vor dem nächsten Vorstellungsgespräch diese Muschel und fragte sich beziehungsweise sein Würde-Ich, was es ihm raten würde. Die Antwort war eindeutig: »Ich will mich nicht erniedrigen lassen. Das ist mir am wichtigsten. Die Stelle zu bekommen, ist mir auch wichtig, steht aber an zweiter Stelle. Am wichtigsten ist mir, dass ich mich nicht wieder kleinmachen lasse, dass ich weiß, was ich kann und wer ich bin, und dass ich aufrecht in das Vorstellungsgespräch hineingehe und genauso aufrecht wieder herauskomme.«

Diese Haltung half ihm. Die Muschel nahm er übrigens in seiner Hosentasche mit. Seine Angst war damit nicht verschwunden, aber sie hatte an Macht verloren.

Die Würde der Scham

Dass die Beschämung zu den Monstern der Entwürdigung gehört, darauf haben wir hingewiesen. Die gute Schwester der Beschämung, die natürliche Scham, zu beachten und zu achten, ist dagegen ein notwendiger Bestandteil, um die eigene Würde zu verteidigen und zu bewahren.

Liz war 14 Jahre alt und verliebt in Ben, einen Schüler der Parallelklasse, dem sie gelegentlich beim Sport begegnete. Ben wusste nichts davon, niemand wusste es, nur Liz selbst. Sie war völlig durcheinander, ihr Kopf schwirrte, ihr Herz klopfte. In ihrer Verwirrung ließ sie sich dazu hinreißen, ihrer besten Freundin von ihrem Verliebtsein zu erzählen. Es tat ihr gut, ihre Gefühle mit einem anderen Menschen zu teilen, doch die Folgen waren fatal. Nach einigen Tagen merkte sie, dass sie von ihren Mitschülerinnen seltsam angeschaut wurde und dass es spitze Bemerkungen gab. Jemand, den sie gar nicht näher kannte, fragte sie plötzlich: »Na, immer noch verknallt?«

Sie war außer sich und stellte ihre Freundin zur Rede. Diese hatte geplaudert. So wurde das Geheimnis, das sie ihrer besten Freundin anvertraut hatte, öffentlich. Ja, Liz wusste, dass sie noch Glück hatte, dass davon nichts im Internet erschien, doch sie war empört. Ihre Gefühle waren intim, sie gingen nur sie selbst etwas an. Wenn sie ihre Gefühle mit ihrer Freundin teilte und diese anderen davon erzählte, dann war das ein Verrat. Liz war sehr ärgerlich und zeigte ihrer Freundin diesen Ärger. Sie schimpfte wütend und brach den Kontakt zu ihr ab.

Und dann kam die Scham. Sie schämte sich, dass sie ihre Verliebtheit ihrer Freundin erzählt hatte. Sie schämte sich für den Fall, dass Ben davon etwas hören würde. Sie schämte sich teilweise sogar ihrer Liebe. Ihre ältere Schwester merkte, dass mit Liz etwas nicht stimmte, und fragte nach. Die Schwester war 17 und als Liz ihr von ihren Erfahrungen erzählte (ohne den Namen Ben zu erwähnen), konnte die Schwester ihr helfen. Sie hatte Ähnliches durchgemacht und bekräftigte Liz in ihrem Ärger, in ihrem Zorn: »Dass du dich dagegen wehrst, ist doch gut. Ich glaub', man muss das verteidigen. Was vertraulich ist, muss vertraulich bleiben! Wer es nicht kapiert, ist ein Idiot. Eigentlich müssten sich die Idioten schämen!«

Der Hinweis der Schwester ist wertvoll. Schämen für etwas, was man falsch gemacht hat, für einen Makel, das ist Sache derjenigen, die Geheimnisse verraten, die die Grenzen der Intimität verletzen. Die natürliche Scham von Liz ist ein Zeichen dafür, dass Liz verletzt ist, dass ihre Grenzen überschritten worden sind. Diese Schamgefühle sind eine Bastion gegen die Entwürdigung, sind Wächter der Würde. Insofern wohnt dieser Scham Würde inne, weil sie die Würde von Liz verteidigt. Dass Liz diese Scham in Aggressivität verwandelte und ihren Ärger und ihre Wutgefühle zeigte, (auch wenn sie die »Reihenfolge« ihrer Gefühle umgekehrt wahrnahm), ist großartig. Ihr Nein ist vorbildlich.

VOM AUFRICHTEN IN WÜRDE NACH TIEFEN VERWUNDUNGEN

Wenn Menschen traumatische Erfahrungen machen mussten, wird fast immer ihr Selbstwertgefühl massiv beschädigt. Warum ist das so? Weil sie als Objekt behandelt wurden. Weil ihr Nein nicht gehört wurde. Weil ihr menschliches Recht auf Schutz und Unversehrtheit missachtet wurde. All das hat Folgen für das Selbstwertgefühl, *muss* Folgen haben. Die Erfahrungen der Entwürdigung erschüttern das Selbstbewusstsein und das Gefühl der eigenen Würde der betroffenen Menschen.

Traumata und die Folgen

Alica B. war verstört. Alica B. war überfallen worden. Sie war dadurch traumatisiert und litt an den Folgen. Sie konnte sich nicht mehr konzentrieren, hatte vor allem und jedem Angst, fühlte sich zutiefst verunsichert und traute sich nicht mehr aus dem Haus.

Das Wort »Trauma« stammt aus dem Altgriechischen und bedeutet »Wunde«. Nicht jede Wunde, nicht jede Verletzung ist ein Trauma. Damit eine Wunde als ein Trauma bezeichnet werden kann, braucht es drei Kriterien. Erstens muss die Wunde als existenziell bedrohlich erlebt worden sein. Das war bei Alica B. der Fall. Sie hatte Gewalt erfahren und fühlte sich existenziell bedroht. Zweitens kommt als Kriterium für ein Trauma hinzu, dass die betroffenen Menschen in der aktuellen Situation damit nicht fertigwerden können. Sie sind überfordert, sich mit ihren Möglichkeiten mit der Bedrohung konkret auseinanderzusetzen und die Erschütterung zu verkraften. Auch dies traf auf Alica B. zu. Sie war erschüttert. So etwas hatte sie noch nie erfahren und es brachte ihre Grundfesten ins Wanken. Als drittes Kriterium hat eine traumatische Erfahrung nachhaltige Folgen. Bei vielen Menschen treten diese Folgen erst einige Zeit, manchmal Wochen, Monate oder Jahre nach dem Trauma auf. Bei manchen, wie bei Alica B., sind sie sofort sichtbar und spürbar.

Immer hat eine traumatische Erfahrung zur Folge, dass Auslöser (Trigger) das traumatische Erleben wieder hervorrufen, es wiederbeleben können. Als es Alica B. besser ging und sie ein wenig stabiler geworden war, traute sie sich wieder auf die Straße. Doch als sie einmal männliche Schritte hinter sich hörte, geriet sie in Panik und das Erleben des Überfalls war wieder allgegenwärtig. Das Traumagedächtnis wirkt so, dass Ähnlichkeiten mit dem traumatischen Erleben den traumatischen Schrecken wieder hervorrufen können. Ursprünglich hat sich dieser Mechanismus entwickelt, um Menschen davor zu warnen, sich wieder in existenziell gefährliche Situationen zu begeben. Heute bewirkt das Traumagedächtnis, dass bestimmte Sinneseindrücke das Traumaerleben wieder reaktivieren können und die Menschen mit ihren Gefühlen überfluten. Deshalb brauchen traumatisierte Menschen Hilfe und therapeutische Unterstützung.

Oft werden die Verringerungen und die Erschütterungen des Selbstwertgefühls nach Jahren nicht mehr mit den traumatischen Erfahrungen in Verbindung gebracht. Betroffene Menschen begeben sich dann in Therapie und Beratung oder suchen anderswo Unterstützung, um ihr Selbstwertgefühl wieder aufzubauen, und spüren erst während des Prozesses die Verbindung mit dem Anlass der Erschütterung.

Um Menschen mit traumatischen Erfahrungen zu helfen, muss jede Art von Stärkung des Selbstwertgefühls Vorrang haben. Es ist ein zentrales Element ihrer Würdigung und des Aufbaus eines neuen

Würde-Ichs. Es ist gut, wenn diese Menschen darin Unterstützung finden, sich mit den Fragen auseinanderzusetzen: Wer bin ich? Was kann ich? Was ist mir kostbar? Es ist gut und notwendig, dass diese Menschen durch andere Menschen Würdigung erfahren in ihrem Leid und in ihrer Stärke, in ihrer Verunsicherung und in ihrer Kraft.

Der innere Kern

Wir Menschen haben einen inneren Kern. Sie finden ihn nicht im Anatomie-Atlas oder auf dem Röntgenbild. Aber Sie spüren ihn. Ein innerer Ort, von dem aus Sie Ja oder Nein sagen, von dem aus Sie sich in die Welt hinein orientieren, aus dem heraus Sie Entscheidungen treffen und Ihr Leben gestalten. Durch traumatische Erfahrungen ist dieser innere Kern bei vielen Menschen erschüttert, manchmal sogar zerbrochen. Dem Monster der Gewalt ist er in solchen Situationen schutz- und machtlos ausgeliefert, und das hat Folgen. Dieser Kern, Ihre innere Mitte, ist auch der Ort der Würde, das Zentrum, von dem aus Würdigen beginnt und sich entfaltet und in dem sich Erfahrungen der Würde sammeln.

Eine traumatische Erfahrung der Entwürdigung schädigt diesen Ort und es bedarf behutsamer und kontinuierlicher Anstrengungen, sich dieses Kerns wieder gewahr zu werden und ihn zu heilen. Ein wichtiges Element dabei kann darin bestehen, diesen inneren Kern zu gestalten.

Alica B. versuchte zunächst, ihren inneren Kern zu malen. Doch das gelang nicht. Die Ergebnisse ihrer Bemühungen gefielen ihr nicht. Sie drückten nicht das aus, was sie mit ihrem inneren Kern in Verbindung brachte und was sie empfand, sie fand sie lächerlich. Sie nahm die Papierbögen, auf denen sie gemalt hatte, und zerknüllte sie. So war es schon besser. So zerklüftet – das war das Bild, das sie gerade von ihrem inneren Kern hatte. Sie nahm noch weitere Papierbögen, zerriss sie und fügte sie dem Papierknäuel hinzu … Sie legte es vor sich hin und dachte: Ja, so fühle ich mich. Mein innerer Kern ist nicht übersichtlich und klar, er hat keine glatte Oberfläche und er ist mehr ein Knäuel als ein Kern.

Dann griff sie zu einem Bund Wolle, die sie gerade von einer Tante geschenkt bekommen hatte. Sie nahm den Wollfaden und wickelte ihn um das Papierknäuel, mehr und mehr, fester und fester … Schließlich entstand daraus eine Wollkugel, die das Papier umhüllte. Sie fand dieses Gebilde, ihren inneren Kern, nun ganz und gar nicht mehr lächerlich, sondern betrachtete ihn fast ein bisschen zärtlich: »Ja, so ist es. Innen drin ist es zerklüftet, das weiß ich, das spüre ich. Aber außen hat es jetzt ein bisschen Schutz. Ich weiß nicht, ob der Schutz hält, aber das ist schon mal ein Anfang … Ja, mein innerer Kern braucht meinen Schutz. Ich will alles dafür tun, was ich kann, ihn – und damit mich – zu würdigen.«

Aufrichten braucht Unterstützung

Wenn ein Mensch wie Alica B. traumatisierende Gewalt erfährt, dann ist dies eine schreckliche und erschreckende Beziehungserfahrung. Viele Menschen, auch Alica B., dachten in der Zeit danach, sie müssten selber damit fertigwerden, und schimpften mit sich selbst, dass sie so ein Theater machten und dass sie mit ihren Ängsten und sonstigen Erschütterungen nicht klar kämen. Doch eine Beziehungserfahrung braucht Beziehungsheilung. Die Erfahrung, die Alica B. gemacht hatte, bestand darin, dass es einen Täter gab, der sie überfiel. Der sie überfallende Mann hatte sie wehrlos gemacht und ihre Hilflosigkeit ausgenutzt. Das war eine Erfahrung, in der sie einer anderen Person ohnmächtig gegenüberstand und ihr allein ausgeliefert war. Auch in der ersten Zeit danach, bei der Polizei und im Krankenhaus, fühlte sie sich zunächst sehr alleingelassen. Die Menschen kümmerten sich sachlich, medizinisch um sie, aber ihr Gefühl der Hilflosigkeit, ihr Gefühl des Verstörtseins konnte sie mit niemandem teilen. Erst später erfuhr sie von Freunden Trost und Halt.

Das Alleinsein während der Tat und das Alleinsein in der Zeit danach nistete sich in Alica B. ein und war der Boden für ihren Impuls, unbedingt die Traumabewältigung allein schaffen zu wollen. Doch sie musste, wie viele andere, merken, dass es alleine nicht geht. Als sie Hilfe suchte, war sie zunächst misstrauisch, ob die Frau in der Beratungsstelle sie wirklich verstehen könnte. Ob sie selbst ähnliche Erfahrungen gemacht hatte, blieb offen, aber dass sie viel Erfahrung damit hatte, was traumatisierte Menschen durchmachen und vor allem, was sie notwendigerweise brauchten, war spürbar. Sie ließ keinen Zweifel an ihrem Mitgefühl und hörte Alica B. zu, sodass sie ihr Leid mitteilen und ihre Verletzungen zeigen konnte, nach und nach und immer mehr. Das war die Unterstützung, die Alica B. auf ihrem Weg des Aufrichtens annehmen konnte.

Das ist der Weg, den wir Ihnen empfehlen wollen, falls Sie traumatische Erfahrungen machen mussten. Sie brauchen Unterstützung. Zwingen Sie sich, es alleine schaffen zu müssen, besteht eine große Wahrscheinlichkeit, dass sich Ihre Not dadurch verlängert. Gönnen Sie sich, dass Sie Hilfe annehmen. Lernen Sie es neu, Hilfe annehmen zu können, trotz Misstrauen und durch das Misstrauen hindurch. Sie brauchen Ihre Verletzungen nicht allen Menschen zu zeigen, natürlich nicht, sondern nur denjenigen, denen Sie vertrauen. Das ist der Weg.

Diesen Weg nennen wir »Aufrichten in Würde«[16]. Sich aufzurichten ist ein körperlicher und ein seelischer Prozess, ein Prozess, der viele einzelne Schritte beinhaltet. Selbst wenn Sie mit Unterstützung gehen, erleben Sie ein Auf und Ab. Auch Alica B. hatte Phasen, in denen sie sich sehr belastet fühlte und verzweifelt dachte: »Wenn ich mich mit dem Trauma beschäftige, dann tut es nur weh. Ich will das nicht mehr.« Und dann wieder gab es Phasen, in denen sie merkte, dass sie sich festigte und dass ihre Selbstsicherheit wuchs.

Der Prozess des Aufrichtens in Würde ist kein gradliniger Prozess und erst recht kein einmaliger Akt. Er macht Mühe und windet sich durch Schmerzen, lässt Gefühle wieder erleben, die ein Mensch nicht noch einmal erleben möchte. UND er lohnt sich. Denn alles, das sagt uns unsere Erfahrung, was man an traumatischem Erleben »einfach so« hinter sich lassen möchte, hängt wie Pech und Schwefel an einem fest. Ein verletztes Würde-Ich verlangt Aufmerksamkeit. Es zeigt an, dass die Verletzung gewürdigt werden will, damit es dem Menschen wieder als Kompass dienen kann. Und »das Schlimmste ist das Alleinsein danach«[17], vielleicht nicht für jede und jeden das Schlimmste, aber ganz sicher schlimm genug, um beachtet zu werden: Wir Menschen brauchen andere Menschen. Wer nach einschneidenden traumatischen Erfahrungen seine Würde wiedergewinnen möchte und vor allem das Leid so gut es geht hinter sich lassen möchte, sollte, das empfehlen wir dringend, diesen Weg gehen. Nichts kann Schlimmes ungeschehen machen, aber wenn sich traumatisierte Menschen und sie Unterstützende und Begleitende begegnen, dann kann das Gefühl des Alleinseins angesichts der Macht der Täter/-innen seine Kraft verlieren und das zerklüftete Selbstwertgefühl erhält heilende Nahrung.

Wegschauen und Hinschauen

Manchen Menschen gelingt es, ihre traumatische Erfahrung so einzupacken und gleichsam irgendwo abzustellen, dass sie von ihr nicht weiter gepeinigt werden. Wenn das erfolgreich ist, dann ist das gut so. Alles, was ein gutes Leben in Würde ermöglicht, ist unterstützend. Daran wollen wir nicht rütteln und haben auch keinerlei Recht dazu. Doch vielen Menschen gelingt dieser Weg nicht, zumindest nicht auf Dauer. Bei manchen erhebt der Schrecken des Traumas sein Haupt nach Monaten oder nach Jahren. Manche werden des Schreckens nie Herr, er erschüttert sie immer wieder. Andere werden durch Trigger wie aus heiterem Himmel wieder vom Trauma überfallen.

Wir haben volles Verständnis für jeden Menschen, der die Erfahrungen des Traumas hinter sich lassen möchte, statt sich mit ihnen auseinanderzusetzen. Und wir haben gleichzeitig, wie ausführlich beschrieben, die Erfahrung gemacht, dass es für die meisten Menschen gut ist, hinzuschauen, mit Unterstützung, mit Hilfe, um Wege zu finden, den Schrecken des Traumas und seiner Folgen zu bewältigen. Das Hinschauen ist in diesem Zusammenhang die Voraussetzung dafür, um auf Dauer vielleicht nicht darüber hinwegschauen, aber doch darüber hinausschauen zu können.

Unser Motto heißt: Würdigen, was ist. Wenn Sie den Weg der Würde beschreiten wollen, dann beginnt das damit, dass Sie würdigen, was ist: ihre verständliche und nachvollziehbare Abneigung, sich mit den Traumafolgen zu beschäftigen, und ebenso Ihre Sehnsucht, endlich frei von dem Schrecken zu werden und das Leid zumindest zu verringern. Beides ist ernst zu nehmen. Wir können Ihnen nur empfehlen: Entscheiden Sie sich nicht allein, testen Sie zumindest die Möglichkeit, Unterstützung zuzulassen. Wenn Sie das Leid würdigen und dabei nicht alleine sind, beginnt es schon, seine Stärke zu verlieren.

»Wegschauen und Hinschauen«, diesem Thema, das uns im Zusammenhang mit Traumata so wichtig erscheint, werden Sie noch einmal im nächsten Kapitel begegnen.

FÜR EINE KULTUR DER WÜRDE

Traumatisierte Menschen – und damit knüpfen wir an unser vorheriges Kapitel an – reagieren »normal« auf eine unnormale, katastrophale Situation und Belastung. Die Monster der Entwürdigung, die sie in ihrer Identität und Individualität, in ihrer Würde verletzt haben, sind Beziehungsmonster. Das heißt, sie kommen von außen, aus der Gesellschaft, und dringen in den eigentlich unantastbaren persönlichen und intimen Raum eines anderen Menschen ein. Sie haben besonders zerstörerische Auswirkungen, wenn sie sich im familiären Nahbereich, in Eltern und Großeltern und anderen Personen, denen Menschen, und vor allem Kinder, Vertrauen schenken und denen sie anvertraut sind, personifizieren. Wie schwierig und letzten Endes notwendig es für die einzelnen Menschen ist, auf den Schrecken traumatischer Erfahrungen und die schmerzlichen Folgen und Auswirkungen auf ihr Leben zu schauen, haben wir beschrieben. Für alle betroffenen Menschen gilt, dass sie dieses »Hinschauen, um darüber hinauszukommen«, nicht allein bewältigen können. Sie brauchen Unterstützung durch einzelne andere Menschen und – auf diese Feststellung legen wir großen Wert – sie brauchen die Unterstützung durch die Gesellschaft. In unserer Gesellschaft wird, so meinen wir aufgrund unseres Erfahrungsbereiches feststellen zu können, immer mehr hingeschaut, insbesondere auf die Entwürdigung durch sexuelle Gewalt. Das ist gut so. Aber es wird immer noch und viel zu oft weggeschaut. Da ist noch viel zu tun.

Vom Wegschauen der Gesellschaft

Dass Gewalterfahrungen traumatische Folgen nach sich ziehen können, wurde lange Zeit generell geleugnet. Erst als deutlich wurde, dass in den USA durch die traumatischen Folgen der Kriegserfahrungen des Vietnam-Kriegs mehr Menschen starben (Gewaltaktionen, massive Drogensucht, Suizide) als während der Kriegshandlungen selbst, wurden Begriffe wie Trauma und Traumafolgen überhaupt erst in die psychiatrischen Klassifizierungen aufgenommen und zum Thema psychotherapeutischer Behandlungen. Die Frauenbewegung hatte parallel dazu auf die Traumafolgen sexueller Gewalt hingewiesen und kämpfte lange darum, gehört zu werden. Und der Kampf der verschiedensten Gruppen und Organisationen gegen das Unrecht, Opfer von Gewalt zu sein, und um das Recht auf sexuelle Unversehrtheit ist noch lange nicht vorbei. Erst seitdem die Gewaltaktionen gegen Kinder in der Odenwald-Schule und in zahlreichen kirchlichen Einrichtungen bekannt wurden, gibt es, nach langer Verzögerung, öffentliche Aufmerksamkeit und gesellschaftliche und politische Bemühungen um Prävention und den Schutz der Opfer.

Doch immer noch und immer wieder müssen die Opfer der Entwürdigung kämpfen und werden in ihren Bemühungen missachtet und beschämt. Als Traumatherapeut/-in, die wir beide sind, können bzw. müssen wir leider bezeugen, dass immer noch viel zu oft Tätern mehr geglaubt wird als Opfern. So wurde zum Beispiel von einer etwa 25-jährigen Frau, die seit dem Alter von drei Jahren bis in ihre Jugendzeit hinein von der Familie und von Dorfangehörigen missbraucht wurde, verlangt, dass sie dafür »Beweise« erbringt, um finanzielle Entschädigungen zu erhalten. Es ist mir (Gabriele Frick-Baer) als ihrer Therapeutin nicht einmal in der Zusammenarbeit mit einem Rechtsanwalt und einem Opferhilfeverein gelungen, die Unmöglichkeit dieser Anforderung plausibel zu machen. Beweise für Taten, die lange zurückliegen, und Zeugen zu fordern, wenn die einzigen Zeugen die Täter und Täterinnen, eine verschworene Gemeinschaft, sind – da finden wir kaum Worte für das Ausmaß an Scham, das die Verantwortlichen und Vertreter/-innen der Gesellschaft befallen müsste. In solchen Situationen überkommt uns »heiliger Zorn« und gleichzeitig machen sie uns sehr traurig. Denn die traumatisierten Menschen, denen nicht geglaubt wird und die in ihrem Leid nicht gewürdigt werden, müssen nun erneut ohnmächtig Abwertung und Demütigungen erleiden, wo sie doch der Solidarität der Gesellschaft dringend bedurft hätten. Wir halten das für unverzeihlich.

Auch dass, um ein ganz anderes Beispiel zu nennen, die Politikerin Renate Künast den Kampf gegen ihre Entwürdigung mit erneuter Entwürdigung »bezahlen« musste, ist nicht vereinbar mit der deklarierten Unantastbarkeit der Würde und gibt unserem Eindruck nach öffentlicher Gewalt freie Bahn. Sie hatte dagegen Strafanzeige gestellt, dass man ihr auf Facebook geschrieben hatte: »Man sollte dich köpfen.« Das als »freie Meinungsäußerung« zu akzeptieren, ist ein Schlag ins Gesicht jedes Gewaltopfers und unterstützt öffentliche Entwürdigung.

All das sind falsche Signale. Sie führen dazu, dass sich immer noch viele Menschen nicht wagen, gegen Gewalt und andere Entwürdigung aufzutreten. Da trauen sich zahlreiche Gewaltopfer nicht, die Taten anzuzeigen, weil sie öffentliche Häme und Beschämung fürchten. Da scheuen sich traumatisierte Lehrer/-innen, therapeutische Hilfe zu suchen, weil sie Sorge haben, dass das über die Abrechnungen mit der Beihilfe in ihre Akten kommt und ihnen beruflich schadet. Auch wenn in vielen Kriminalfilmen traumatisierte Polizisten und Polizistinnen sich weigern, nach Gewaltattacken Hilfe zu suchen, und ins Drehbuch geschrieben bekommen: »Ich brauch das nicht«, ist das nicht gerade Vorbild und Ermutigung.

Wir brauchen in unserer Gesellschaft ein anderes Klima, ein Klima, das Opfer schützt und das ermutigt, Hilfe gegen Entwürdigung zu suchen. Würde und Entwürdigung müssen Thema werden, noch mehr und in allen Bereichen. Zwischen Hinschauen und Wegschauen, zwischen wehrhafter Solidarität mit Opfern der Monster der

Entwürdigung und dem Decken von Tätern und Täterinnen, oder der Angst, andere ungerechtfertigt zu beschuldigen, liegt die Entscheidung zur Verteidigung der Würde.

Gesellschaft und Würde – eine Doppelbilanz

Wenn das Thema Würde in den letzten Jahren in der Öffentlichkeit mehr Beachtung zu finden scheint, hoffen wir, dass dies nicht nur eine Modeströmung ist, sondern Ausdruck eines langfristigen Interesses. Wie zu erwarten war, wurden und werden in Artikeln, Büchern und Internetbeiträgen unter Würde sehr verschiedene Inhalte verstanden. Das hat eine lange Tradition. In der Geschichte von Gesellschaft und Politik wurde der Begriff der Würde ebenso wie in der Philosophie und Literatur sehr unterschiedlich definiert. Insbesondere ging der Streit darum, worin sich die Würde und damit die Menschenrechte begründen. Wir wollen hier keine philosophische Abhandlung verfassen, uns interessiert vor allem die Praxis des Würdigens, doch scheinen uns einige knappe Hinweise hilfreich, um die aktuelle Bedeutung der Würde in unserer Gesellschaft zu beleuchten.

Dass den Menschen Würde innewohnt, wurde viele Jahrhunderte lang in unserem Kulturkreis damit begründet, dass die Menschen als Ebenbild Gottes geschaffen wurden. Folgt man dieser Argumentation, stößt man schnell auf die Frage: Was ist mit den Ungläubigen? Was ist mit denen, die gegen »Gottes Gebote« verstoßen? Die Geschichte der Religionskriege und die Geschichte der Ausrottungsfeldzüge in den Kolonialkriegen gegen die einheimische, nicht christliche Bevölkerung geben auf diese Fragen historische Antworten.

In der beginnenden Neuzeit wurde dann damit argumentiert, dass in den Menschen Würde innewohnt, weil sie Lebewesen sind, die über Vernunft verfügen. Auch dies wirft Fragen auf: Was ist mit Säuglingen? Was ist dann mit den Menschen, die geistige Behinderungen haben und denen lange Zeit Vernunft abgesprochen wurde? Gebührt ihnen keine Würdigung? Immer wieder wurden die Würde und die Fähigkeit zur Würde nur bestimmten Menschen zugesprochen. Im sogenannten »Tausendjährigen Reich«, aber auch schon davor und danach, wurden Würde und Wert nur den Menschen zugeordnet, die einer bestimmten Nationalität oder »Rasse« angehörten, andere wurden entwertet und umgebracht. In den sozialistischen oder kommunistischen Gesellschaften waren nur die Angehörigen der Arbeiterklasse oder »Arbeiter und Bauern« es wert, geachtet zu werden. Die »Klassenfeinde« dagegen waren wertlos und Freiwild für Unterdrückung und Mord. Den Begriff der Würde gab es in der öffentlichen Kultur nicht, die Forderung nach Achtung der Menschenwürde wurde als kapitalistische Propaganda hingestellt.

Dass *allen* Menschen Würde zugesprochen wurde, war eine Reaktion auf die feudalen mittelalterlichen Unterdrückungen und Entmündigungen der großen Mehrheit der Menschen. Gab es zuvor gewaltige Unterschiede, die durch die Geburt der Menschen bestimmt und mit der familiären Herkunft begründet worden waren, wurden nun die Menschenrechte und die Würde aller Menschen betont. Die Erklärung der Menschen- und Bürgerrechte der französischen Revolution formulierte 1789: »Die Menschen sind und bleiben von Geburt an frei und gleich an Rechten.«

Und in der amerikanischen Unabhängigkeitserklärung hieß es schon 1776:

»Folgende Wahrheiten erachten wir als selbstverständlich: dass alle Menschen gleich geschaffen sind; dass sie von ihrem Schöpfer mit gewissen unveräußerlichen Rechten ausgestattet sind; dass dazu Leben, Freiheit und das Streben nach Glück gehören; dass zur Sicherung dieser Rechte Regierungen unter den Menschen eingesetzt werden, die ihre rechtmäßige Macht aus der Zustimmung der Regierten herleiten; dass, wenn immer irgendeine Regierungsform sich als diesen Zielen abträglich erweist, es Recht des Volkes ist, sie zu ändern oder abzuschaffen und eine neue Regierung einzusetzen …«

Die große Errungenschaft beinhaltete: Die Menschen sind und bleiben von Geburt an frei und gleich an Rechten. Wir wissen, dass dies auch damals nicht für alle Menschen galt, zum Beispiel nicht für Frauen, nicht für die Menschen, die in Sklaverei gehalten wurden. Doch zumindest die Forderung war erhoben und damit ein Menschenrecht proklamiert, das nicht hergeleitet werden musste, sondern allen Menschen zustand, allein aus der Tatsache, dass sie Menschen sind.

Damit wurde die Frage der Würde zu einer gesellschaftspolitischen Angelegenheit. In der Erklärung der Menschen- und Bürgerrechte der französischen Nationalversammlung heißt es weiter: »Das Ziel einer jeden politischen Vereinigung besteht in der Erhaltung der natürlichen und unantastbaren Menschenrechte. Diese Rechte sind Freiheit, Sicherheit und Widerstand gegen Unterdrückung.«

Die heutige Gesellschaft, zumindest in den meisten Staaten Europas, fußt auf der positiven Bewertung von Würde und Menschenrechten. Diese Entwicklung begann vor allem in der zweiten Hälfte der 40er-Jahre des letzten Jahrhunderts. Die Betonung der Würde war eine Reaktion auf den nationalsozialistischen und stalinistisch-kommunistischen Terror, dem unfassbar viele Millionen Menschen zum Opfer fielen. In diese Zeit und Verantwortung fallen ebenso die Millionen von Toten außerhalb Europas wie auch die unzähligen vertriebenen, gefolterten, eingesperrten und anders verletzten Menschen. Die Proklamation der Menschenrechte bei der Gründung der Vereinten Nationen ist vor diesem Hintergrund zu verstehen. Die Präambel der Charta der Vereinten Nationen betont den Zusammenhang von Würde und Menschenrechten:

»Wir, die Völker der Vereinten Nationen – fest entschlossen,

- künftige Geschlechter vor der Geißel des Krieges zu bewahren, die zweimal zu unseren Lebzeiten unsagbares Leid über die Menschheit gebracht hat, unseren Glauben an die Grundrechte des Menschen, an Würde und Wert der menschlichen Persönlichkeit, an die Gleichberechtigung von Mann und Frau sowie von allen Nationen, ob groß oder klein, erneut zu bekräftigen …«

Ebenso der Grundsatz des Grundgesetzes der Bundesrepublik Deutschland:

> »Die Würde des Menschen ist unantastbar.«

Dass dies als Forderung und Verpflichtung gemeint ist, zeigt der zweite Satz:

> »Sie zu achten und zu schützen ist Verpflichtung aller staatlichen Gewalt.«

Dass die Praxis eine andere ist, wissen Sie und wir und ist unbestreitbar. In der UNO versammeln sich auch Diktatoren, etwa des nordkoreanischen Regimes, die Hunderttausende Menschen in Gulags gefangen halten und Regimegegner ermorden. Auch in manchen europäischen Staaten gibt es autokratische Tendenzen, die dazu führen, dass die Menschenrechte zum Beispiel der Oppositionellen, Journalisten/Journalistinnen oder Flüchtlinge immer mehr missachtet werden. In Ländern wie der Türkei, Russland oder China sind politische Bezüge auf Menschenrechte nur hohle Worte. In islamisch geprägten Kulturen werden vielfach Menschenrechte unterdrückt, gleichzeitig fordern immer mehr Muslime Freiheit und Menschenrechte. Salman Ansari schreibt zum Beispiel: »Eine Kultur, die sich fortwährend mit der Wirklichkeit auseinandersetzt, verlangt vom Menschen, dass er selbstständig denkt und nach Emanzipation strebt. Autonomie ist jedoch mit dem Geist des Islam, wie ihn heute die Radikalen interpretieren, nicht in Einklang zu bringen. Denn Autonomie, das bedeutet Selbstbestimmung, Selbstständigkeit, Entscheidungsfreiheit, Werte, in denen die Würde des Menschen ihren Ausdruck findet.«[18]

In einer Demokratie wie in der Bundesrepublik Deutschland gibt es auf der einen Seite das Recht, gegen Verletzungen der Würde gerichtlich vorzugehen und am Grundgesetz orientierte Normen und Werte einzuklagen, gleichzeitig zeigt sich die Alltäglichkeit der Entwürdigungen, ob sie nun wegen des Alters, der geschlechtlichen Identität, der sexuellen Orientierung, des sozialen Status oder der Nationalität geschehen. Es gibt Statistiken dieser und anderer Faktoren, nach denen Menschen besonders gefährdet sind, Entwürdigungen ausgeliefert zu werden. Die Monster der Entwürdigung sind aktiv.

Mit dieser Doppelbilanz müssen wir leben. Deswegen ist der Kampf für die Würde der Menschen und deren Menschenrechte notwendig, im Großen wie im Kleinen.

Achtsamkeit gegen gesellschaftliche Beschleunigung

Wer früher in der Landwirtschaft tätig war oder es heute noch ist, kannte und kennt zu jeder Tages- und Nachtzeit das Wetter. Der Wechsel der Jahreszeiten, der Tag- und Nachtrhythmus, die Veränderungen des Wetters bestimmten nicht nur die Arbeit, sondern das Überleben der Familien. Durch die Industrialisierung veränderten sich die Gegebenheiten. Das Zeitgefühl wurde nun durch das Tempo des Fließbandes bestimmt und die Zeiteinteilungen durch die Stechuhr. Immer neue Erfindungen beschleunigten die Arbeitsprozesse in den Fabriken wie auf den Transportwegen und der Kommunikation. Durch die Elektronik und schließlich durch das Internet wurden neue Quantensprünge der Beschleunigung erreicht. Jede neue Erfindung beschleunigte und beschleunigt das Arbeitstempo und auch die Erwartungen, die an die Arbeitenden gerichtet werden. So wunderbar es ist, in vier Stunden mit dem Zug vom Ruhrgebiet nach Berlin zu fahren oder in drei Stunden von

Frankfurt aus in den Süden Europas zu fliegen, so kommt doch oft das persönliche Zeitempfinden nicht mit diesem Tempo mit. Die Erwartungen an Transport und räumliche Veränderung wachsen rasant. Internetbestellungen werden innerhalb von Stunden zugestellt. Zumindest in Großstädten können fertige Mahlzeiten schneller geliefert werden, als man sie persönlich einkaufen oder selbst kochen könnte.

Die gesellschaftliche Beschleunigung bedingt auch die Verkürzung individueller Reife- und Entscheidungsprozesse und hat Auswirkungen auf die Beziehungserwartungen. Das schnellere Abitur in zwölf Schuljahren erhöhte den Anteil der Jugendlichen, die nach dem Abschluss der Schule noch nicht wussten, wie sie ihren Ausbildungs- und Lebensweg weiter gestalten wollten. Ein junges Mädchen fühlte sich abgewertet und verletzt, als sie in der Schule von ihren Mitschülerinnen die Worte hören musste: »Wie, du hast mit 13 immer noch keinen Freund?« Ihre Mutter wurde fast zeitgleich vom Arbeitskollegen gefragt: »Wie, du weißt immer noch nicht, ob du mit XY fest liiert bist? Seid ihr nicht schon drei Monate zusammen?«

Das innere Tempo und der äußere Beschleunigungsdruck klaffen für viele Menschen zunehmend weiter auseinander und können zu Selbstverunsicherung, ja Selbstabwertung führen.

Wir verwerfen nicht alle Aspekte der Beschleunigung, das wäre ebenso sinnlos wie falsch. Natürlich begrüßen wir es, wenn eines unserer Kinder im Ausland studiert oder arbeitet, dass wir Nachrichten mailen und uns per Skype unterhalten können und so von Erfolgen und Nöten unmittelbar informiert werden und schnell reagieren können. Dass sich das Bücherschreiben, vor allem unser gemeinsames, in Zeiten des Laptops und der damit verbundenen Kommunikationsmöglichkeiten vereinfacht hat. Auch Sie werden ganz sicher viele Beispiele für beschleunigte Möglichkeiten haben, die Sie wertvoll finden. Doch viele Aspekte der Beschleunigung machen Druck und stellen an uns und andere Erwartungen, denen auch wir uns nur mühsam entziehen können und denen wir so wenig wie möglich nachgeben wollen.

Uns hilft die Orientierung an der Achtsamkeit. Achtsamkeit kommt nicht von selbst. Sie drängt sich (leider) nicht auf, sondern will gerufen werden. Achtsam mit sich, mit dem Moment, mit seiner Umgebung umzugehen, erfordert ein aktives Innehalten. Achtsamkeit braucht Atempausen, um das zu würdigen, was im Moment wahrgenommen und gespürt werden kann. Deswegen haben wir in vielen Kapiteln und Abschnitten dieses Buches immer wieder das Innehalten als Voraussetzung, die Achtsamkeit zu würdigen und damit sich selbst die Chance zur Selbstwürdigung zu geben, betont – und bitten Sie ernsthaft um Beachtung.

Selbstachtung gegen gesellschaftlichen Druck

Neben der Beschleunigung ist der Druck ein gesellschaftliches Phänomen, das immer mehr um sich greift und unter dem viele Menschen leiden.

Eine Frau und Mutter lebt zum Beispiel unter dem Druck, ihre Arbeit gut zu erledigen und den kontinuierlich wachsenden Ansprüchen zu genügen. Gleichzeitig will und soll sie eine perfekte Mutter sein und selbstverständlich auch eine gute Ehe führen und Zeit und Kraft für den Ehemann haben. Und der Hund will versorgt und ausgeführt werden, der Garten wartet … Dieser chronische, sich steigernde Druck treibt viele Menschen in den Zusammenbruch. Der Druck ruft Schuldgefühle hervor: »Ich schaffe das alles nicht.« Infolgedessen fühlen sich Menschen klein, weniger wert und denen, die es »schaffen«, nicht zugehörig. Die Selbstachtung leidet.

Wir haben schon in den Ausführungen über den Umgang mit Druck immer wieder betont, dass das Würde-Ich eine wichtige Korrektur sein kann, ein Kompass, um den Druck und seine Auswirkungen zu identifizieren und die Richtung zu weisen, was man selbst kann und leisten möchte, was der eigenen Würde und dem Weg der Würdigung entspricht. Es gilt, mithilfe des Würde-Ichs das eigene Zeitempfinden und das eigene Tempo zu entdecken und zu akzeptieren.

Auch im Kapitel über das Würde-Ich im Beruf haben wir einige Drucksituationen in Arbeitstätigkeiten beschrieben. Sie werden viele andere kennen. »Ich bin dem Druck hilflos ausgeliefert«, ist genauso falsch wie: »Es liegt nur an mir, dem gesellschaftlichen Druck nicht nachzugeben.« Die lebbare Wahrheit liegt dazwischen, irgendwo in der Mitte.

Die Alternative zu gesellschaftlichem Druck ist die Selbstachtung. Zur Selbstachtung gehört, dass wir unsere individuellen und gesellschaftlich bedingten Möglichkeiten und Grenzen beachten und achten, dass wir selbstbewusst damit einverstanden sind, dass es keine einfachen Lösungen gibt und dass wir nach konkreten Schritten suchen müssen. Dazu heißt es, innezuhalten und sich selbst zu beachten, zu würdigen, was ist: Ihre Bedürfnisse, Ihre Gefühle, Ihre Lust und Unlust, Ihre Sehnsüchte, Ihr Körpererleben, das Ausmaß Ihrer Kraftreserven … Diesen Wahrnehmungen, diesen Signalen, diesen Impulsen Achtung zu schenken, das ist der Weg der Würdigung, das ist die Alternative zum gesellschaftlichen Druck. Wie Ihnen dies im Einzelnen gelingt, kann sich nur aus der konkreten Situation ergeben. Diese Schritte herauszufinden, dabei kann Ihnen eben Ihr Würde-Ich helfen.

Weder die spürbaren Folgen der Beschleunigung noch der zunehmende Druck sind ein ausschließlich individuelles Phänomen. Das möchten wir betonen. Sie sind Ausdruck Ihrer und unserer Persönlichkeit und Ihrer und unserer nahen Umgebung UND sie sind ein gesellschaftlicher Prozess. Auf beiden Ebenen kann der Weg der Würde helfen.

Würdigung gegen gesellschaftliche Beschämung

Dass Beschämung zu den Monstern der Entwürdigung gehört, darauf haben wir hingewiesen. Beschämung findet im privaten Bereich statt, aber auch, denn darum geht es hier, in der Gesellschaft. Ein großer Teil der Medien vor allem im Fernsehen und im Internet, auch in manchen Zeitungen und Zeitschriften, sind Kommandozentralen der Beschämung. Da fällt ein Kind beim Klettern von einem Baum, dies wird im Fernsehen eingeblendet und mit Publikumsgelächter unterlegt – welch ein Spaß! Da wird eine Mutter mit ihrem Kind nicht fertig, verzweifelt und weint, während die Kamera läuft – welch ein Spaß! Da entgleisen einem Politiker die Gesichtszüge für einen Moment und dieses Foto erscheint am nächsten Tag in allen Medien – welch ein Spaß! Wir sagen: Das ist kein Spaß, das ist schrecklich!

Wir meinen, dass Beschämung geächtet werden sollte. Wenn Menschen beleidigt und beschämt werden, dann ist das eine Entwürdigung, diese gehört auf den Index. Wir wissen nicht, inwieweit da Verbote helfen. Aber zumindest braucht es zu diesem Monster der Entwürdigung eine Gegenöffentlichkeit, eine klare Positionierung.

Es wird zwar oft gesagt, dass sogenannte Prominente und grade auch Politiker von der Öffentlichkeit leben und die Öffentlichkeit suchen. Das ist richtig und deswegen dürfen sie sich sicherlich auch nicht beklagen, wenn sie in der Öffentlichkeit fotografiert oder um Autogramme angegangen werden. Doch auch Politiker und sogenannte Prominente verdienen Respekt – dass wir das sagen »müssen«, ist an sich schon bezeichnend. Der Schnappschuss eines zufälligen Handy-Laienfotografen von einer Schauspielerin, die gerade ungeschminkt und ungestylt aus dem Haus tritt, muss nicht auch noch weiter »seriös« veröffentlicht werden. Auch das Übergewicht von Sigmar Gabriel als »Argument« gegen seine politischen Auffassungen anzuführen, ist erbärmlich. Wenn die Bundeskanzlerin Angela Merkel nach einem 20-stündigen Verhandlungsmarathon immer noch und immer wieder als »Mutti« disqualifiziert wird, dann hat dies nichts damit zu tun, dass sie eine öffentliche Person ist, sondern ist Ausdruck von Beschämung und Erniedrigung, von dem sich unserer Meinung nach eigentlich alle Frauen getroffen fühlen sollten.

Gegen die gesellschaftliche Beschämung braucht es eine Gegenöffentlichkeit, müssten Menschen auftreten und sagen: Würdigung ist unser Maß, ist unsere Messlatte, ist unsere Währung – und nicht das Beschämen, nicht das Preisgeben von Intimitäten, nicht das Auslachen!

Die Würde und die Scheinwelten

»Ich muss immer noch darum kämpfen, meine Meinung zu sagen. Etwas in mir befiehlt mir immer noch, zu schweigen oder alles zu kontrollieren, was ich von mir gebe«, sagte ein Mann, der in den Jahren vor dem Mauerfall als Kind in der DDR aufwuchs.

Als Mensch, der als Kind in den ersten zehn Lebensjahren in der damaligen DDR aufgewachsen ist, habe ich erlebt und weiß ich (Udo Baer), dass es in dieser Gesellschaft zwei Welten und zwei Sprachen gab. Und viele andere Menschen, denen ich begegnet bin, bestätigen das durch ihre Erzählungen auch aus späteren Jahren. In der DDR musste man öffentlich über vieles schweigen, durfte über vieles nicht reden: Das schuf Scheinwelten. Es gab Ansichten, über die man nur im engsten Familienkreis redete, während in der Öffentlichkeit andere Auffassungen vertreten wurden. Manches wurde nicht einmal in der Familie ausgesprochen, sondern nur gedacht. Auch die Lehrerin äußerte im Gespräch außerhalb der Schule andere Gedanken als während des Unterrichts. Die »sowjetischen Brüder« waren nur gut, Verbrechen von Soldaten, Vergewaltigungen nach dem Krieg gab es nicht oder hatte es per definitionem nicht zu geben. Offiziell wurde gearbeitet, acht Stunden am Tag, und gleichzeitig war es für viele Menschen normal, während der Arbeitszeit einkaufen zu gehen oder andere Besorgungen zu erledigen. Die »sozialistischen Errungenschaften auf Weltniveau« wurden gepriesen und gleichzeitig musste man Schlange stehen oder Tauschgeschäfte machen, um eine neue Dichtung für das Waschbecken zu ergattern.

Viele Menschen hielten dieses Leben in den Scheinwelten für selbstverständlich. Die Verlogenheit war normal und schuf eine entwürdigende, scheinheilige Atmosphäre. Die eigenen Gedanken waren es nicht wert, unkontrolliert geäußert zu werden. Die Handlungsimpulse waren es nicht wert, ausgeführt zu werden. Wenn das normal ist, was ist dann wertvoll und was nicht? Worin besteht dann das Selbstbewusstsein? Was macht den eigenen Wert aus? Der Maßstab verschwindet, der Wert auch. Wenn Fake Wahrheit ist und gleichzeitig Wahrheit Fake, wie kann dann Wahrhaftigkeit gedeihen? Würde und Würdigung brauchen eine gesellschaftliche Umgebung, in der eine Streitkultur herrschen darf über das, was richtig ist und was falsch.

Wir wissen aus der Begleitung einzelner Menschen, zu welchem Leid es führen kann, wenn Menschen in familiären oder anderen Scheinwelten aufwachsen oder leben. Auch in sozialen Gemeinschaften wie einer Nachbarschaft, einem Betrieb, einem Sportverein existiert Verlogenheit, wird ein So-tun-als-ob manchmal als Norm gelebt. All das verletzt, verunsichert und entwürdigt auf Dauer die Menschen.

Wir werden nie eine Gesellschaft erreichen, die ohne Verlogenheit auskommt. Aber wenn die Verlogenheit zum Maßstab der Gesellschaft wird, wenn die Welt als Scheinwelt existiert, dann kann Würde nicht gedeihen.

WIE SPÜRE ICH DIE WIRKSAMKEIT DES WÜRDE-ICHS?

Sich mit dem Würde-Ich zu beschäftigen, ruft Wirkungen hervor. Wenn wir es ernst nehmen und es als Ratgeber für die Entscheidungen im Alltag und für unsere grundlegende Haltung im Leben nehmen, wenn wir es als Kompass nutzen, dann wirkt das Würde-Ich als ein Motor für Veränderungen. Manche dieser Veränderungen mögen klein scheinen, kaum bemerkt werden und nur einen ersten Schritt in einem längeren Prozess des Wandels bedeuten. Andere sind sehr viel deutlicher spürbar und sichtbar. Wieder andere haben sofort schwerwiegende Auswirkungen.

Wir haben einige Menschen befragt, die Erfahrungen damit hatten, ihr Würde-Ich zu entdecken und zu nutzen. Ihre Antworten zeigen Ihnen, in welcher Bandbreite des Lebens das Würde-Ich wirksam werden kann und wie Sie dies spüren können.

- »Ich war früher immer sehr unsicher in meiner Haltung. Das haben die anderen kaum gemerkt. Aber ich habe es gemerkt. Und nun stehe ich mehr zu mir. Das ist ganz schön irre, daran muss ich mich gewöhnen. Wenn ich etwas sage, dann meine ich das auch, bezweifele es nicht, während ich es sage oder danach. Ich traue mich auch mehr als früher, meine Wünsche zu äußern. Ja manchmal sogar Forderungen zu stellen.«
- »Ich hatte früher immer Angst vor Konflikten. Wenn ich schon daran dachte, wurde mir schummerig. Jetzt merke ich, dass ich es auch ›überleben‹ kann, wenn ich mal eine andere Meinung habe, ja sogar, wenn ich sie vertrete. Letztens habe ich mich mit

meinem Mann gestritten. Das tat uns beiden gut und es reinigte die Atmosphäre. Wenn es um meine Würde geht, muss ich nicht immer ›lieb‹ sein und mich anpassen. Das ist wie ein neues Leben.«

- »Ich hatte immer große Schuldgefühle, aber ich wusste gar nicht genau, warum. Ich hatte Schuldgefühle für alles und jedes. Seit ich mich mit meiner Würde beschäftige und mein Würde-Ich ernst nehme, spüre ich und weiß es nicht nur vom Kopf her, dass ich für vieles gar keine Schuldgefühle zu haben brauche. Der innere Kampf ist vorbei oder findet nur noch selten statt. Irgendwie bin ich damit mit mir mehr eins und habe mehr zu meinem inneren Frieden gefunden. Das ist großartig.«
- »Ich glaube, dass ich irgendwie selbstbewusster geworden bin. Seit ich meine Würde als Kompass nutze, bin ich mir mehr wert. Das strahlt anscheinend auch auf andere aus. Ich werde besser, achtsamer behandelt. Ja vielleicht kann man sogar sagen: würdigender.«
- »Ich denke, dass ich irgendwie aufrechter bin. Das hat viel damit zu tun, dass ich auch aufrichtiger sein kann. Ich habe immer geglaubt, ich würde anecken und würde etwas falsch machen, wenn ich meine eigene Meinung sage, wenn ich wahrhaftig bin, wenn ich sage, was ich denke. Das mache ich immer noch nicht in jedem Fall. Muss ich ja auch nicht. Aber wenn ich merke, das betrifft meine Würde, dann sagt mir mein Würde-Ich: Sag, was du denkst. Und das ist gut so. Manchmal ecke ich damit bei anderen an, aber in der Regel bekomme ich dadurch viel mehr Respekt. Man hört mir mehr zu. Man beachtet mich.«
- »Wenn mich früher jemand gereizt hat, wurde ich schnell sehr ärgerlich, fast schon cholerisch. Das ist jetzt viel weniger geworden. Wenn ich mich aufgeregt habe, dann war das meistens über unwichtige Dinge. Oder über Sachen, die ich mit Abstand als unwichtig angesehen habe. Bei wichtigen Dingen, bei dem, was mich wirklich verletzt und bewegt hat, da war ich hingegen er-

starrt und konnte mich nicht äußern. Jetzt gehe ich das Risiko ein, mehr meine Meinung zu vertreten. Auch in den Angelegenheiten, die mir ganz wichtig sind. Vor allen Dingen in den Beziehungen zu meiner Familie. Da spüre ich durch mein Würde-Ich mehr, was ich wirklich will, und merke meine Richtung. Ich bin immer noch unsicher, wenn ich da etwas sage oder mich zeige. Aber ich tue das häufiger, auch wenn es ein Risiko ist. Man weiß ja nicht, was passiert. In jedem Fall werden meine Jähzorn-Ausbrüche viel, viel weniger. Und dafür bin ich dankbar.«

- »Ich habe mehr Zuversicht in die Zukunft. Früher war ich immer damit beschäftigt, was alles an Schlimmem passieren könnte. Wenn dann mal irgendetwas so passierte, wie ich es befürchtet hatte, dann war ich niedergeschlagen und sah das als Bestätigung meiner Befürchtungen. Jetzt habe ich mehr positive Erfahrungen gemacht, weil ich mein Würde-Ich als Kompass nehme.«
- »Für mich ist die wichtigste Auswirkung, dass ich mehr Lebenschancen wahrnehme. Ich traue mich mehr und ich gehe dorthin, wo es mir guttut. Dort treffe ich auf Menschen, die die gleiche Lust haben oder den gleichen Willen. Ich bin dadurch viel mehr mit anderen zusammen. So habe ich viel mehr Spaß als früher.«
- »Ich stehe zu mir und dazu, wie ich ›ticke‹, seit ich mein Würde-Ich gefunden habe. Ich habe zum Beispiel gelernt, dass ich eine ›Schwimmerin‹ bin. Früher habe ich immer gemeint, dass es ein Versagen ist, wenn ich mich nicht entscheiden konnte oder wenn ich zu langsam war, wenn eine schnelle Entscheidung von mir verlangt wurde. Dann bin ich verstummt und hatte das unangenehme Gefühl, dass ich ›schwimme‹, dass ich keinen Standpunkt und keine Meinung habe. Mit der Entdeckung meines Würde-Ichs, ich betone: *meines* Würde-Ichs, habe ich meine ganz persönliche Art gefunden, wie ich zu Standpunkten, Meinungen und Entscheidungen finden kann. Ich ›schwimme‹ nun durch

die Entscheidungsräume, mit dem Würde-Ich als Kompass. Das schafft mir Klarheit im Kopf. Das räumt Kopf und Herz auf und dann weiß ich Bescheid.«

- »Höflichkeit – schon den Begriff fand ich früher abartig. Seitdem ich mich allerdings mit Würde, Respekt und dem Würde-Ich beschäftige, habe ich gemerkt, welche Tugend Höflichkeit ist. Wenn ich anderen die Tür aufhalte und sie ihnen nicht achtlos vor den Kopf knallen lasse, dann zeige ich im Kleinen meinen Respekt vor anderen Menschen. Wenn ich auf der Straße achtlos über den Haufen gerannt werde, dann kränkt mich das und ich erlaube mir jetzt, das zu fühlen. Manchmal beschwere ich mich und manchmal nicht. Auf jeden Fall freue ich mich über höfliche und freundliche Menschen. Das bringt eine bereichernde Atmosphäre in mein Leben.«
- »Seitdem ich mit meinem Würde-Ich Freundschaft geschlossen habe, kann ich viel solidarischer sein – aus der Überzeugung, dass es bei der Verteidigung der Würde anderer immer auch um meine Würde geht. Und ich achte darauf, dass ich mich nicht verstelle oder von oben herab tue. Mir ist der Respekt auf Augenhöhe wichtig. Und das hat nichts damit zu tun, dass jemand nicht mehr Erfahrung oder Wissen oder Kompetenzen haben darf. Und sollte ich mehr haben als der andere, will ich damit nicht geizen, sondern teilen.«

AUFRICHTIGKEIT UND WÜRDE-ICH

In ihrer Fantasie spielen viele Menschen Szenarien durch. Sie überlegen, was wäre, wenn … Und dann fallen sie aus der Gegenwart, aus den Möglichkeiten, die sich ihnen praktisch bieten. Der Konjunktiv erhält die Aufgabe, das Handeln zu ersetzen, das »würde«, »könnte«, »wäre«, »wenn« tritt an die Stelle von Entscheidungen.

Solche Phasen kennen wir alle. Wir brauchen sie als Übergang, um klarer zu werden. Wir brauchen sie als Suchbewegung, um Entscheidungen treffen und handeln zu können. Daran ist nichts Falsches und nichts Verwerfliches. Doch es ist gefährlich, sich in solchen Konjunktivphasen über längere Zeit einzurichten. Denn wir wissen, dass viele Menschen durch ein allzu langes Verweilen im »würde« ihre eigene Würde gefährden und sogar den Respekt vor sich verlieren.

Würde statt »würde«

Ein junger Mann zum Beispiel besuchte in der Mittagspause täglich das gleiche Café. Zwei Tische weiter sah er eine junge Frau, die ihn interessierte. Sie warfen sich gelegentlich Blicke zu, sie lächelte ihn an. Doch er wagte es nicht, sie anzusprechen und zu einem Kaffee einzuladen. Jeden Abend, jeden Mittag, jeden Morgen beschäftigte er sich damit, was geschehen würde, würde er den Mut fassen, auf sie zuzugehen. Ein Szenario bestand darin, dass er sie fragte, ob er sich zu ihr setzen und sie zu einem Getränk einladen könnte. Sie würde den Kopf schütteln und »Nein« sagen. Er würde so tun, als würde es ihm nichts ausmachen, und freundlich lächelnd das Café verlassen. Draußen würde er zusammenbrechen … In einem anderen Szenario stellte er sich vor, wie sie seiner Frage zustimmte und er sich an ihren Tisch setzen würde, worüber sie sich unterhalten würden, in welchen Kinofilm oder zu welchem Museumsbesuch er sie einladen würde … Doch den entscheidenden ersten Schritt unternahm er nie.

Dann schließlich sah er, wie sie mit einem anderen Mann fröhlich plaudernd zu Mittag aß. Er war am Boden zerstört und warf sich sein Zögern vor. Er verlor den Respekt vor sich und begann, sich für seine Scheu zu verachten. Er hatte sich in seinen Fantasien verloren und dabei so viele Ablehnungen vorweggenommen, dass er seine Chancen verpasst hatte. Und sich wieder das alte Gefühl einschlich, »immer« abgelehnt zu werden, ein Gefühl, das ihn in seine Herzenseinsamkeit zurückstieß.

Wer selbstbewusst und in Würde leben möchte, bedarf der Aufrichtigkeit. Wenn Sie einen Impuls spüren, in einer bestimmten Weise zu handeln, dann können sicherlich Phasen des Überlegens und Abwägens notwendig sein. Vielleicht müssen Sie dabei auch den einen Impuls verwerfen. Aber versuchen Sie, sich so ernsthaft zu überprüfen, dass Sie sich nicht vorwerfen müssen, etwas Entscheidendes verpasst oder versäumt zu haben.

Irgendwann, wenn Sie sich für die Richtung Ihres Handelns entschieden haben, ist es dann richtig, den Schritt zu wagen. Sich im »würde« einzurichten, schadet auf Dauer der Würde. Probieren Sie also, vielleicht sogar erst als gedanklichen Zwischenschritt, aus dem »Ich würde …« ein »Ich werde …« entstehen zu lassen. Prüfen Sie, was Sie dazu als Unterstützung brauchen. Vielleicht ein mitfühlendes Herz oder eine zupackende Hand? Ein verständiges Gespräch oder ganz einfach ein Lächeln?

Verantwortung bedeutet, Antworten zu geben

Verantwortung ist für viele Menschen ein großes Wort. Manche übernehmen sie gerne, andere scheuen sie. Wir meinen, dass Sie keine Verantwortung für etwas zu übernehmen müssen, das für Sie zu groß ist, das Sie nicht verantworten können. Die Übernahme großer Verantwortlichkeiten, wie eine Leitungsfunktion zu übernehmen oder eine Familie zu gründen, bedarf sorgfältiger Prüfung. Die Schwierigkeiten und Chancen sind zu würdigen, wie wir beschrieben haben.

Doch Verantwortung zu übernehmen, geschieht auch im Kleinen. Mit jeder Entscheidung, die Sie treffen, verantworten Sie Ihr Handeln und auch die Konsequenzen, die Ihr Handeln auf Ihre Umgebung hat. Verantwortung ist Leben, ist alltägliches Leben.

Wir beobachten, dass Menschen sehr unterschiedlich mit der Übernahme von Verantwortung umgehen. Manche sind dazu bereit, ohne Zögern, gelegentlich auch zu schnell. Andere weichen aus, wenn es um die Übernahme von Verantwortung geht. Oder sie tun so, als ob sie sich verantwortlich fühlen, entziehen sich aber in Wirklichkeit jedem verantwortlichen Handeln.

Warum tun sich viele Menschen so schwer damit, Verantwortung zu übernehmen? Wir wissen es nicht genau. Die Gründe mögen bei jedem Menschen in unterschiedlichen Erfahrungen liegen. Doch einen Hinweis können und wollen wir geben. Wenn wir das Wort »Verantwortung« betrachten, dann beinhaltet dies »Antwort«. Antworten worauf? Antworten auf die Herausforderungen des Lebens. Wer zum Beispiel ein Kind zeugt, übernimmt damit Ver-Antwortung für das Leben des Kindes. Keine Verantwortung dafür, wie das Leben sich im Einzelnen ausgestalten wird. Keine Verantwortung dafür, dass das Leben gut und glücklich sein wird. Aber Verantwortung dafür, dass er oder sie für das Kind so sorgt, dass es ein eigenes Leben führen kann. Verantwortung zu übernehmen, ist immer auch eine Antwort auf ein vorheriges Handeln.

Das gilt auch für kleinere Verantwortlichkeiten im Alltag. Wenn Sie in Ihrer Arbeit einen Auftrag annehmen, dann übernehmen Sie die Ver-Antwortung, dass Sie das so gut erledigen, wie Sie können.

Verantwortung umfasst auch – und das ist uns besonders wichtig – eine Antwort auf das, was Menschen entwürdigt. Wenn die Monster der Entwürdigung uns bekämpfen und wenn sie uns Gewalt antun, uns beschämen, uns erniedrigen oder uns ins Leere gehen lassen, dann müssen wir darauf eine Antwort geben. Wir müssen sie identifizieren und müssen entscheiden, ob wir sie als solche benennen, ob wir uns ihnen entziehen oder gegen sie ankämpfen sollten.

Das gilt nicht nur für uns, sondern auch, wenn die Monster der Entwürdigung den Menschen begegnen, die uns nahe sind und die wir lieben. Parteilichkeit und Solidarität sind hohe Werte auf dem Weg der Würde und der Würdigung. Sie beinhalten, dass wir Verantwortung übernehmen.

Indem wir Menschen gegen die Monster der Entwürdigung kämpfen – auf unsere jeweils besondere Art und Weise, im Respekt vor unserem Vermögen, vor uns selbst und vor anderen –, richten wir uns auf. Nur so entsteht Aufrichtigkeit. Wahrhaftig zu sein und zu dem zu stehen, was man will und wertschätzt, bedeutet, Antworten zu geben und so Verantwortung zu übernehmen. Wahrhaftigkeit beinhaltet, für die Werte einzutreten, die uns wichtig sind. Das richtet auf und das ist aufrichtig.

Etwas wagen, was man noch nicht kann

Manche Menschen meinen, dass sie erst Voraussetzungen schaffen müssen, um etwas zu wagen: »Wenn ich keine Angst mehr habe, dann kann ich meine Liebe offenbaren.« »Wenn ich wieder mal ruhig und gelassen bin, dann kann ich mich dem stellen, was mich bedrückt.« »Wenn ich mich mal richtig stark fühle und eine gute

Gelegenheit da ist, dann sage ich meiner Mutter, was mir nicht passt.«

Solche Überlegungen und Sätze können in eine »Aufschieberitis« münden. Wir kennen Menschen, die so lange nach Voraussetzungen suchten, um schwierige Dinge in ihrem Leben anzugehen, dass das Leben darüber fast vorbeiging. Sich und andere Menschen zu würdigen, ist keine Angelegenheit des »Irgendwann«, des »Später«, des »Vielleicht-ein-andermal«. Selbstverständlich ist es wünschenswert, möglichst kraftvoll zu sein, möglichst gelassen und in sich ruhend, um zum Beispiel einen schwierigen Konflikt anzusprechen oder ein selbstständiges Handeln zu wagen. Doch wie lange ist es sinnvoll, zu warten?

Wir sind der festen Überzeugung, dass es manchmal notwendig ist, etwas zu wagen, was man noch nicht kann. Damit meinen wir nicht, über die eigenen Ängste und Befürchtungen hinwegzugehen. Wir schlagen vor, die eigenen Befürchtungen und Ängste wahr- und ernst zu nehmen, ihnen ins Auge zu schauen UND dann trotzdem einen Schritt zu wagen, der Angst zu trotzen, ihr die Stirn zu bieten. Manchmal. Wenn es der Selbstachtung dient. Sie entscheiden! Auch das ist ein Weg der Aufrichtigkeit, ein Weg der Würde.

KREATIVE WEGE ZUR ENTFALTUNG IHRES WÜRDE-ICHS

Wenn Sie mit uns bisher in einen inneren Dialog und Austausch gegangen sind, während Sie sich mit Ihrer Würde und Ihrem Würde-Ich beschäftigt haben, werden Sie gemerkt und gespürt haben, dass das Thema Würde für Sie und uns nicht nur eine Angelegenheit des Denkens und Verstehens ist. So wichtig kognitive Prozesse bei uns Menschen sind, so wesentlich ist es, sich nicht allein auf sie zu beschränken. Eine Erfahrung der Entwürdigung spüren Sie körperlich und Sie empfinden Gefühle der Erniedrigung oder des Ärgers. Sie sehnen sich nach Begegnungen mit Menschen, von denen Sie gewürdigt werden, und Sie spüren Atmosphären, die Ihrem Würde-Ich guttun oder schaden. All das sind Prozesse, die wir als »leibliche« bezeichnen. »Leib« ist das Wort für den lebenden und spürenden Menschen, für das, was immer da ist, auch unterhalb der Ebene des Denkens. Das Wort »Leib« kommt vom althochdeutschen »lib«, das »Leben« bedeutet.

Wenn Sie sich mit Ihrem Weg der Würde und der Entfaltung Ihres Würde-Ichs beschäftigen, dann öffnen kreative Zugänge eine großartige Möglichkeit, sich diesen leiblichen Aspekten anzunähern. Ein Bild sagt manchmal mehr als tausend Worte – diesen Satz werden Sie kennen. Ähnliches gilt für Klänge und Gesten, für Skulpturen und für poetische Worte, die lautmalerisch und sprachbildlich sprechen und berühren. Manche Erfahrungen mit den Monstern der Entwürdigung verschlagen uns buchstäblich die Sprache. Wenn uns die Worte fehlen oder Worte allein nicht reichen, dann sprechen die Bilder und Skulpturen, die Klänge und Gesten …

Wir wollen Ihnen deshalb einige kreative Wege vorstellen, die Sie bei der Entfaltung Ihres Würde-Ichs unterstützen können. Alle Möglichkeiten zu erfassen, würde ein eigenes Buch erfordern. Wir haben diejenigen ausgewählt, die uns im Zusammenhang mit dem Thema Würde am wichtigsten und Erfolg versprechendsten scheinen. Sie können sie alleine oder mit anderen, »für sich selbst« und im Austausch danach ausprobieren. Bitte sorgen Sie, so verantwortlich Sie können, für die Bedingungen, die nötig sind, damit Sie sich den Überraschungen Ihres Innenlebens gewachsen fühlen.

Und noch ein Hinweis sei erlaubt. »Kreativ« bezieht sich nicht nur auf künstlerische Aktivitäten. Es entstammt dem Lateinischen »creare« und bedeutet neben »schöpfen« auch »wachsen«. Kreativ zu sein bedeutet, Ihr Wachstum zu fördern, Ihr Aufrichten in Würde, die Entfaltung Ihres Würde-Ichs.

Objekte

Barbara A. stand vor einer großen Kiste mit Stoffresten. Sie hatte sich mit ihrem Würde-Ich beschäftigt, dann innegehalten und ihrem Atem Aufmerksamkeit geschenkt und sich entschieden, es nun aus Stoff zu gestalten. Warum gerade aus Stoff, wusste sie nicht, vielleicht weil sie gerne Stoff anfasste und sie ihre Vorstellung des Würde-Ichs mit einer ähnlichen sinnlichen Qualität verband. Sie griff in die Stoffrestekiste, schloss einen Moment die Augen und erfühlte diesen oder jenen Stofffetzen. Irgendwann merkte sie: »Dieser ist es!« Sie behielt ihn ein wenig länger in der Hand, befühlte ihn bedächtig, öffnete dann die Augen und sah, dass sie ein Stück gelben Samt in den Händen hielt. Mit Gelb hatte sie bislang nicht so viel anfangen können, doch dieses Stoffstück fühlte sich so gut an, dass sie sich entschloss, es für ihr Würde-Ich zu gebrauchen. Barbara A. wählte noch andere Stoffstücke aus, die sie um einen Wattebausch legte, und umhüllte das Ganze mit ihrem gelben Samt.

Mit einer großen Nadel und einem starken Faden versuchte sie nun, daraus eine Kugel zu nähen. Sie fand sich dabei nicht besonders geschickt, aber irgendwann entstand ein halbwegs rundes Objekt. Es war nicht kugelförmig, sondern hatte verschiedene Ausbuchtungen. Nun, dachte sie, mein Würde-Ich ist ja auch nicht perfekt, das braucht es auch nicht zu sein. Wenn sie ihr Objekt von einer bestimmten Perspektive aus betrachtete, konnte sie mit etwas gutem Willen die Form eines Herzens erkennen, aus einem anderen Blickwinkel eher einen zerklüfteten Asteroiden. »Mein Würde-Ich spüre ich am besten mit meinem Herzen, aber es hat auch einige Narben. Das passt«, dachte sie. Am meisten freute sie sich darüber, wie ihr Würde-Ich strahlte. Das helle, sonnige Gelb leuchtete und es fühlte sich gut an in ihren Händen …

Barbara A. nahm ihr Würde-Ich-Objekt mit in ihr Schlafzimmer und legte es auf ihren Nachttisch. Am Abend, beim Zubettgehen, spürte sie bei seinem Anblick ein zärtliches Gefühl – und legte es neben ihr Kopfkissen. Nach einigen Tagen und Nächten merkte sie, dass es sich dort nicht mehr am richtigen Platz befand. Es gehörte, damit es ihr nützlich sein konnte, mitten auf den Küchentisch. Dahin, wo sich das etwas öffentlichere Leben abspielte. Wenn sie in ihren Entscheidungen, egal welche Lebensbereiche sie betrafen, verunsichert war, griff sie danach.

Das Würde-Ich zu einem Objekt zu gestalten, hat viele Vorteile. Im Gestaltungsprozess selbst begegnen Sie, wenn Sie sich darauf einlassen, wahrscheinlich zahlreichen Überraschungen. Vor allem eröffnet Ihnen das Ergebnis, Ihr Objekt, die Möglichkeit, Ihr Würde-Ich zu berühren und sich von ihm berühren zu lassen, es in die Hand zu nehmen, an die Brust zu drücken, es in seiner Gestalt immer mal wieder zu verändern oder den Platz wechseln zu lassen. Dadurch, dass Sie Ihr Würde-Ich, das zu Ihnen gehört und ein Teil von Ihnen ist, durch die Gestaltung ein Stück nach außen geben, es sozusagen zu Ihrem Gegenüber wird, das Sie anschauen und auf sich wirken lassen können, ergeben sich viele Möglichkeiten, sich seiner inneren Existenz bewusst zu werden, es buchstäblich zu be-greifen und es sich wieder anzueignen.

Sie können auch andere Materialien als Stoff zum Einstieg in die Gestaltung Ihres Würde-Ichs verwenden, obwohl wir gerade den im Umgang mit Stoffen ungeübten Frauen und Männern raten, sich in diesem thematischen Zusammenhang an diesem Material auszuprobieren und sich statt mit Nadel und Faden mit Sicherheitsnadeln, Schnur, Klebstoff, Klebeband, Tacker und Ähnlichem mehr ihr Stoffgebilde zu kreieren. Die Freude an dem Ergebnis ist meistens überraschend groß und lässt die Menschen aufblühen. Auch ein handliches Stück Ton eignet sich gut zur Gestaltung Ihres Würde-Ich-Objektes. Kneten Sie es so lange, bis ein Objekt entsteht, das Sie als Ausdruck Ihres Würde-Ichs akzeptieren können. Oder Sie arbeiten – das ist wahrscheinlich sogar wirksamer – mit geschlossenen Augen: Bevor Sie Ihren Ton bearbeiten, nehmen Sie Ihren Atem wahr und kneten dann sozusagen Ihren Atem über Ihre Hände in den Ton hinein, während Sie an Ihr Würde-Ich denken. Nach einer Weile öffnen Sie die Augen und schauen, was Ihre Hände haben entstehen lassen … und sinnieren darüber, was das entstandene Objekt mit Ihrem Würde-Ich zu tun haben könnte.

Eine weitere Möglichkeit besteht darin, Zeitungspapier zu verwenden, ein denkbar günstiges Material, das wir sehr schätzen. Auch wenn Sie es uns jetzt vielleicht nicht glauben: Sie werden über das Ergebnis staunen. Also: Knüllen Sie das Zeitungspapier, reißen Sie es, verbinden Sie es mit Kreppband oder Wollfäden oder Stoffstreifen, formen Sie Flächen und Skulpturen … Lassen Sie Ihrer Fantasie freien Lauf und lassen Sie Ihre Hände einfach machen. Die Devise ist: Tun, nicht denken.

Sounds des Würde-Ichs

Viele Menschen können oder mögen sich ein Leben ohne Musik nicht vorstellen. Manche Menschen schätzen die Wirkung von Musik auf ihr Innenleben besonders dann, wenn sie niedergeschlagen sind oder sich nicht gut fühlen. Sie hören Musik, die ihrer Stimmung entspricht, oder solche, die ihre Laune verbessert. Diese Chance, die der Musik innewohnt, können wir zugunsten unseres Würde-Ichs nutzen. Wenn Sie zum Beispiel ein Grummeln im Bauch verspüren oder ahnen, dass Sie eine entwürdigende Erfahrung gemacht haben, dann wählen Sie ein Musikstück aus und setzen sich für die Dauer der Musik in Ihren Sessel oder legen sich hin und lauschen der Musik. Lassen Sie dabei Ihre Gedanken mit Ihrem Atem kommen und gehen. Wahrscheinlich werden Sie merken, dass Sie während des Musikhörens oder spätestens danach etwas klarer und selbstbewusster sehen, was Sie bedrückt oder der Aufhellung bedarf. Musik hilft relativ direkt und unmittelbar, mit innerer Bewegung zu entspannen und Stärkendes unter dem Geröll des Alltags zu entdecken, das sich dem bloß bewussten und vernunftgeleiteten Zugriff entzieht.

Sie können das Musik-Erleben zugunsten Ihrer Selbstfürsorge noch ein wenig mehr kultivieren, indem Sie sich Zeit und Raum nehmen, zu überlegen: Welche Musik verbinden Sie mit Würde und Respekt? Welche Musiker und Bands respektieren Sie? Welche Musik mag Ihr Würde-Ich? Von welcher Musik fühlt es sich bereichert? Wir haben auf diese Fragen so viele unterschiedliche Antworten gehört, wie es Menschen gab, und viele Menschen waren selbst überrascht, was ihnen in den Sinn kam. Da fällt einem Klassik-Liebhaber ein Stück von Linkin Park ein und einem weiblichen Rockfan ein Choral von Bach. Und eine Frau, die den »frühen« Leonard Cohen immer etwas kitschig fand, verband ihr Würde-Ich jetzt eng mit dem »Halleluja« seiner späten Jahre. Wie dem auch sei: Folgen Sie Ihren ersten Einfällen und Impulsen, ohne sie zu zensieren, und horchen Sie in die Stücke, die Ihnen einfallen, hinein. Manche werden Sie vielleicht verwerfen, andere für bestimmte Stimmungen in petto halten und wieder andere als Sound Ihres Würde-Ichs entdecken und akzeptieren.

Der Brief an das Würde-Ich

Briefe haben viele wertzuschätzende Eigenschaften. Man kann sie schreiben und braucht sie dennoch nicht wegzuschicken. Sie können einen anderen Menschen als Adressaten haben, doch sie können ebenso auch an sich selbst adressiert sein. Briefe bieten die wunderbare Gelegenheit, das, was einen beschäftigt, in Worte zu fassen. Briefe können einen offenen Charakter haben oder Träger von Geheimnissen sein. Man kann die Gedanken frei aufs Papier fließen lassen oder den Brief immer wieder neu beginnen oder verändern. Man kann in Schönschrift oder Geheimschrift schreiben, mit Kuli oder Füller oder Laptop … Alle diese Möglichkeiten und Entscheidungen bergen bereits mehr oder weniger unbewusste Hinweise auf das, was den schreibenden Menschen und sein Würde-Ich beschäftigt. Während des Schreibens sortieren sich die Gedanken, entstehen neu, verwandeln sich, spitzen sich zu …

Wir laden Sie ein, einen Brief an Ihr Würde-Ich zu schreiben. Vielleicht beginnen Sie ihn mit den Worten: »Liebes Würde-Ich …« oder »Hochverehrtes Würde-Ich …« oder welche Anrede auch immer Ihnen angemessen erscheint. Vielleicht schreiben Sie dem Würde-Ich, wie Sie es entdeckt haben und was es für Sie bedeutet. Sie können Wünsche an Ihr Würde-Ich formulieren, auch Erwartungen, ja sogar Forderungen. Vielleicht wurden Sie von Ihrem Würde-Ich auch einmal enttäuscht oder fühlen sich von ihm im Stich gelassen und sind darüber traurig oder ärgerlich. Formulieren Sie, was immer Ihnen in den Sinn kommt …

Wenn Sie meinen, der Brief wäre zu Ende, dann lesen Sie ihn noch einmal, vielleicht auch mit einem oder mehreren Tagen Abstand. Wie wirkt das Geschriebene auf Sie? Bleibt es dabei? Wollen Sie etwas verändern? Etwas ergänzen?

Vielleicht entdecken Sie in Ihrem Brief an das Würde-Ich auch Aussagen, die es wert sind, gegenüber anderen Menschen geäußert zu werden – in Freundschaft und Vertrauen oder aber auch im Zorn. Aber selbstverständlich entscheiden nur Sie und Ihr Würde-Ich, ob das Briefgeheimnis im Ganzen oder in Teilen bewahrt bleiben soll. Vielleicht mögen Sie Ihrem Brief oder Ihren Briefen auch den Respekt erweisen, ihn in einem besonderen Kästchen aufzubewahren oder mit einem selbst gemachten Briefumschlag zu umhüllen. Wie auch immer, wir sind sicher, ein Brief an Ihr Würde-Ich kann Sie bei dessen Entfaltung unterstützen.

Die Herzen der Würdigung

Diesen kreativen Weg haben wir Ihnen schon anhand der Geschichte von Elli W., die sich mit ihrem in ihrer Partnerschaft verletzten »Würde-Herz« beschäftigte, beschrieben. Dennoch möchten wir Ihnen nun hier eine schrittweise Anleitung zur Verfügung stellen, falls Sie selbst ausprobieren wollen, wie Sie Ihr Würde-Herz finden und stärken können. Wir empfehlen Ihnen, Ihre Herzen der Würdigung zu gestalten und möglichst während des Prozesses, aber vor allem danach mit einer vertrauten Person, die sich vielleicht auf den gleichen Findungsprozess einlässt, darüber zu reden.

Nehmen Sie einige DIN-A4-Blätter und Stifte oder Farben, mit denen Sie gerne malen. Wir empfehlen Ölkreiden oder Pastellkreiden, doch jede andere Ausdrucksmöglichkeit ist genauso gut, wenn Sie sie mögen. Nun nehmen Sie ein Blatt und malen Sie, was Ihnen hier und jetzt als Herz oder über Ihr Herz in den Sinn kommt. Das Herz muss weder im klassischen noch im anatomischen Sinn herzförmig sein, es kann rund oder eckig sein, wie auch immer es aus

Ihrem gestalterischen Prozess entstehen möchte. Gestalten Sie dabei möglichst unzensiert, lassen Sie Gedanken in Bilder, Farben und Formen kommen und gehen …

Und nun betrachten Sie das Bild. Was fällt Ihnen auf? Welche Assoziationen haben Sie? Woran erinnert Sie dieser oder jener Teil des Bildes? An welche Situationen? An welche Menschen? Entdecken Sie Wunden von Verletzungen und Entwürdigungen in Ihrem Herzen oder Erfahrungen der Würdigung? Was möchte Ihr Herz Ihnen sagen? Welche Fragen stellt es? …

Nehmen Sie dann das nächste Blatt, malen Sie Ihr »kraftvolles Herz«. Sinnieren Sie, wann Sie sich in Ihrem Herzen und durch Ihr Herz besonders kraftvoll gefühlt haben. Nehmen Sie wahr, was Ihnen einfällt, und malen Sie es …

Und dann, vielleicht nachdem Sie sich mit Ihrer Begleitung ausgetauscht haben, greifen Sie zu einem neuen Blatt und gestalten Ihr »lächelndes Herz«. Wann hat Ihr Herz Sie selbst angelächelt? Wann und wie lächelt es andere Personen an? … Stellen Sie sich vor, Ihr Herz oder ein Teil Ihres Herzens sei der innere Ort, aus dem heraus Ihr Lächeln entspringt … Gestalten Sie es …

Und nun, möglicherweise nach einem weiteren Austausch, nehmen Sie das letzte Blatt und malen Sie das Herz, das in Ihrem Ensemble noch fehlt. Vielleicht ist es ein verletztes Herz, vielleicht ein sehnsuchtsvolles Herz, vielleicht Ihr Herz der Würde und Würdigung? Sie werden es wissen. Legen Sie eine Hand oder beide auf Ihr Herz, gönnen Sie sich drei Atemzüge Achtsamkeit und nehmen Sie wahr, welche Bilder in Ihnen entstehen, und malen Sie sie… Auch danach betrachten Sie, was entstanden ist, sinnieren Sie und tauschen Sie sich aus …

Legen Sie nun das Blatt mit dem ersten Herz, das Sie gemalt haben, vor sich. Drapieren Sie die anderen drei Herzen nun so um dieses herum, wie es Ihnen gerade passend erscheint. Dann überlegen Sie, fühlen Sie, spüren Sie: Welche Verbindungen gibt es zwischen den Herzen? Was braucht mein erstes, mein Herz des »Hier und Jetzt«? Was kann es von den anderen Herzen an Unterstützung erfahren? Was braucht es an Unterstützung darüber hinaus? …

Sie werden merken, dass die Beschäftigung mit diesen Herzen Ihren Prozess der Würdigung unterstützt und voranbringt.

Das Würde-Buch

Insbesondere dann, wenn Sie zu den Menschen gehören, denen ihr Würde-Ich verloren gegangen ist oder die unter massiven Formen der Entwürdigung leiden, ist es hilfreich, wenn Sie sich ein Würde-Buch schaffen. Aber auch mit weniger oder ohne Not, sondern einfach aus Freude daran, sich kreativ mit dem Würde-Ich auseinanderzusetzen und daran zu wachsen, ist die Gestaltung eines Würde-Buchs sinnvoll. Sie kreieren es folgendermaßen:

Gehen Sie zu Ihrem Bücherregal oder dem Stapel neben Ihrem Bett mit den Büchern, die Sie immer mal lesen wollten, aber doch nie lesen, und entnehmen Sie eines, das Sie nicht mehr benötigen, weder zum (nochmaligen) Lesen noch zum Weiterverschenken oder Nachschlagen. Folgen Sie Ihrem spontanen Impuls, welches Buch Sie auswählen. Es kann ein Krimi sein oder ein Fachbuch, ein Roman, ein Telefonbuch oder ein Reiseführer, ganz egal.

Dies ist das Ausgangsbuch, aus dem Sie nun Ihr Würde-Buch gestalten. So wie das Buch aus beschriebenen Blättern besteht, so sind auch wir Menschen, sind Sie in dem Moment, in dem Sie anfangen, mit dem Buch zu arbeiten, keine unbeschriebenen Blätter mehr. Ihr Leben ist keine leere Seite. Und das, was das Leben Ihnen schrieb, war sicher auch nicht immer brauchbar. Deshalb ist unser Vorschlag, dass Sie nun beginnen, auf die (Um-)Gestaltung Ihres Lebens aktiv Einfluss zu nehmen.

Beginnen Sie mit dem Umschlag. Das Buch braucht einen neuen Umschlag, auf dem Ihr Name steht und »Mein Würde-Buch«. Vielleicht können Sie den alten Umschlag verwenden und möchten nur etwas überschreiben oder -kleben. Vielleicht fertigen Sie einen neuen, umhüllenden Einband. Oder Sie überarbeiten das alte Cover komplett. Wir empfehlen Ihnen, sich vorher Papiere, möglichst verschiedenfarbige, und Stoffe sowie Scheren, Farbstifte, Kugelschreiber, Filzschreiber, Klebstoff und ähnliche Utensilien zurechtzulegen, sodass Sie jederzeit darauf zurückgreifen können.

Wenn Sie den Umschlag gestaltet haben, ist das Wichtigste getan: Sie haben den Anfang gemacht. Schlagen nun Sie irgendeine Seite in diesem Buch auf und gestalten das, was Ihnen hier und jetzt in diesem Moment zu Ihrer Würde einfällt … Sie sind in Ihrer Gestaltungsweise völlig frei. Sie können Seiten des Buches ein-, an- oder ausreißen, falten, bekleben, zerschneiden oder anders verändern. Sie können sie bemalen, neu beschreiben, mit Symbolen versehen, mit Stoff, Zeitungspapier, Watte oder Wolle bearbeiten … Wenn Sie eine Buchseite zufällig aufschlagen, ergeben vielleicht Worte und Sätze, auf die Ihr Blick fällt, einen Anhaltspunkt für die weitere Gestaltung. Vielleicht ist der vorhandene Text nur die Unterlage für neue Seiten, die Sie anfertigen und einkleben. Seien Sie frei und folgen Sie Ihren spontanen Impulsen. Es gibt kein »richtig« und kein »falsch«, es gibt nur Ihren Weg.

Und nun greifen Sie immer, wenn Sie mit dem Thema Ihrer Würde konfrontiert sind oder sich Zeit und Muße nehmen wollen und können, zu Ihrem Würde-Buch. Halten Sie Erfahrungen der Entwürdigung fest, vor allem Erfahrungen, in denen Sie Ihr Würde-Ich nutzen und entwickeln. Auch Ereignisse, in denen Sie von anderen Menschen gewürdigt werden, sind es wert, in diesem Buch gestaltet zu werden. Nach und nach wird sich das Würde-Buch mit vielen wertvollen Erfahrungen und Einsichten auf dem Weg der Würdigung füllen.

Die Fahnen der Würde

Mit einer Gruppe von Jugendlichen, die in verschiedenen Ländern und Kulturen aufgewachsen waren, beschäftigten wir uns mit der Frage, was für sie Respekt und Würde ausmacht. Alle waren sich darin einig, dass sie respektiert werden wollten und anstrebten, sich selbst zu respektieren und zu würdigen. Doch was das bedeutete, darüber gab es sehr unterschiedliche Meinungen.

Wir schlugen den Jugendlichen vor, dass jede und jeder eine »Fahne der Würde« anfertigen sollte. Wir stellten Scheren, verschiedene Stoffe, Papier, vielfältige Farben, Zeitungen und Zeitschriften, Pinsel, Spachtel, Stifte und anderes mehr zur Verfügung. Und nun begann ein intensiver Prozess. Die Jugendlichen wählten ihre Materialien. Sie schnitten ihre Fahnen zu, beklebten und bemalten sie. Konzentriert suchten sie ihren persönlichen Ausdruck, ihren Weg, das, was sie innerlich beschäftigte, nach außen zu bringen.

Anschließend stellte jeder seine Fahne vor. In den Fahnen kam nicht nur das zum Ausdruck, was die Jugendlichen schon vorher gedacht hatten, ihr Denken und Fühlen hatte sich im gestalterischen Prozess weiterentwickelt. Der Austausch mit anderen trug weiter dazu bei, den Prozess der Würdigung fortzusetzen.

Eine Fahne ist dazu da, ein Signal zu geben und die eigene Position und Zugehörigkeit zu zeigen. Auch die Jugendlichen wollten dies tun. Sie hängten ihre Fahnen an einem Obstbaum auf, der in der Nähe wuchs. Ihre Würde wurde sichtbar.

Vielleicht kann diese kleine Geschichte eine Anregung für Sie sein, auf Ihre Art und Weise Ihrem Würde-Ich Ausdruck und »öffentliche« Bedeutung zu verleihen. Wenn uns zum Beispiel die Verzweiflung packt über gesellschaftliche Zustände oder wir gefährdet sind, uns dem Gefühl der Ohnmacht angesichts von Menschenrechtsverletzungen im großen und im kleinen Stil hinzugeben, dann schreiben und malen wir unsere Verletzlichkeit, unsere Meinung, unseren Standpunkt, unsere Solidarität auf unsere Fahnen. Auf unsere jeweilige Art und Weise, mit unseren jeweiligen kreativen Möglichkeiten und Ausdrucksweisen. Wenn wir das mit anderen Menschen gemeinsam tun, dann wirkt das wie ein Pflaster auf unsere Seelen – und das hilft uns bei unserem Aufrichten in Würde.

Die Poesie

Schon mit unserer Anregung, dem Würde-Ich einen Brief zu schreiben, haben wir auf die Kraft hingewiesen, die der Sprache, den Worten innewohnt. Sie hat einen wichtigen Platz neben den nicht sprachlichen kreativen Ausdrucksmöglichkeiten auf dem Weg der Unterstützung und Entfaltung Ihres Würde-Ichs. Es gibt die technische Sprache der Gebrauchsanweisungen, die der sachlichen Verständigung und es gibt die Sprache der Poesie. Und ihr, der Sprache der Poesie, gebührt in unserem Zusammenhang unsere Wertschätzung. Damit meinen wir eine bildhafte Sprache, die Gefühle und Empfindungen anspricht, die Beziehungen schaffen und vertiefen kann, eine Sprache, die Erleben ausdrückt und damit auf das Erleben zurückwirkt.

Zwei Beispiele möchten wir anführen und Ihnen damit Anregungen geben.

Alle Menschen sind voller Geschichten, auch wenn sie das manchmal nicht »wissen«. Sie hören Geschichten von anderen, sie erzählen sie, sie lesen Geschichten oder erfahren sie über Zeitungsberichte oder Fernsehserien. Geschichten verbinden die Menschen. Falls Sie gerne Geschichten erzählen oder es einmal ausprobieren wollen, eine Geschichte zu entwickeln, bitten wir Sie, Papier und einen Stift zur Hand zu nehmen. Und bitte: Probieren Sie es aus, auch und gerade wenn Sie sich für »unbegabt« halten. Würdigen Sie Ihr Innenleben und Ihren potenziellen inneren kreativen Reichtum.

Beginnen Sie damit, sich eine Figur auszudenken. Vertrauen Sie auf den Einfall, der Ihnen in diesem Moment kommt, in dem Sie diesen Satz lesen. Ist sie männlich oder weiblich? 17 oder 70 oder welches Alter hat sie? Wo wohnt sie, auf dem Land, in der Stadt? In welcher? Ist sie arm oder reich? Groß oder klein? Trottelig oder schlau und gewitzt? Welche Frisur hat diese Figur? Welche Kleidung trägt sie? Was macht sie gerne? Welchen Beruf hat sie oder welche andere Tätigkeit übt sie aus? … Nehmen Sie ein Blatt und skizzieren Sie diese Figur, mit Strichen, Flächen und Farben oder mit Worten, die Ihnen in den Sinn kommen. Geben Sie Ihrer Figur einen Namen, sei es ein geläufiger oder ein eigens zusammenfantasierter. Seien Sie frei und folgen Sie Ihren Eingebungen.

Schreiben Sie auf das erste Blatt folgenden Satz: »Der Tag, an dem XY ihre Würde entdeckte, begann eigentlich wie immer.«

XY steht hier für den Namen Ihrer Figur. Und dann schreiben Sie weiter, Satz für Satz. Überlegen Sie sich keine Story, sondern fügen Sie einen Satz an den nächsten an. Sie werden merken, dass daraus eine Geschichte entsteht, die Sie ohne Stress verfassen können.

Wenn Sie Ihre Geschichte erzählt haben, so weit Sie es wollen und können, lesen Sie sie noch einmal durch, vielleicht sogar laut vor. Sie werden merken, dass diese Geschichte vielleicht etwas mit Ihrem Würde-Ich zu tun hat, mit Ihrem Weg der Würdigung, vielleicht auch mit würdigenden und entwürdigenden Erfahrungen oder mit ungelebtem Leben. Nutzen Sie diese Geschichte als Anregung für Ihr weiteres Denken und Handeln auf dem Weg der Würde und Würdigung.

Der zweite Vorschlag, den wir Ihnen machen wollen, besteht darin, ein Gedicht zu schreiben. Nehmen Sie ein Blatt Papier und schreiben Sie das Wort »Würde« Buchstabe für Buchstabe untereinander:

W
U
E
R
D
E

Dann schreiben Sie zu jedem Buchstaben ein Wort, das mit dem gleichen Buchstaben anfängt. Auch hier folgen Sie Ihren spontanen Eingebungen. Zu W kann Ihnen das Wort Wiese einfallen oder Weihnachten, Wetter, Wimpel … Verfahren Sie mit den anderen Buchstaben genauso. Sie können ein Wort zu jedem Buchstaben aufschreiben oder mehrere, ganz wie Sie wollen. Und dann wählen Sie ein Wort aus denen, die jetzt entstanden sind, aus. Schreiben Sie dieses Wort auf ein neues Blatt Papier. Dieses Wort ist ein Teil des Gedichtes, das Sie nun schreiben. Es kann die Überschrift bilden oder der Bestandteil einer Textzeile sein. Das Gedicht muss sich nicht reimen oder andere formale Ansprüche erfüllen. Es geht darum, dass Sie Ihren Weg der Poesie nutzen.

Dranbleiben statt Durchhalten: Krickelbild

Sie kennen es vielleicht, dass Sie während des Telefonierens oder während einer Unterhaltung mit einem Bleistift oder Kugelschreiber auf einem Blatt Papier vor sich hin kritzeln. Dieses unbewusste oder halb bewusste Zeichnen ist die Grundlage dieser Methode.

Wenn Sie nicht weiterwissen, wenn Sie sich durch die Fülle der Möglichkeiten in Ihren Entscheidungen blockiert fühlen und vor allem wenn sich das Gefühl eingestellt hat, dass Sie durchhalten müssen, dann könnte die Methode des Krickelbildes die geeignete für Sie sein. Wenn Sie sich beispielsweise einerseits gefordert fühlen, immer weiterzumachen, ohne genau zu wissen, was eigentlich, und durchzuhalten, ohne zu wissen, wie das gehen soll. Oder wenn Sie sich andererseits ausgebremst fühlen in Ihrem Lebens- und Handlungsrhythmus, weil zum Beispiel Ihr Körper nicht mehr mitmacht. Oder wenn Sie gerade an Ihren eigenen Erwartungen scheitern, die Sie nicht umsetzen können, weil der immense Druck, unter dem Sie stehen, Sie in Ihren Lebensäußerungen lähmt. Das sind äußerst unangenehme und gegebenenfalls ungesunde Zustände. Wie nun können

Sie Ihr Würde-Ich dabei unterstützen, sich Ihnen hilfreich zu zeigen? Wie kann es wieder ins Pulsieren kommen? Hier unsere Anregung:

Nehmen Sie Papier und Stift und malen Sie, während Sie über das, was Sie beschäftigt, nachdenken. (Das geht natürlich auch gut oder sogar noch besser, während Sie mit einem anderen Menschen darüber sprechen.) Malen heißt hier nicht, sich eine Vorstellung von einem Bild zu machen und es dann zu malen. Malen heißt hier, zu krickeln und zu kritzeln. Sinnieren Sie und malen Sie ständig weiter. Setzen Sie den Stift bitte nicht ab. Das ist die einzige Regel. Und wenn es doch passiert, dann setzen Sie ihn bitte gleich wieder an. Krickeln Sie. Bleiben Sie dran. Lassen Sie Ihren Stift »machen«, während Ihre Gedanken und Einfälle kommen und gehen. Und gerade dann, wenn sich Ihre Gedanken und Einfälle wiederholen (und Ihnen damit auf die Nerven gehen) oder wenn da ein »Nichts« ist, ein schwarzes Loch oder Nebel oder was auch immer – bleiben Sie dran. Und wenn Sie meinen, dass Sie jetzt mit Ihrem Gedanken- und Krickel-Repertoire am Ende sind, bleiben Sie noch einen Moment länger dran. Vielleicht liegt gerade in diesem Moment der entscheidende nächste Schritt, vielleicht der Schritt beiseite, der Sie wieder mit Ihrem Würde-Ich verbindet.

Schauen Sie sich, wenn Sie mögen, nach einer Atempause das Ergebnis, Ihr Krickelbild, an und bleiben Sie noch eine Weile dran: Folgen Sie weiter spontan Ihren Einfällen. Vielleicht heben Sie manche Flächen oder Zwischenräume hervor, schraffieren sie oder malen manche bunt aus, verstärken einige Konturen oder beschriften Ihr Krickelbild mit Worten oder Sätzen …

Der Prozess ist das Ziel. Und die Dokumentation dieses Prozesses, das Bild, das jetzt vor Ihnen liegt, ist das Ergebnis im Hier und Jetzt. Schenken Sie ihm Ihre Beachtung, Achtung und Wertschätzung. Wir vertrauen darauf, dass Sie, wenn Sie sich auf diese Art und Weise selbst überraschen, Ihren würdigen Weg durch Ihre Selbst-Verunsicherungen hindurch finden, so wie und so weit es Ihnen jetzt möglich ist.

Gesten des Würde-Ichs

Ihr Körper ist weise. Er kann Sie darin unterstützen, Ihr Würde-Ich zu achten und zu befragen. Körper- und Atemachtsamkeit und sich daraus entwickelnde und wachsende »eigensinnige« Gesten und kleine Bewegungen haben sich auf diesem Weg bewährt. Die für uns wichtigste und wirksamste kleine Übung dazu wollen wir Ihnen hier vorstellen und Sie dazu »verführen«, sie einmal auszuprobieren.

Bitte suchen Sie sich einen Platz in dem Raum, in dem Sie sich gerade aufhalten. Stellen Sie sich so hin, dass Sie gut stehen können. Spüren Sie Ihren Atem …

Legen Sie eine Hand auf die Stelle, in der Sie Ihren Atem am deutlichsten spüren. Halten Sie einen Moment inne und schenken Sie Ihrem Erleben Aufmerksamkeit …

Und dann legen Sie bitte die andere Hand auf die Stelle, wo Sie Ihren Atem am liebsten spüren würden, und schenken Sie auch jetzt wieder Ihrem Erleben Aufmerksamkeit …

Begleiten Sie Ihren Atem mit den Händen und lassen Sie Ihren Atem in Ihre Hände fließen … So geben Sie sich selbst Halt durch Ihre Hände.

Lassen Sie nun mit Ihrem Atem die Gedanken und Einfälle zu Ihrer Würde kommen und gehen.

Nehmen Sie ernst, was Ihnen in diesem Moment an Verletzung Ihrer Würde einfällt … Wo im Körper spüren Sie sie jetzt? …

Legen Sie eine oder beide Ihrer Hände auf diese Stelle und spüren Sie dorthin …

Lassen Sie dabei Ihren Atem gut fließen …

Nun lassen Sie mit Ihrer Hand oder Ihren Händen eine Geste oder kleine Bewegung entstehen, die diesen Ort und die Verletzung Ihrer Würde würdigt. Vielleicht ist es eine Geste des Schutzes oder der Abwehr oder des Trostes … Nehmen Sie Ihre Impulse wahr und ernst und achten Sie darauf, was Ihr Körper tun möchte …

Wiederholen Sie diese Geste zwei- oder dreimal und lassen Sie sie dann ausklingen.

Spüren Sie Ihrem Erleben noch einmal ein paar Atemzüge nach und widmen Sie sich dann dem nächsten Schritt …

Schenken Sie wieder Ihrem Atem Achtsamkeit und nehmen Sie wahr, wo in Ihrem Körper Sie gerade Ihr Würde-Ich spüren …Vielleicht entdecken Sie den Ort sofort, vielleicht hat es sich versteckt, sodass Sie ein wenig auf die Suche gehen müssen … Legen Sie eine Hand oder beide Hände dorthin, wo Sie Ihr Würde-Ich spüren oder vermuten …

Und gönnen Sie sich einige Atemzüge, um Ihr Würde-Ich zu beachten und zu achten …

Und dann lassen Sie auch hieraus eine Geste oder kleine Bewegung entstehen. Eine Geste des Respektes vor Ihrem Würde-Ich und eine Geste des Respektes vonseiten Ihres Würde-Ichs vor Ihnen …

Als letzten Schritt wiederholen Sie einmal die erste Geste Ihrer Reaktion auf Entwürdigung und dann die zweite Geste des Respektes vor und von Ihrem Würde-Ich … Und nun schaffen Sie eine Verbindung zwischen beiden Gesten … Probieren Sie, experimentieren Sie, bis Sie sicher sind, eine Ihnen eigene Verbindung zwischen beiden Gesten gefunden zu haben. Vielleicht entsteht daraus ein kleines Bewegungsritual oder die zwischen den beiden Polen hin und her pulsierende Bewegung verdichtet sich in einer neuen Geste … Vielleicht nehmen Sie nun noch andere Bereiche Ihres Körpers wahr? Vielleicht erweitern sich Ihre Ideen und Möglichkeiten, wie Aufrichten gehen kann? …

Seien Sie achtsam. Nehmen Sie sich ernst …

IM ÜBERBLICK: DER FÄCHER DES WÜRDE-ICHS

Am Anfang dieses Buches hat sich das Würde-Ich im Interview mit seinem Namen »Achtung Wertschätzung Selbstbewusstsein Selbstwertgefühl Eigensinn Respekt Empathie Würde, genannt Würde-Ich«, vorgestellt. Wir hoffen, dass Ihnen die schillernde Vielfältigkeit dessen, was wir komprimiert als Würde-ich bezeichnet haben, deutlich geworden ist. Auf der Suche danach, wie wir Ihnen die Aspekte der Würde und des Würde-Ichs griffig und handhabbar nahebringen können, erscheint uns ein faltbarer Fächer am geeignetsten.

»Während in Europa Fächer fast ausschließlich von Frauen benutzt werden und heute kaum noch verbreitet sind, werden sie in Asien bis heute im Alltag von beiderlei Geschlechtern verwendet. Der Fächer war und ist kein reiner Gebrauchsgegenstand: In Europa war er modisches Accessoire, Statussymbol und Hilfsmittel der Koketterie. In Japan ist er ein Requisit bei traditionellen Tänzen … Hier wie dort wurde von der Möglichkeit, das Gesicht dahinter zu verbergen, reger Gebrauch gemacht.«[19] Es gab und gibt wundervolle Fächerkunst und Fächer aus vielen Materialien und Formen.

Unser Fächer ist faltbar, aus weißem Papier, mit feinen Worten zart bedruckt oder in Schönschrift bemalt, zugleich ein Luxus- und ein Gebrauchsgegenstand. Er wartet zusammengefaltet auf Sie, wenn Sie ihn nicht benötigen. Doch wird er gebraucht, falten Sie ihn auseinander. Er wird erst durch Ihre Benutzung, durch Ihre Würdigung aktiviert. Doch dazu später.

Wenn Sie sich einen ausgebreiteten Fächer vorhalten, dann werden Sie sehen, dass er zwei Seiten hat: die eine ist die Seite, die nach

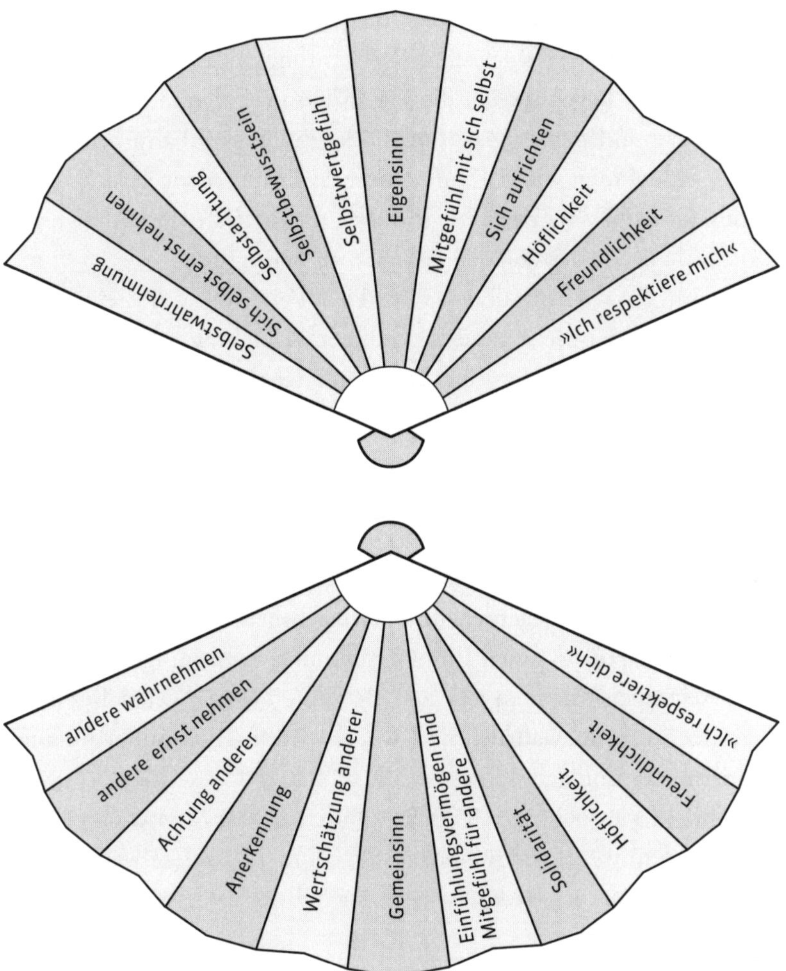

innen, zu Ihnen hin zeigt. Wir nennen sie Vorderseite. Die andere, die Rückseite sozusagen, weist nach außen, zu anderen Menschen hin. Wir wollen den Fächer zu einem Fächer des Würde-Ichs gestalten und auf jede Faltfläche zwei Begriffe schreiben, einen auf die Vorderseite und einen auf die Rückseite.

Mit diesen Begriffen wollen wir das breite Spektrum dessen, was das Würde-Ich umfasst, »entfalten«. Wenn Sie zum Beispiel in einer

Faltfläche auf der Vorderseite (V) den Begriff »Selbstachtung« lesen, dann steht auf ihrer Rückseite (R) »Achtung anderer«. Manche der Begriffe bzw. Begriffspaare, die wir Ihnen im Folgenden vorstellen, mögen sich in Ihren Augen ähneln oder in ihrem Inhalt überschneiden. Das nehmen wir in Kauf, denn es geht uns nicht darum, Definitionen sauber zu trennen, sondern die Vielfalt der Inhalte des Würde-Ichs von verschiedenen Seiten zu beleuchten.

Beginnen wir mit dem ersten Paar (V und R) der einzelnen Aspekte, die wir hier ein wenig genauer betrachten wollen und auf die wir im Verlauf des Buches immer wieder zurückgekommen sind:

Selbstwahrnehmung – andere wahrnehmen

Selbstwahrnehmung (V): Die Würdigung Ihrer Person beginnt damit, dass Sie sich beachten und wahrnehmen. Dazu zählen nicht nur Ihre Gedanken, auch Ihre Gefühle und Stimmungen, Impulse und Regungen, Ihr Handeln und Ihr Unterlassen. Wer sich würdigen möchte, sollte wahrnehmen, was er würdigt. Das ist der Anfang, das ist die Grundlage.

Andere wahrnehmen (R): Wie können andere Menschen gewürdigt werden, wenn wir sie nicht wahrnehmen? Andere wahrzunehmen ist die Voraussetzung, ist der erste Schritt, andere ernst zu nehmen.

Sich selbst ernst nehmen – andere ernst nehmen

Sich selbst ernst nehmen (V): Wenn Sie sich selbst in den vielfältigen Facetten Ihres Erlebens wahrnehmen, werden Sie beobachten, dass Sie über manche davon hinweggehen. Wenn Sie zum Beispiel Müdigkeit spüren, beachten Sie sie manchmal nicht. Vielleicht weil Sie es sich nicht leisten können, Ihrer Müdigkeit zu folgen, weil Sie erst eine Arbeit zu Ende bringen oder Ihr Kind versorgen müssen.

Vielleicht aber auch deshalb, weil es Ihrem leistungsorientierten Selbstbild nicht entspricht, müde zu sein und dem zu folgen. Sich ernst zu nehmen heißt, alle Aspekte und Regungen, die Sie bei sich registrieren, zu beachten und zumindest zu prüfen, ob Sie daraus Konsequenzen ziehen wollen und können.

Andere Menschen ernst nehmen (R): Wenn zum Beispiel ein Kind traurig ist, weil es etwas nicht darf, dann bedeutet, es ernst zu nehmen, über seine Traurigkeit nicht hinwegzugehen. Gefühle sind, wie sie sind. Und auch wenn wir in unserem Beispiel auf das Kind zunächst vielleicht mit Ärger, Hilflosigkeit oder Genervtsein reagieren, so gilt es dennoch, das kindliche Gefühl (zumindest im zweiten Moment) zu respektieren und nicht zu diskriminieren oder wegzuwischen. Die Traurigkeit des Kindes zu beachten und darauf einzugehen heißt, es vielleicht zu trösten oder ein anderes Zeichen der Wahrnehmung und Akzeptanz zu setzen. Das muss natürlich nicht bedeuten, das ausgesprochene Verbot, wenn es sinnvoll ist, zurückzunehmen und die Forderungen und Wünsche des Kindes zu erfüllen. Ernst nehmen heißt nicht, nachzugeben. Ernst nehmen heißt, ein Gegenüber zu sein, das sich selbst und den anderen wahrnimmt und achtet.

Selbstachtung – Achtung anderer

Selbstachtung (V): Andere zu achten, fällt vielen Menschen leichter, als sich selbst zu achten. Sich selbst Achtung zu schenken, sich selbst einen Wert und eine Größe zuzumessen, erstickt oft im Keim der Sorge vor Überheblichkeit und Anmaßung. Doch Selbstachtung bedeutet nicht, dass Sie sich über andere erheben, sondern schlicht und einfach, dass Sie sich selbst Respekt erweisen.

Achtung anderer (R): Sich zu achten und andere zu achten ist kein Gegensatz, sondern ergänzt sich. Achtung als Wert lebt in dem achtungsvollen Umgang der Menschen miteinander. Sie ist für die Einzelnen, für Sie, in der Atmosphäre der Begegnungen spürbar.

Selbstbewusstsein – Anerkennung

Selbstbewusstsein (V): Dieser Begriff hat zwei Bedeutungen. Einerseits meint er, dass Sie sich Ihrer selbst bewusst sind, dass Sie sich wahrnehmen und beachten. Andererseits steht das Wort oft als Bezeichnung dafür, dass Menschen selbstbewusst auftreten, also ein hohes oder starkes Bewusstsein ihres Wertes, ihres Könnens oder ihres Ranges in der Gesellschaft zum Ausdruck bringen. Manchmal klingt dabei in der Beurteilung anderer eher Abwertung mit – und es könnte sein, dass auch Sie damit schon öfter kleingemacht wurden. Wir bevorzugen eine Kombination beider Bedeutungen, der eher ungewöhnlichen ersten mit der zweiten. Selbstbewusstsein bedeutet, sich seines Wertes bewusst zu sein und diesen Wert in der Begegnung mit anderen zu leben.

Anerkennung anderer Menschen (R): Wer sich seiner selbst bewusst ist, wer einen Maßstab für seinen eigenen Wert hat, kann nach unseren Erfahrungen leichter die Persönlichkeit, die Eigenheiten, Leistungen und die Kompetenzen anderer Menschen akzeptieren, als derjenige, der sich selbst unsicher ist. Wenn Sie zu denjenigen Menschen gehören, die es schwer haben mit dem Selbstbewusstsein, dann hilft Ihnen vielleicht die Orientierung an unseren Definitionen: Seien Sie sich Ihrer bewusst, achten Sie Ihre Art, zu sein, nehmen Sie sich ernst. Mit dem inneren Wachstum von Selbstbewusstsein erhöht sich die Chance auf Ihre selbstbewusste Ausstrahlung. Wenn Sie dann Erfahrungen machen, dass dies positiv wirkt, dann hat dies wahrscheinlich auch verstärkende Rückwirkungen auf Ihr Selbstbewusstsein.

Selbstwertgefühl – Wertschätzung anderer

Selbstwertgefühl (V): Es beschreibt den Wert, den Sie sich selbst zumessen. Dazu zählen all Ihre Erfahrungen, Ihre Charaktereigenschaften und Eigenheiten, die Sie wertschätzen, und vor allem all die

Kostbarkeiten, die Sie in sich selbst spüren. Damit Sie ein Gefühl für Ihre Kostbarkeiten, Ihren Wert entwickeln und ihn in sich verankern konnten und können, bedurften und bedürfen Sie der Menschen, die Ihnen wohlgesonnen spiegeln, wer Sie sind und was wertvoll an Ihnen ist. Das Selbstwertgefühl entsteht und entwickelt sich nicht aus sich selbst heraus. Es braucht immer wieder gute Spiegel und Gegenüber, die es nähren.

Wertschätzung anderer (R): Damit andere Ihre Wertschätzung spüren können, braucht es ein gemeinsames Klima des Wohlwollens. Andere Menschen wertzuschätzen heißt, deren Selbstwertgefühl zu würdigen und ihren Charaktereigenschaften, Erfahrungen, Eigenheiten und ihren Kostbarkeiten Wert beizumessen.

Eigensinn – Gemeinsinn

Eigensinn (V): Eigensinn hat einen schlechten Ruf. »Sei doch nicht so eigensinnig!«, heißt es oft vorwurfsvoll. Dabei wird oft unterstellt, dass sich Menschen über andere erheben und deren Interessen und Wünsche missachten. Unser Verständnis des Eigensinns ist ein anderes. Wir nehmen den Begriff wörtlich. Unter Eigensinn verstehen wir, dass Menschen einen Sinn für sich selbst, für das Eigene besitzen und danach handeln. Sinn bedeutet ursprünglich »Richtung«. Der Eigensinn bestimmt die Richtung des Handelns, indem die eigenen Bedürfnisse ernst genommen werden.

Gemeinsinn (R): Der Gemeinsinn ist andererseits die Richtung des Handelns, die sich aus der Würdigung der gemeinsamen Bedürfnisse und Interessen einer Gruppe von Menschen ergibt, zum Beispiel einer Partnerschaft, einer Familie, eines Arbeitsteams oder der Gesellschaft. Wir beobachten, dass sich die beiden Aspekte Eigensinn und Gemeinsinn nicht ausschließen. Im Gegenteil, wer in unserem Sinne »eigensinnig« ist, kann meist die Bedürfnisse, Wünsche und Interessen anderer besser respektieren, als wenn er seine eigenen verleugnet.

Mitgefühl mit sich selbst – Einfühlungsvermögen und Mitgefühl für andere

Mitgefühl mit sich selbst (V): Unter Empathie verstehen die meisten Menschen die Fähigkeit, sich in das Gefühlsleben anderer Menschen hineinzuversetzen, also mit ihnen mitzufühlen. Doch das ist nur eine Seite. Damit Menschen sich würdigen können, brauchen sie auch Mitgefühl für sich selbst, für die eigenen Unsicherheiten und Unzulänglichkeiten, für die Trauer und den Schmerz. All dies emotional zu würdigen, ist ein notwendiger Bestandteil, um sich selbst zu beachten und zu achten. Mit sogenannter Weinerlichkeit oder dem Versinken in Selbstmitleid hat das nichts zu tun. Beim Mitgefühl mit sich selbst sollte es nicht bleiben, es sollte in Handlungen münden. Doch unsere Erfahrung zeigt, dass Mitgefühl für sich selbst die entscheidende Voraussetzung dafür ist, eigene Unzulänglichkeiten und Unsicherheiten zu respektieren und eigenes Leid anzunehmen, um es schließlich zu verwandeln.

Einfühlungsvermögen und Mitgefühl für andere (R): Das Mitgefühl für sich selbst ist für viele Menschen der Boden dafür, sich in andere Menschen hineinzufühlen. Wir verwenden bewusst nicht das Wort »Mitleid«, denn es ist für viele mit einer Haltung verbunden, andere Menschen, die Not leiden, von oben herab zu betrachten und zu behandeln. Mitgefühl lebt auf Augenhöhe. Mitgefühl ist Respekt.

Sich aufrichten – Solidarität

Sich aufrichten (V): Die deutsche Sprache enthält zahlreiche kostbare Doppeldeutigkeiten, die wir an dieser Stelle nutzen und würdigen wollen. Sich aufzurichten bezeichnet zum einen eine körperlich-motorische Bewegung in der Richtung von unten nach oben, wo immer auch diese Bewegung ihren Anfang nimmt und ihr Ende findet: Manchmal wirkt Aufrichtung durch den ganzen Körper, von den Füßen bis zum Kopf, manchmal die Wirbelsäule entlang, manchmal ist sie nur eine kleine Bewegung im Nacken oder in den Knien … Auch körperlich-motorisch werden Sie wie jeder andere Mensch sich auf Ihre individuelle Art und je nach Ihrem körperlichen Vermögen aufrichten.

Diese Individualität des Sich-Aufrichtens zeigt sich besonders in seiner zweiten Bedeutung, die sich auf das Erleben bezieht. Sich aufzurichten in Würde ist der Prozess, den Menschen als Antwort auf ihre Erfahrungen von Verachtung, Missachtung, Verletzungen, Erniedrigungen und anderen Entwürdigungen durchlaufen. Sich-Aufrichten bedeutet, sich aus der Erniedrigung seelisch, körperlich, geistig und in den sozialen Beziehungen zu erheben.

Und noch einen dritten Aspekt gilt es in diesem Zusammenhang zu würdigen: Aufrecht zu sein bedeutet demnach, sich in seiner Aufrichtigkeit zu zeigen – so gut es geht.

Solidarität (R): Sich in Würde aufzurichten, nachdem man niedergeschlagen oder erniedrigt wurde, braucht Unterstützung. Aufrichtig durchs Leben zu gehen, braucht die Gemeinschaft anderer aufrichtiger Menschen. Wer solche Unterstützung erfahren hat, wird auch andere Menschen auf dem Weg ihres Aufrichtens solidarisch unterstützen wollen und können. Insofern ist aufrichtige Solidarität gelebte Würde.

Höflichkeit

Höflichkeit (V und R): Dass dieser Begriff hier auftaucht, wird Sie vielleicht verwundern. Wir meinen mit Höflichkeit kein »So-tun-als-ob«, keine Floskeln oder gar unaufrichtiges, andere Menschen manipulierendes Verhalten, sondern eine Haltung, die nach außen und innen Achtung ausstrahlt. Höflichkeit als Haltung bedeutet in unserem Sinne, andere und sich selbst ernst zu nehmen und zu würdigen.

Uns fällt zum Beispiel ein junger Mann ein, der sich nach entwürdigenden Erfahrungen sehr verwirrt und verloren fühlte. Er nannte das, was ihn rettete, seine Form, seine Kontur, sich selbst wiederzufinden, »Höflichkeit«. Sie gab ihm innere Orientierung in einer Welt, in der er die Orientierung verloren hatte. Seine Höflichkeit bewirkte, dass er eine Form fand, anderen Menschen zu begegnen und seine Selbstachtung wiederzufinden und zu entwickeln.

Höflichkeit beinhaltet eine respektierende Haltung nach innen und nach außen. Deswegen notieren wir sie auf beiden Seiten des Fächers. Nach außen zeigt sich ihre für die Würde relevante Bedeutung zum Beispiel darin, wie wichtig es ist, dass unser Name von anderen richtig geschrieben und ausgesprochen wird. Wenn die Namen von Menschen mit Migrationshintergrund falsch ausgesprochen werden, man sich auch nicht darum bemüht, dann ist das eine Unhöflichkeit, die verletzt.

Freundlichkeit

Freundlichkeit (V): Viele Menschen hadern mit sich. Sie finden immer irgendetwas, was ihnen an sich nicht gefällt, nörgeln an sich herum oder schimpfen gar mit sich – kurz: haben schlechte Laune, sind missmutig mit sich, was ihnen ihren Alltag vermiest. Sich selbst freundlich gegenüberzutreten, beinhaltet, dass Sie zumindest zunächst einmal akzeptieren, wie Sie nun mal »gestrickt« sind und wie Sie sich und die Aufgaben, die Sie zu bewältigen haben, empfinden. Vielleicht mögen Sie Ihre Entscheidungsunfähigkeit oder Ihre Traurigkeit gerade nicht – Sie müssen sie ja auch nicht unbedingt mögen. Doch sie sind da und ein Teil von Ihnen. Wenn Sie ihnen freundlich begegnen, respektieren Sie sich auch in ungeliebten Facetten. Seien Sie »gut Freund« oder »gut Freundin« mit sich. Nur dann können Sie einen Weg beschreiten, der vielleicht Veränderungen ermöglicht.

Freundlichkeit (R): Freundlichkeit bedeutet, wenn wir, wie wir es gerne tun, den Begriff »beim Wort« nehmen, anderen Menschen wie einem Freund begegnen. Dies können und sollten wir uns nicht gegenüber den Menschen leisten, die entwürdigend handeln. Sie können nicht unsere Freunde oder Freundinnen sein. (Obwohl die Grundhaltung der Freundlichkeit auch entwaffnend sein kann, ohne Zweifel. Aber sie passt zum Prinzip der Würde nur, wenn sie daran gekoppelt ist, sich und den anderen ernst zu nehmen und zu respektieren.) Wenn wir freundlich sind und freundlich handeln, setzen wir voraus, dass auch andere Menschen uns freundlich gesinnt sind. Wir möchten Sie dazu ermutigen, Freundlichkeit als einen eigenen und mitmenschlichen Wert anzusehen, der eine positive Atmosphäre verbreitet, die Würdigung verdient und ermöglicht.

»Ich respektiere mich« – »Ich respektiere dich«

»Ich respektiere mich« (V): In diesem Satz bündeln wir alle genannten Aspekte der Würde und des Würde-Ichs als innerer Instanz. Sich zu respektieren bedeutet mehr, als sich ernst zu nehmen. Respekt enthält Achtung und Würdigung der eigenen Person. Dazu gehören auch die Wahrnehmung der eigenen ungeliebten Seiten und deren vielleicht verletzende Wirkung auf andere Menschen. Und auch die Durchlässigkeit gegenüber respektvollen Menschen, die uns ihre Rückmeldungen auf unsere Person und unsere Handlungen, ihre Kritik schenken. Sie helfen uns damit, uns immer wieder einzunorden und unseren Weg mit dem Ziel »Würde leben« zu korrigieren.

»Ich respektiere dich« (R): Dieser Satz spricht die grundsätzlich wertschätzende, achtungsvolle und würdigende Haltung anderen Menschen gegenüber aus, die wir haben und zeigen. Respektvoll zu sein heißt auch, dem anderen Menschen kritisch und auf Augenhöhe zu begegnen.

Die Bezeichnungen, die wir auf die einzelnen Faltflächen des Fächers geschrieben haben, sind nicht nur abstrakte Begrifflichkeiten, sondern Zugänge zur Würdigung Ihrer selbst und vor allem zu würdigenden Begegnungen und Beziehungen. Das können Sie nutzen, indem Sie sich Fragen stellen wie folgende:

- Wenn ich mich selbst und dich wahr- und ernst nehme – was nehme ich dann von dir wahr? Wie kann ich dich ernst nehmen?
- Wenn ich mich selbst achte – verhältst du dich so, dass ich dich achten kann? Können wir unsere Eigenheiten achten?
- Wenn ich mir meiner selbst bewusst bin – schenkst du mir Anerkennung?
- Wenn ich auf mein Selbstwertgefühl achte – kann ich dann deine Wertschätzung spüren? Kann ich dich, so wie du bist oder handelst, wertschätzen?
- Wenn ich eigensinnig bin – schätzt und würdigst du meinen Eigensinn? Bist du mir mit deinem Eigensinn ein respektvolles Gegenüber?
- Haben wir Mitgefühl miteinander und Einfühlungsvermögen füreinander? Haben wir ein gemeinsames Interesse an dem Leben und Wohlergehen anderer Menschen, die mir wichtig sind, für die ich eine wie auch immer geartete Verantwortung spüre?
- Wenn ich aufrichtig mir und dir gegenüber bin – unterstützt du mich in meiner Aufrichtigkeit? Können wir solidarisch sein in unserem Prozess der Aufrichtung?
- Begegnen wir uns höflich? Sind wir grundsätzlich freundlich zueinander?
- Kann ich mit voller Aufrichtigkeit sagen: Ich respektiere dich so, wie du bist – und fühle mich von dir so respektiert, wie ich bin? Und nun: Lass uns streiten oder lieben oder trauern …, zusammenbleiben oder auseinandergehen …, unser Leben gestalten, so gut wir es vermögen!

ZU GUTER LETZT: DANKE

Wir haben dieses Buch geschrieben, um unsere persönlichen und professionellen Erfahrungen im Kampf um die Würde weiterzugeben. Dies war nur möglich, weil uns so viele Menschen im familiären, freundschaftlichen und beruflichen Umfeld unterstützt haben, sodass wir in den Auseinandersetzungen mit den Monstern der Entwürdigung, denen wir in unserem Leben begegnet sind, nicht allein waren. Sie haben uns nach Entwürdigungserfahrungen geholfen, dass wir uns wieder aufrichten konnten. Wir bedanken uns auch bei den Menschen, die wir therapeutisch und sozialpädagogisch begleiten durften, für ihr Vertrauen, mit uns ihre Erfahrungen der Entwürdigung, aber auch des Ringens um die Entdeckung, die Entfaltung und die Nutzung ihres Würde-Ichs zu teilen. Und wir bedanken uns bei all den Menschen aus unserem Lebensumfeld, die uns dazu ermutigt haben, dieses Buch zu schreiben. Sie schenkten uns immer wieder auch dann ihre Zuversicht, wenn wir mit den Monstern unserer eigenen Selbstzweifel kämpften, dass es der Mühe wert ist, auch mit Worten, mit unseren Worten, um Würde zu ringen. Um der gemeinsamen Aufrichtung willen. Danke.

Um den Kreis zu schließen, möchten wir noch einmal Bezug nehmen auf das Zitat am Anfang dieses Buches: Wir hoffen und wünschen uns, dass wir Sie mit unseren Worten erreichen konnten und sich Ihre und unsere Gedanken immer mal wieder gekreuzt haben auf einem der vielen möglichen Lebens- und Entscheidungswege zwischen Himmel und Hölle. Und dass es sich auch für Sie gelohnt haben möge, sich auf diese Art und Weise mit Ihrer Würde und Ihrem Würde-Ich zu beschäftigen. Für ein gutes Leben. Auf ein gutes Leben. Ihr Leben.

Gabriele Frick-Baer, Udo Baer
Berlin 2017

ANMERKUNGEN

1 Kant, Immanuel: *Die Metaphysik der Sitten Zweiter Teil: Metaphysische Anfangsgründe der Tugendlehre*, 1797, § 37

2 Fjodor Michailowitsch Dostojewskij: *Aufzeichnungen aus einem Totenhaus*, 1862

3 Richard Freiherr von Weizsäcker (1920–2015), deutscher Jurist, CDU-Politiker, von 1984–1994 Bundespräsident der Bundesrepublik Deutschland

4 Baer, Udo; Schotte, Gabi: *Das Herz wird nicht dement*, Weinheim 2014

5 Baer, Udo; Frick-Baer, Gabriele; Alandt, Gitta: *Wenn alte Menschen aggressiv werden. Rat für Angehörige und Pflegende*, Weinheim 2014

6 Baer, Udo; Frick-Baer, Gabriele: *Kriegserbe in der Seele. Was Kindern und Enkeln der Kriegsgeneration wirklich hilft*, Weinheim 2015

7 Rahman, Zia Haider: *Soweit wir wissen*, Berlin 2017

8 Ebd.

9 Weizsäcker, Viktor von: *Gesammelte Schriften. Bd. 4 und 6*, Frankfurt a.M. 1986

10 Weizsäcker, Viktor von: *Gesammelte Schriften. Bd. 4,* Frankfurt a.M. 1997, S. 277

11 Zacher, Alfred: *Kategorien der Lebensgeschichte. Ihre Bedeutung für Psychiatrie und Psychotherapie*, Berlin 1988

12 Fuchs, Thomas: *Leib und Lebenswelt. Neue philosophisch-psychiatrische Essays*, Zug 2008, S. 226

13 Baer, Udo; Frick-Baer, Gabriele: *Der kleine Ärger und die große Wut*, Weinheim 2009

14 Baer, Udo; Frick-Baer, Gabriele: *Vom Sehnen und Wünschen*, Weinheim 2009

15 siehe dazu: Baer, Udo; Frick-Baer, Gabriele: *Das große Buch der Gefühle*, Weinheim 2014

16 Frick-Baer, Gabriele: *Aufrichten in Würde*, Berlin 2013

17 Frick-Baer, Gabriele: *Trauma – Am schlimmsten ist das Alleinsein danach*, Berlin 2013

18 Ansari, Salman: In: *Frankfurter Allgemeine Sonntagszeitung*, 20.8.2017

19 https://de.wikipedia.org/wiki/Fächer

Entdecke deine Gefühle

Die Reihe »Bibliothek der Gefühle« der Therapeuten Udo Baer und Gabriele Frick-Baer widmet sich – Band für Band – jeweils ein oder zwei Gefühlen. Lesbar und für ein großes Publikum geschrieben gehen die Autoren den Besonderheiten der einzelnen Gefühle nach und geben einfühlsam wichtige Hilfe, wie Sie im Alltag mit Ihren Gefühlen umgehen. Sie wenden sich damit an alle Menschen, die ihren Gefühlen mehr Aufmerksamkeit und Achtung schenken wollen.

Udo Baer, Gabriele Frick-Baer
Das ABC der Gefühle
Englisch broschiert, 190 Seiten
ISBN 978-3-407-85866-5

In diesem »Einführungs«-Band stellen die Autoren 60 Gefühle von Angst bis Zuversicht vor. Sie erklären ihre Bedeutung für unser Leben und unsere Gesundheit und zeigen, wann sie uns Glück und Ausgewogenheit vermitteln und wie ihren negativen »Geschwistern« beizukommen ist.

In der Bibliothek der Gefühle liegen ebenfalls vor:

Gefühlslandschaft Angst, ISBN 978-3-407-85871-9
Vom Schämen und Beschämtwerden, ISBN 978-3-407-85867-2
Vom Sich-fremd-Sein zum In-sich-Wohnen, ISBN 978-3-407-85868-9
Vom Trauern und Loslassen, ISBN 978-3-407-85869-6
Wie Kinder fühlen, ISBN 978-3-407-85870-2
Der kleine Ärger und die große Wut, ISBN 978-3-407-85882-5
Würde und Eigensinn, ISBN 978-3-407-85883-2
Vom Sehnen und Wünschen, ISBN 978-3-407-85884-9
Wege finden aus der Einsamkeit, ISBN 978-3-407-85903-7
Schuldgefühle und innerer Frieden, ISBN 978-3-407-85927-3
Das Wunder der Geborgenheit, ISBN 978-3-407-85951-8